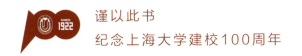

谨以此书
纪念上海大学建校100周年

走近 邓伟志

DENGWEIZHI

胡开建　叶庆　著

上海大学出版社

图书在版编目(CIP)数据

走近邓伟志 / 胡开建，叶庆著 . —上海：上海大学出版社，2022.9
ISBN 978-7-5671-4524-5

Ⅰ. ①走… Ⅱ. ①胡… ②叶… Ⅲ. ①邓伟志—事迹 Ⅳ. ①K825.46

中国版本图书馆 CIP 数据核字（2022）第 156228 号

本书由海上美兰基金特别赞助出版

责任编辑　陈　强
装帧设计　倪天辰
技术编辑　金　鑫　钱宇坤
封面肖像　单应桂

走近邓伟志

胡开建　叶　庆　著

上海大学出版社出版发行
（上海市上大路99号　邮政编码200444）
（https://www.shupress.cn　发行热线021-66135112）
出版人　戴骏豪

*

南京展望文化发展有限公司排版
江阴市机关印刷服务有限公司印刷　各地新华书店经销
开本710 mm×1000 mm　1/16　印张22.5　字数312千
2022年9月第1版　2022年9月第1次印刷
ISBN 978-7-5671-4524-5/K·261　定价　88.00元

版权所有　侵权必究
如发现本书有印装质量问题请与印刷厂质量科联系
联系电话：0510-86688678

1957年,19岁时留影

1970年,摄于考察途中

1976年，在云南禄丰考察（后排左二为邓伟志）

在书房中

1986年春,《社会报》同仁在国际饭店合影。前排左起:罗竹风、曹漫之、王元化、舒文、孟广成,后排左六为邓伟志

与民进老同志在一起。左起:赵朴初夫人、赵朴初、邓伟志、吴企尧、梅达君

与于光远在一起

2011年1月28日,在女性人才研究工作会议上

1998年,在中央党校学习

参加"两会"期间,在委员住处剪报学习

在比萨斜塔前

2009年2月19日,与夫人张耀新在葡萄牙的欧洲大陆最西端

序一

承蒙邓先生垂青,允我在本书付梓前先睹受教,甚是感激。

邓先生是我十分敬重的著名社会学专家、社会活动家和中国民主促进会的老领导。自从20世纪90年代末,因同在上海民进组织,我得以认识邓先生。光阴荏苒二十余载,我心目中的邓先生一直是位学识渊博、满腹经纶,又睿智旷达、善良谦和的长者。他的一支生花妙笔折服了许多民进会员。听他讲话或读他的文章,不由得常会有清风拂面或皓月当空之感。

现在有幸读到这部传记书稿,使我更全面、更详尽、更深入地了解到邓先生富有传奇性的人生经历,也有些悟到了邓先生之所以能成为卓有建树的学术大家的缘由。邓先生的童年有战乱的颠沛流离,也有革命家庭红色基因的赓续;邓先生的治学有埋首书斋的刻苦攻读,也有勇于深入实践获取的第一手真知;邓先生既"谈笑有鸿儒",又"往来有白丁";邓先生在政治风云中保持冷静的思考辨析,在进退荣辱面前淡然豁达。我由衷地敬佩和赞叹邓先生在人生路上读万卷书、走千条路、交八方友、拜各界师、写良心文、干创新事。他的精神自由而富足,他的贡献丰富而宝贵。

要我给这样一位高山仰止的先生的传记写序,自惭不敢当,故写下这粗浅的读后感,以作为细读细品邓先生传记的开始。

严隽琪

写于2022年6月16日

序二

读罢《走近邓伟志》书稿，一位历经风雨、满腹经纶、不忘初心、忧国忧民的学者形象清晰地显现在我的眼前。

说起来，我与邓伟志先生倒是有缘的。这缘分数起来至少有六条：一是工作缘。邓伟志先生20世纪60年代初在中共中央华东局工作时，与我的父母同在一个机关大院，那时的邓先生还是一个青春洋溢的小伙子，这在书中也有反映。二是政协缘。邓伟志先生曾连任两届全国政协常委，我在担任安徽省政协副主席时兼全国政协委员，我们在全国政协的工作中，为落实中国共产党领导的多党合作和政治协商制度共同努力过。三是社会学缘。邓伟志先生是著名的社会学家，而我在省民政厅的业务工作，绝大部分都要在社会学理论的指导下开展。记得在民政部的一次培训会议上，邓伟志先生专门到会为我们讲了民政工作与社会学的关系，使我们对民政工作的认识有了理性的提升。四是校友缘。仍是60年代初，我跟随父母从北京来到上海，先后在上海市高安路小学和第五十四中学读书。若干年后，邓伟志先生的爱女邓曈曈也在这两所学校读书，我们还是校友。五是上大缘。一百年前，我的祖父李大钊推荐瞿秋白等共产党内的理论家到上海大学任教，他自己也多次到上海大学演讲，而邓伟志先生的父亲邓果于1925年由党组织推荐，进入上海大学学习并加入了中国共产党。2019年，邓伟志先生作为上海大学的终身教授荣休，但仍一直在为上海大学奔忙着。2021年，我被聘为上海大学第三届校董事会名誉校董，我们两人都在为上海大学更加兴盛的明天发挥着自己的余热。六是安徽缘。邓伟志先生从安徽来到上海，而我的主要工作经历也在安徽，我们之间有着不解之地缘关系。

《走近邓伟志》以全面、生动的笔触，描绘出邓伟志先生波折坎坷、坚韧不拔、勤奋治学、硕果累累的人生之路，其中许多故事引人思考，感人至深，很有教育意义，最能引起我共鸣的是对邓伟志先生知民、亲民、为民情怀的展示。邓伟志先生是著名的社会学家，在他的诸多研究中，他极为关注贫困社会学。他曾写过几十篇提倡共同富裕、为脱贫呐喊助力的文章，如引人注目的《论乞丐》，因此被誉为"穷人社会学家"。"民生"是具有中国特色的耀眼的社会学概念，为了丰富这个社会学概念的外延，邓伟志先生着力提倡民生社会学、贫困社会学、贫困文化学的研究。本书第四章较详细记述了邓伟志先生在江苏、云南、甘肃等地农村调研的经历和感悟，他认为"要'为民'先得'知民'，要'知民'必须'亲民'。只有真正'亲民'，才能下功夫去'知民'。只有真正'知民'了，才知道人民需要什么，才知道应该怎样去'为民'。否则，就是想'为民'也'为'不到点子上，'为'不到人民群众的心坎上"。这是对中国共产党宗旨的学习体会，也是对中国共产党宗旨十分准确而通俗的阐释和表述，值得读者认真思考。联想到我在安徽省民政厅工作的18年中，全体民政工作者以"视孤寡老人为父母、视孤残儿童为子女、视民政对象为亲人"作为工作指导思想，始终把自己置身于人民群众中，对自己严，对百姓热，离开公路，绕过城镇，直接找老百姓面对面了解情况、解决问题，每年至少一半时间在基层度过的经历，与邓伟志先生的主张完全一致。我们的工作与邓伟志先生的研究不约而同都充分证明，密切联系群众是中国共产党的优良传统，是中国共产党的生命线，我们必须始终坚持一切为了人民、一切依靠人民、一切尊重人民，并将其贯彻落实到工作的各个方面，而绝不能丢掉这个传统。

序 二

　　本书的两位作者胡开建、叶庆曾经是安徽省安庆市的共青团干部,与我在安徽团省委工作时就相识。退休后,他们仍然认真读书、虚心求教,写了这本有价值的书,为学术界做了一件有意义的事。他们请我为本书作序,我也乐意为之。在此,谨向两位作者表示衷心的祝贺!

　　借此,祝邓伟志先生健康长寿!

李宏塔

2022年5月4日于合肥

目录

引　言 001

第一章　生于乱世　苦其心志 003

  一、情系萧县　乡音难改 005
  二、邓家台子　纵家瓦房 011
  三、天纵其才　多难育人 019
  四、改名伟志　曾经淮海 024

第二章　笃实好学　志在鸿鹄 031

  一、难忘中秋　永不掉队 033
  二、学海泛舟　以文养读 038
  三、重蹈淮海　扬帆起航 047
  四、以芦为师　逆境奋起 055

第三章　书是社会　社会是书 063

  一、天纵书洞　含英咀华 065
  二、走出书斋　天高地阔 073
  三、事皆有益　人皆可师 079

四、厚积厚发　良心创作 ········ 089

第四章　无关地理　只关道理 ········ 099

　　一、访贫之路　刻骨铭心 ········ 101
　　二、城乡采风　触景生情 ········ 110
　　三、环球凉热　千姿百态 ········ 116
　　四、他山之石　可以攻玉 ········ 125

第五章　邓氏三论　四多学者 ········ 133

　　一、家庭立学　时代之问 ········ 135
　　二、呼唤学派　带头争鸣 ········ 142
　　三、治学为官　各取所长 ········ 147
　　四、勇立潮头　永争第一 ········ 153

第六章　上下求索　志存高远 ········ 163

　　一、生花妙笔　经天纬地 ········ 165
　　二、仰屋著书　百废俱兴 ········ 174
　　三、尊重科学　探寻真相 ········ 180
　　四、科学普及　入木三分 ········ 184

第七章　诲人不倦　薪尽火传 ········ 191

　　一、率马以骥　兼职复旦 ········ 193
　　二、升堂入室　就职上大 ········ 199
　　三、陶熔鼓铸　受聘诸校 ········ 208
　　四、绝伦逸群　致力创新 ········ 212

第八章　杂而有文　微而知著 ········ 227

　　一、推往验今　回肠荡气 ········ 229
　　二、负重致远　以往鉴今 ········ 237
　　三、别有天地　神人共悦 ········ 243
　　四、诗书礼乐　不同凡响 ········ 247

第九章　与世有争　与人无争 ········ 255

　　一、以诚相交　心心相印 ········ 257
　　二、以文会友　知音识趣 ········ 267
　　三、才高行洁　兰熏桂馥 ········ 278
　　四、淡泊明志　清风明月 ········ 289

第十章　浓浓亲情　百福具臻 ········ 293

　　一、母慈子孝　寸草春晖 ········ 295
　　二、手足情深　我就是我 ········ 305
　　三、如师如友　心若瞳瞳 ········ 311
　　四、琴瑟和谐　相敬如宾 ········ 317

附　录　邓伟志学术年表 ········ 323

后　记 ········ 339

引 言

那是1999年12月中旬的一个下午,上海市科协在市科学会堂举办"畅谈新世纪报告会"。主持会议的中国科学院院士、著名天文学家、上海市第六届科协主席叶叔华说:"再过半个月,人类将迎来新的世纪。以什么姿态跨入21世纪,值得每一位科技工作者认真思考。今天,我们特邀请著名社会学家、市科协委员、上海大学邓伟志教授给大家作'21世纪呼唤创新'的专题报告。大家欢迎。"

在热烈的掌声中,邓伟志从台下站起来,快步走上讲台。

这是我们第一次见到邓伟志:高高的个子,身材挺拔,步履稳健,慈眉善目,笑容可掬。一开口,就听得出是安徽老乡。

邓伟志的报告开门见山。他说:"新年、新世纪、新千年光临人间,顶头的就是一个'新'字。要的就是求新、纳新、创新,特别是创新。新世纪每向前迈出一步,都需要创新,21世纪的每时每刻都需要创新。创新是科学精神,也是科学方法。创新是勇气,也是理论研究的升华。"接着,他对基础科学研究、科学技术普及、科技成果转化等领域的创新方法一一加以梳理,作了擘肌分理的讲述,使人大有"听君一席话,胜读十年书"之感。

散会时,我们特意晚走一步,想试试能否问邓伟志几个问题。想不到的是,邓伟志竟如此平易近人,在我们这些陌生冒失的年轻人面前,一点架子也没有,不仅耐心回答了我们的问题,还给我们留了联系方式。

从那时起,二十多年来,邓伟志以其独特的魅力,吸引着我们一步一步地向他走近。从不认识到认识,从不熟悉到逐渐熟悉,从不了解到逐渐了解，从远观到近看，从仰望到平视，从拘谨到随意，从钦敬到亲切……我们不仅从他身上学到了很多很多东西，更重要的是，他使我们深深地感受到，一个真正的学者，除了学识、眼界之外，所应有的品格、良知、胸襟、气度、坚忍、担当，为人处世的从容，和无私无畏、不懈追求的高尚精神。

也许，我们无力将邓伟志的形象刻画于万一，而只能在他波澜曲折的经历中撷取几朵浪花，而这恐怕也足以让人惊叹了。

走／近／邓／伟／志

第一章
生于乱世 苦其心志

萧县牵情锦绣山,豪夸桑梓笑开颜。
常怜陈迹梦魂老,每忆乡时泪眼潸。
天纵英才怀伟志,君能高议解民艰。
苍生福祉频萦挂,耄耋尊翁岂得闲。
——蓝成东

俗话说,三岁看小,七岁看老。根据一个人儿童时代的经历、言行,可以大致预见这个人一生的表现。不管这句话有无根据,童年的生活环境在一个人成长中的作用确实是不可低估的。对于邓伟志来说尤其如此。

一、情系萧县　乡音难改

邓伟志,原名邓天纵,1938年11月10日(农历戊寅年九月十九)生于江苏省萧县(1955年后划归安徽省)。

萧县古为萧国,秦置萧县。其地属黄淮平原、黄河故道,居苏鲁豫皖四省交界处。由于其东南部多低山矮岭,在平原中形成了一条自然的屏障,历来都是兵家必争之地。萧县有一块自然保护区,叫皇藏峪,传说是楚汉相争时,刘邦打了败仗后的躲藏地。近代以来,因萧县东临京沪铁路,又有陇海、徐阜铁路纵横穿过,县城距京杭运河30公里,战略地位更加显著,素有"徐州西大门"之称。解放战争时期决定国共两党命运的淮海战役,就爆发在包括萧县在内的苏鲁豫皖边区。以邓小平为书记的淮海战役总前委曾在萧县丁里镇蔡洼村杨家台子开过唯一的一次前委会,留下了刘伯承、邓小平、陈毅、粟裕、谭震林五人珍贵的合影照片。

萧县有山有水,地灵人杰。官山、龙王山、白虎山、皇藏峪等几十座山峰钟灵毓秀,龙河、岱河,还有从东流向西的倒流河飘逸灵动,圣泉、筛子泉、牛鼻子泉、黑龙潭等泉眼喷涌不息。山水如画,山水也必然"入"画。早在"扬州八怪"时代,萧县就出了"画家四怪"。到清代乾嘉时期,形成了以萧县县城命名的龙城画派,后来虽因战乱一度衰落,但传承仍在。特别是近百年来,萧县名画家辈出。邓伟志的老师,曾被齐白石称赞"兰草比我画得好"的安徽省书画院原院长萧龙士便是萧县画派的杰出代表。在1979年全国文代会上的20名美术界人士中,就有四个半萧县人,即萧龙士、刘开渠(曾任中央美术学院院长和北京美术馆馆长)、王肇民和王子云。李可染的家虽属铜山,但在与萧县交界处,亲属大多在萧县,或可算半个。2010年,中央文史研究馆书画院创作基地在萧县挂牌。画好,书法自然也不差。有次上海一位书法家偶然看到邓伟志的老师冯雨邨的字,竟惊呆了:"想不到农村还有这么好的大书法家。"据邓伟志介绍,萧县还有位写狂草的怪老头刘惠民,自称从不给"有钱有权"的人写字。20世纪60年代初安徽省委宣传部副部长赖少其慕名亲自来求字,结果一进村,刘惠民就躲了起来。赖少其在刘家左等右等不见刘惠民,便为刘惠民题字:"生不留名死留名。"邻居对刘惠民说,你不应当把赖少其当作是官,他也是书法家,你们可以交流。刘惠民才出来相见。

1958年,萧县被称为文化县。曾有媒体说,萧县人人会写诗、人人会绘画,这可能夸张了些。但作为中国著名的"书画之乡",如果说萧县有比别处多得多的人会书法绘画,绝大部分人喜爱字画,倒是完全符合实际的。在一个不大的县城里,就有二十来家书画装裱店,由此可见一斑。萧县人家里再穷,也要在中堂里挂一幅字画。字画被炊烟熏得发黄了,仍舍不得揭下。

萧县人除了崇文,同样尚武。楚汉相争以降不说,仅抗日战争爆发以来,既出过国民党的将军王仲廉、方先觉、张季英,也出了解放军的将军王克、辛明、李忠信等。新四军四师下设有"萧县独立旅",其中多数是萧县子弟。邓伟志的父亲、叔父和舅父都是新四军,大舅纵翰民还是彭雪枫师长属下的新四军旅长。

然而,生在萧县这块美丽的土地上,并在此度过了整个童年时代的邓伟志,对家乡的感情却是复杂的。

邓伟志出生在抗战中国民党放弃徐州、萧县沦陷之后的1938年,正是蒋介石下令炸开花园口、萧县成为黄泛区的那一年。虽然津浦路、陇海路都被日军占据,日伪在萧县也成立了伪政权,可是在广大农村仍然有国民党军队和共产党领导的新四军活动。日军和汉奸来了,国民党和共产党就走了。日军和汉奸走了以后,国民党或共产党就来了。有时候,这一块是国民党占领,那一块由共产党控制,白天是国民党统治,晚上由共产党领导。这种"拉锯"的情况,普通人不好分辨,更难以应对。像邓伟志母亲这些抗日军人家属更是每日里悬着一颗心,只能东躲西藏。幼年的邓伟志从记事起就奔波流浪。母亲带着他们姐弟几乎跑遍了萧县及河南永城、安徽宿县,还有山东数不清的村庄。

作为萧县的儿子,和大多数人一样,邓伟志也十分热爱自己的家乡。家乡留给邓伟志的是说不完的美好回忆。但与许多人不同的是,童年有家难归的经历,父亲母亲在此经受的太多苦难,都使他别有一番滋味在心头。直到几十年后,他仍然不能完全摆脱这种感情的困扰。

在《留下长篇遗嘱的母亲》一文中,邓伟志写道:"我今年虚龄七十,有人说我'冲',有人说我'大胆',有人称我是'倔老头',有人说我'是条汉子',可是,我实在是又很脆弱。我直到现在都不能听人唱'我的家,在东北松花江上……',一听就流泪,不管在什么场合下听了都要流泪……听到'大豆高粱'时还可以控制住,不落泪,到'爹娘啊'声起时,我仍是要老泪纵横。我的家在皖北,不在东北,我的家在淮河边上,并不在松花江上,两者相距数千里,况且我过去初听'松花江'的时候,还没到过松花江,怎么会有这番感受呢?这是因为我一听这首歌曲就想起我母亲,我的娘,想起俺娘带着我们姐弟几个东躲西藏、颠沛流离的艰辛岁月……"

2018年3月24日,萧县知名企业家联合会一届五次会议在萧县凤山脚下的怡程大酒店召开。八十高龄的邓伟志作为萧县知名企业家联合会高级顾问,随大姐邓天佑、携四弟邓天生应邀再次回到家乡,并发表了辞真意切、饱含乡情的动人讲话:

乡亲们,兄弟姐妹们:下午好!

我要对大家说的第一句话是:萧县的游子回来了。我们全家在大姐的带领下来到老家龙城镇。我是喝四眼井的水长大的,我是把凤凰山上的地角皮和山下的知了猴当佳肴吃强壮起来的。建国前,

邓伟志和母亲在一起

第一章　生于乱世　苦其心志

我家颠沛流离,住过二十几个村庄。萧县村村有恩人,处处有救命的大恩人。

这些年我出门在外,之所以常常回家乡看看,是因为我思念家乡。早上省政协李卫华副主席开导我说:"你写了本《落叶》,应当再写本《归根》。"我欣然接受他的建议。几十年来,我不管游走到哪里,我的乡情、乡愁都没有减少过一分。不只是没有减少,而且是与日俱增。

……

兄弟姐妹们,游子这次回乡的第一感觉是萧县大变样,山更绿,水更清,人更美,美得简直让人醉。在战争年代,战士的鲜血染红了凤凰山、老虎山,鲜血染红了龙河、岱河;在建设时期,萧县干群一条心,黄土变成金,在座的你们用汗水换来了千树万树梨花开,千树万树染绿了凤凰山、老虎山,是你们在县委、县政府领导下把穷山恶水变成了山清水秀,鸟语花香,是你们把穷乡僻壤变成了柳暗花明又一村。刚才刘小龙先生说:"萧县起了翻天覆地的变化。"完全正确!萧县确实发生了地覆天翻的变化。

……

乡亲们,萧县自古出高人,今天更是人才辈出,萧县涌现出一批又一批高人。天安门广场的人民英雄纪念碑上的浮雕是谁设计的?是萧县人;大文豪郭沫若第一次入党是谁批准的?是萧县人;郭沫若拜的"一字之师"是谁?是萧县人;原中共中央总书记胡锦涛最敬重的老师是谁?是萧县人;在农村改革的发祥地小岗村那里最受欢迎的书记是谁?是萧县人;淮海战役中抓住国民党副总司令杜聿明的是谁?是萧县人;演英雄王成的是谁?是萧县人。

今天带头发展市场经济,让萧县富起来的是谁?是在座的萧县知名企业家协会的全体会员,尤其是家乡不在萧县却把萧县看作第二故乡的企业家。中央号召"不忘初心"。我的理解,其中之一是不忘民企当年的贡献,不要忘记中小微企业办过的大事,不要忘记中小微企业更贴近老百姓,更贴近千家万户须臾不可少的国计民生。小微企业规模不大,作用巨大。小微企业小中见大,由小变大。

如何让萧县的著名企业家更上一层楼?请允许我怀着一颗火热的心提几点建议,请在座的领导和企业家指正。

处理好老板与职工的关系。要充分发挥职工的积极性、创造性。我在高邮县看到一段值得三思的顺口溜:"老板把我当人看,我把自己当牛干,累死也心甘。老板把我当牛看,我把自己当人看,说什么也不给你好好干。"

处理好企业与企业的关系。坚持抱团取暖。温州人、犹太人之所以生意做得红火,关键是抱团取暖。我们今天在这里开年会就是抱团。我们要提倡"一方有难,八方支援"。在竞争中战胜别人但要不伤害别人。竞争靠创新取胜,向管理创新要财富,向技术创新要利润。成人之美,美美与共,天下大同。

处理好利与义的关系。市场经济既是法治经济,又是道德经济。商有商德,商德可以转化为流动资金和固定资本。为什么儒商客户多?发人深思!萧县不少企业是从事防腐蚀行业的,更要注意防腐败。坑蒙拐骗的事绝不干,黄赌毒邪的勾当永不沾。

处理好国企与民企的关系。国企是骨干,民企是血肉。骨肉相连,互补互助。我们要为民企松绑,大家都要为民企的发展鸣锣开道。

处理好先富与后富的关系。社会主义市场经济是共享经济。先富帮后富,实现共同富裕。不帮后富是断了自己的后路,是作茧自缚。帮了后富才能更富,才能持续地富下去。不要只看"人均收入"!我在广东西部县级小报上看到一首诗:"张家有财一千万,九个邻居穷光蛋。平均起来算一算,家家都是张百万。"算得对不对?对!可打一百分。事实怎么样?给它零分还嫌多。

……

萧县地处黄淮平原,"淮"字有水上大鹏之意。我们萧县就是带头改革的大鹏鸟。萧县地处黄河故道。咸丰年间,黄河流经萧县。黄河是中国的母亲河,那么萧县就是母亲河怀中的骄子,萧县永远立于奔腾、开放大河的潮头。

祝我的家乡一如既往,做改革开放的排头兵,做最优秀的排头兵!更上一层、百层楼!"美丽"是十三届全国"两会"上的高频词。祝家乡明天比今天更美丽,祝家乡人生活甜美,身体健美,家庭和美,事业完美,山河壮美,尽善尽美!让天下人都感受到萧县美不胜收!桂林风景甲天下,我的家乡萧县美丽甲天下!

最后我再表个态:我愿在摘掉贫困县帽子的那一天,发贺词;在萧国市成立那一天与大家一起唱庆功歌,跳庆功舞。如果我这"秋后的蚂蚱"跳不动了,我也要倾尽全力跳一跳!

谢谢大家!

二、邓家台子　纵家瓦房

邓伟志家居住的地方被当地人称为"邓台子"。在经常闹水灾的黄淮平原,屋基台子高是富裕的象征。确实,邓伟志的曾祖父邓老先生是当地名医,家中是富有的。传说徐州八县(丰县、沛县、萧县、砀山、铜山、邳州、睢宁、宿迁)的人,甚至连河南省永城的人,都有来求医的。但老先生清高自尊,个性独特。对有钱有势的人他要摆架子,不抬轿拉车来接,他不上门。假如对他不够尊重,他还会施以脸色。相反,如果是穷人找他看病,则不分黑夜白天,不管刮风下雨都出诊,一般还少收费或不收费。这就得罪了许多达官贵人。不巧,有一次邻县的县太爷请老先生看病,没看好,县太爷死了。县太爷家属及衙门诬陷他是有意谋害。老先生不服,于是打起了官司。尽管也有几位医生仗义执言,为他辩护,断定其用药正确,但在腐败的清末官场,最后衙门还是判老先生有罪,施以"穿红绣鞋"的刑罚,就是赤足从烧红的铁板上走过。老先生受尽折磨,不治身亡。邓家为了打官司,把土地都变卖光了,家境一落千丈,唯一剩下的只有老屋基邓台子。邓伟志的祖父悲愤交加,不久也含恨而去,留下了尚未成人的邓文昌(即邓伟志的父亲,字果白,后以字行)三兄弟,依傍其伯父一起生活。好在伯父视邓果白兄弟如同己出,加上邓家的亲戚条件尚好,便由邓果白的姨表哥刘汉川(字云昭,后以字行)做主,让年仅十多岁的老大在家种田,同时出学费让邓果白和其弟弟上学读书,一直供邓果白读到了高师毕业。

邓台子在薛庄。台子上原来有不少房子,到邓伟志见到时,只剩下南头六间房。台子四周有高大的枣树、柿子树等树木,还有竹林。紫藤缠绕,蔽云遮日。西边有个小菜园,称西小园。西小园西边和北边是水沟,南边是个大池塘,种有荷花、芦苇。

这样一个特殊的地形,被萧县一批早期共产党人看中了。台子高,望得远,是天然的瞭望台;开会、活动可以在西小园里,更安全;四周的树木、芦苇、水塘有利于掩护撤退。加上邓果白高师毕业,有文化,在学校受到新思想熏陶,思想进步。后来,萧县第一个红色政权——萧县苏维埃就是在邓台子西小园里成立的。当时的萧县苏维埃主席是纵翰民,邓果白兄弟都是骨干成员。

1925年,邓果白被中共地方党组织选送到国共合办的上海大学,在瞿秋白曾经任教的社会学系读书,并经戴盆天等人介绍加入了中国共产党。1926年秋,邓果白支持中共党员许致远在萧县薛庄创办农民夜校,组织长工会、短工会,继而正式成立薛庄农民协会,发展农协会员近千人,公开提出"加入农协会,才能不受罪"及"打倒土豪劣绅"等口号,组织农民开展了一系列斗争。不久,邓果白被选送到毛泽东任所长的武昌中央农民运动讲习所学习,并参加了北伐。

1930年,受立三路线影响,邓果白被派到苏州组织暴动。结果暴动失败,他与组织失去联系,只身讨饭回到萧县。此后他又重回革命队伍,参加纵翰民等组织的黄口暴动,与纵翰民结下了深厚的友谊。经多人说合,邓果白便与纵翰民的妹妹纵舒民(即邓伟志的母亲)结了婚。有人开玩笑说,是"苏维埃做媒",促成了这桩婚姻。

第一章　生于乱世　苦其心志

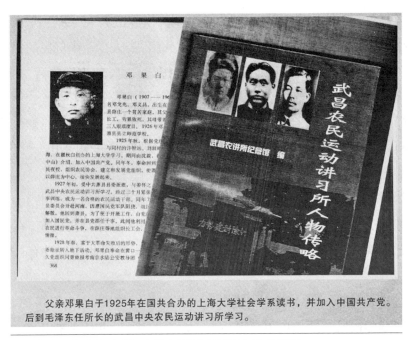

父亲邓果白于1925年在国共合办的上海大学社会学系读书，并加入中国共产党。后到毛泽东任所长的武昌中央农民运动讲习所学习。

邓果白先后在上海大学、武昌农民运动讲习所读书学习

1984年，在父亲学习过的武昌农民运动讲习所旧址

纵舒民出身当地名门，家里田连阡陌。所在的村庄"纵瓦房"，顾名思义，就是住瓦房的多，住茅草房的少，富人多，穷人少。纵舒民的祖父是个有功名的读书人。父亲则是个教书匠，擅长文言，却提倡白话，熟悉旧学，却大办新学，当过洋学堂校长，也当过县师范校长。在那个"女子无才便是德"的封建社会，在这个有充裕条件读私塾的家庭中，纵舒民的父母不仅带头让纵舒民姐妹放了天足，而且不惜变卖家中的田产，以作为送纵舒民姐妹和两个兄弟共四个子女都出去读书的学费。纵舒民幸运地成了村里同龄女性中少有的文化人。由于她从小有机会读书，受到新思想、新文化的熏陶，使得她向往光明，追求进步。而意外的是，在土改划成分时，因为家中田地大多卖了，纵舒民的父母因此也就没有被划为地主。

说到纵瓦房，就不能不说说纵舒民的大哥纵翰民（原名纵汉民）。可以说，纵翰民既是邓果白革命道路上最亲密的战友，也是邓果白与纵舒民结婚的关键人物，更是对邓伟志影响最早、最深的人之一。

纵翰民青少年时代就受五四运动影响，积极参加反帝反封建斗争。在南京第四师范读书时，曾被选为学生代表赴沪慰问"五卅"罢工工人。1926年投奔大革命策源地广州，先入中山大学旁听，后考入黄埔军校第六期学习。1927年"四一二"政变后，广州开始"清党"，纵翰民和几位进步同学冒险逃出，绕道投奔由邓演达、恽代英主持的武汉军校，随即被编入叶剑英任团长的教导团。当年12月，纵翰民参加张太雷领导的广州起义。起义失败后，纵翰民随教导团撤至花县，整编为中国工农红军第四师，转移到海陆丰地区休整，并经张孝先、王世安介绍，加入了中国共产党，任党小组长。

1928年春，纵翰民受组织派遣，赴上海等地从事党的地下工作。8月，他被派赴河南漯河中心县委做青运工作，不幸被捕，幸未暴露身份。经组织与亲属营救，于1929年底得以保释。为便于开展工作，1930年春，组织上派纵翰民回到家乡，任中共萧县县委书记，以小学教员身份为掩护开展工作，并与同任小学教员的党员陈一民（即陈津敏）结婚。随即他参与组织黄口暴动和组建红十五军,任红十五军一师党代表兼萧县苏维埃主席,被群众誉为"萧县三杰"之一。在调任宿迁中心县委书记后,纵翰民遭叛徒出卖而被捕。在狱中,他坚贞不屈,坚持不承认自己的身份,与敌人展开机智勇敢的斗争,直到1936年才通过关系获保释出狱。

回乡后,纵翰民重新找到组织,积极发动群众,开展抗日活动。他先后任中共萧县中心县委委员、统战部部长,萧县人民救国会主任、县常务总队政治部主任,萧县县长兼新四军四师独立旅旅长等职。1941年9月,调任苏皖边区邳睢铜灵县委委员、四县联防办事处主任兼联中校长。抗战胜利后先后担任华中八地委委员兼副专员、豫皖苏区党委民运部长、豫皖苏建国学院副院长。1949年4月随解放大军渡江南下,参加接管南京的工作。

虽然纵翰民问心无愧,但由于两次被捕的经历,长期受到不公正待遇,在历次政治运动中总是反复受到冲击,甚至一度被取消抗战前的党龄。"文化大革命"中还被列入"61人叛徒集团",遭殴打导致耳聋。家人也全都被株连,受到不公正的对待。在这种情况下,纵翰民忍辱负重。从1947年"三查三整"运动之后,他一方面多次申诉要求组织上复查自己的历史问题,另一方面主动要求不再担任军政职务,转为从事教育工作。新中国成立后,他历任南京市委党校教育长、南京师范学院副院长、无锡华东艺专校长兼书记、南京艺术学院院长等职。

粉碎"四人帮"后,随着党的政策落实,年逾七旬的纵翰民被安排任南京艺术学院顾问、江苏省政协常委,恢复组织生活。1984年,江苏省委正式批复撤销豫皖苏区党委的结论,恢复其自1928年春开始的党龄。1989年中央组织部认定,纵翰民参加革命时间从1927年6月算起,按副省长级待遇。其老伴陈聿敏经申诉批复,党龄从1927年12月算起,按老红军待遇。忍辱负重近四十年的纵翰民终于被还以清白。

1992年1月29日,纵翰民因病医治无效在南京逝世,享年87岁。中央军委原副主席张震为其题词:"纵翰民同志是我党优秀的党员,长期从事白区工作,抗日战争我们曾一同在淮北根据地工作,他政治坚定,密切联系群众,忠诚党的事业,是我们学习榜样。"

1995年,在《纵翰民生平自述》即将付梓之际,邓伟志以《忠诚党的事业》为题写了一篇怀念大舅纵翰民的长文。其中详细记述了纵翰民顾全大局、忍辱负重,受尽委屈仍不改初心,仍坚定忠诚于党的事业,全心全意做好工作的胸怀和品格。俗话说,外甥最像舅。无疑,纵翰民对邓伟志的影响是巨大而深刻的。了解纵翰民,对于理解邓伟志显然也是大有帮助的。

邓果白与纵舒民夫妇共养育了四个孩子:长女邓天佑,长子邓天纵(即邓伟志),次子邓天觉,幼子邓天生。纵舒民坚持男女平等,天佑虽是女孩,却是她眼里唯一的老大,是大姐,除此不能再有老大;天纵(邓伟志)、天觉、天生只能称二弟、三弟、四弟。

由于邓果白是新四军,经常要随部队行动,他与纵舒民婚后的生活是聚少离多,这个家全靠纵舒民一人操持。因此,邓伟志小时候能与父亲相处的时间也不多。加上年纪小,父亲和新四军的一些事要么是后来听说的,要么是后来才明白的。但对邓伟志来说,这些事都是他亲历的,至今讲起来仍然细节丰满、生动有趣。

邓伟志一岁时,有一次父亲带着一支短枪要过桥。桥离日军据点不远,桥上有维持会站岗,搜查很严。怎么办呢?于是父亲空手先过桥,接着母亲怀抱邓伟志、手拉邓天佑走在后面,父亲的通讯员则拿些不相干的东西紧跟着。母亲将短枪放在邓伟志身下的抱被里,快到桥头时用力狠扭邓伟志屁股,邓伟志哇哇大哭。母亲则有意大声说:"甭哭,甭哭,过了桥就给你吃奶。"站岗的看孩子哭得不像样,母亲还准备坐下喂奶,后面又有人带着东西来了,便去查通讯员,没顾得上搜查母亲,枪就这样顺利地被带过了桥。

还有一次,父亲的部队被日军打散了。两个鬼子紧追父亲,父亲好不容易钻进高粱地跑回家来。第二天晚上临睡时,母亲忽然发现父亲带回的棉被上对称而又均匀地分布着12个大小不一的洞眼。父亲见了说:"一定是昨天敌人在追的时候开了枪。打准了,但没打穿,是小手枪打的。"要不是被包挡住了子弹,人肯定没命了。经历了这样的危险,父母亲却抚着"弹花被"哈哈大笑。在一旁的邓伟志虽不明白怎么回事,但也跟着傻笑。

邓伟志至今津津乐道的还有新四军四师的三宝,即骑兵团、文工团、《拂晓报》。他记得,有一次在马庄,听说日伪军要来了,母亲赶紧在地上挖了个小坑,把《拂晓报》埋了下去,上边又压了个水缸。还有一次在纵瓦房,忽然听说鬼子要来,姥姥忙把《拂晓报》藏到棺材里,然后再把邓伟志姐弟藏进红芋窖。这都让年幼的邓伟志觉得,似乎姥姥和母亲把《拂晓报》看得比自己还重要。新中国成立后,邓伟志家里一直保存着载有邓果白文章的《拂晓报》,直到"文化大革命"中丢失。

至于文工团,其工作节奏、业务水平至今令邓伟志赞叹不已。他亲眼所见,小朱庄战役后,部队刚坐下休息,文工团已把歌颂英雄的快板、活报剧等编好,利用吃饭时间念给首长听。首长边吃、边听、边发表意见。不一会儿,一场结合实际、鼓舞人心、生动感人的演出就出现在露天舞台上了。

邓伟志印象最深的还是骑兵团。骑兵团打仗勇敢,打了胜仗回来,战士们会让马表演节目给大家看,打滚、两腿站立、四条腿跳起来摇动,还有扭屁股等。更逗的是骑兵团的两只猴子,竟会站在马上,脚踏长枪,令孩子们既羡慕又妒忌。骑兵团长周纯麟、连长章尘都喜欢邓伟志,每次来都要抱他,却从不让他上马、摸枪。邓伟志很委屈,觉得自己还不如猴子,与周团长又哭又闹。后来才知道,这既是为了安全,也是爱护马。猴子是"避(弼)马瘟",让其与马亲近就可以了解马有没有病。

难忘的还有一位杨姓区长。一天傍晚,杨区长叫邓伟志望风,自己和几位共产党员在靠近打谷场的高粱地边草垛子后面开会。散会后,又让邓伟志陪他睡在打谷场边,还讲故事给邓伟志听。可仅仅两天后,杨区长就牺牲了。这件事对邓伟志打击很大。

还有些事邓伟志当时不懂,但仍然刻骨铭心。一看到母亲坐卧不安、心神不定和祖母整天担忧的样子,邓伟志便知道大事不妙。在湖西(微山湖以西)特委"肃托"(即肃清托派)运动中,邓果白的许多战友惨遭杀害,家族背景复杂的邓果白本来也难逃一劫。所幸就在去受训的途中他被战友孙向涵拦了回来,接着萧县又被划离湖西特委,父亲才幸免于难。还有一次,一个姓陈的叛徒遇到父亲却没有抓他。这事本来没人知道,父亲自己也觉得奇怪,不知是什么原因,就主动讲给别人听。结果却被反复审查,引出了一堆说不清、道不明的麻烦。不久姓陈的叛徒被抓住,经审问弄清了真相:"谁整过我,我抓谁。邓果白没整过我,我不抓他。"父亲才勉强过了关。但此后只要一有政治运动,所谓"叛徒"以及1930年苏州暴动失败后一度与组织失去联系的问题都要被翻出来重新审查。但每次审查却又总是不了了之,并无结论。

邓果白是个文化人,1926年入党,参加过北伐,在苏州暴动中差点牺牲,1941年又重新入党,曾任萧县抗日民主政府优抗主任、新四军四师萧县独立旅参谋和《拂晓报》特约通讯员、豫皖苏三专署民政科长、萧宿县县政府秘书兼民政科长和司法科长,在淮海战役中冒着枪林弹雨负责伤病员的抢救、转移、安置,烈士的登记、安葬以及对俘虏的教育管理,可谓不计名利、出生入死干革命,却因为这些莫须有的事而长期被歧视并挨整,心中滋味可想而知。1957年邓果白被错划成右派,1960年甄别,但"文化大革命"开始后又受到冲击,直至1967年不幸去世。

多少年过去了,邓台子的绿树浓荫、西小园的闲适幽静依旧,但纵瓦房的高大门楣早已面目全非,可父亲邓果白、大舅纵翰民在邓伟志心中的形象依然鲜明,甚至更加清晰。从邓台子往外看,天高地阔,一览众山小;从远处回看邓台子,则被淹没在无数村庄树木之中,消失在天地之间。邓伟志似乎明白了什么,又似乎还有许许多多的不明白。他至今记得毛泽东曾引用过成都宝光寺的一副对联:"世外人,法无定法,然后知非法法也;天下事,了犹未了,何妨以不了了之。"不知为什么,这副意味消极的对联,带给邓伟志的却是"坚持下去"的积极影响。邓伟志还曾写了首打油诗:"是真是假且由他,究竟葫芦不是瓜。相信群众相信党,是非真假不会差。"也许,这就是社会,这就是人生罢。

三、天纵其才　多难育人

有人说，邓伟志是先上大学，再上小学的。这大学就是社会，就是母亲，特别是母亲。所谓多难兴邦，其实多难也能育人。苦难的童年，复杂的社会，淳朴的乡亲，相依为命的母亲……确实教给了童年的邓伟志太多太多，教给他正直，教给他坚忍，教给他勤奋，教给他包容，使他比一般的孩子显得早熟。

作为邓伟志的母亲，纵舒民知书达理、机智勇敢、刚毅坚强、爱憎分明。在自身难保的危急情况下，她曾多次掩护过遇到危险的革命战士；在抗日战争最艰苦的岁月里，她曾冒着生命危险为新四军传递情报；在解放战争开始的"拉锯"时期，她作为"共匪"家属，多次被国民党军队抄家封门，带着几个未成年的子女四处躲藏……面对这一切，她无怨无悔，显示了"身可危也，而志不可夺也"的品质。邓果白的战友们都喜欢称纵舒民为"二嫂"，有些同志在写信或者打电报时也经常用"东西已交二嫂""通过二嫂转来的东西已经收到"等语句。这些文字不但显得亲切，而且有利于保密，即使被敌人截获，敌人也不知道"二嫂"究竟是谁。

邓伟志出生的时候，萧县已经沦陷，沦陷区人民的日子是很难过的。而萧县位于四省交界，又是"拉锯"地区，今天日伪军来了，明天国民党军来了。即使同是亲戚、同乡，有的抗日，有的亲日，有的真抗日，有的假抗日，有的今天抗日，明天又不抗日了，防不胜防。作为新四军家属，他们时刻都有生命危险。唯一的办法就是藏，可藏也不知往哪里藏。藏不了，只得走，而走又不知往哪里走。不知道往哪里走也得走，必须不断地走，不断地东躲西藏。抗战胜利后，萧县又成了国共两党的"拉锯"地区，作为共产党干部家属，日子仍然难过。

有时候，父亲所在的部队会带着一家人走。邓伟志就被放在箩筐里挑着，或坐在独轮车、平车（类似上海的黄鱼车）上，也上过马背、驴背或被抱着走。但更多的时候部队不能带家属，邓伟志姐弟就完全靠母亲带着走了。

幼年的邓伟志（后排左）

母亲根据自己的判断，不停地到处转移。豫皖边、苏鲁皖边，几乎都走遍了。到邓伟志六七岁时，母亲就让他自己走。据邓伟志回忆，路走多了以后，脚心绷得很紧，像有一把弓撑着一般的痛。有时他走不动，不肯走了，母亲就吓唬他："鬼子就在后头，还不快走！"或哄他说："前边有卖花生的，等会儿给你买花生吃。"想不到在丁里集村南头的十字路口，还真有位卖花生的老大娘。每次见了，总要抱一下邓伟志，并抓一大把花生给他。母亲给她钱，她怎么也不收，只是说："抱一抱这样好看的孩子，高兴都来不及呢，还收什么钱！"解放后才知道，那卖花生的老大娘原来是党的地下交通员。

有时候，母亲顾不过来，也会将邓伟志临时寄养在群众家里。当时，邓伟志姐弟三人。大姐天佑大几岁，拖累少，很少被甩下来；三弟天觉太小，甩下来会给人添很多麻烦；剩下邓伟志，往往就是第一个被甩下来的。时间或一日，或一周，甚至一个月。甩给谁家就算谁家的"儿子"，就称呼谁家的主妇为"娘"。据邓伟志与其母亲大致回忆，被邓伟志叫过"娘"的临时"母亲"遍及苏鲁豫皖四省邻县，至少也有二三十位。这众多的"母亲"有时是靠中共地下组织安排，有时是靠老百姓对共产党由衷的热爱，或对邓伟志母子的同情。不管什么情况，收留邓伟志，他们都要冒很大的风险。这些"母亲"家的环境、条件、身份、习俗各不相同。有穷的，有富的；有中共地下工作者、老农会会员、减租减息积极分子；有医生、教员，也有地主、官僚、佛教徒、巫婆；有的甚至素不相识。跟着穷"母亲"，挖野菜、吃麸皮；跟着富"母亲"，吃香的、喝辣的。许多"母亲"待邓伟志比对亲生儿子还好，宁可亲儿子少吃几口，也要让假儿子吃饱。遇到敌人扫荡，"母亲"们不顾自己的孩子，先把假儿子抱在怀里。敌人来盘查，"母亲"们应答如流。如果她们有半点迟疑，一场大祸就会临头。这种离开临时"母亲"就没法活的日子断断续续整整十年，直到1948年底才算真正结束。可在邓伟志心中，与这些出身不同、性格各异、行事方式有别、时间长短不等的"母亲"之间却是亲情未了。她们淳朴善良、爱憎分明、勇于担当、果敢智慧的品格影响了他的一生。

实际上，母亲不断地寄养邓伟志，或许也有保护他这个长子的意思。因为她拖儿带女毕竟目标大，危险也大。特别是日本投降之后，国民党对"共匪家属"追查得紧，三天两头要他们到乡里受训。像母亲这样重要的"匪属"隔段时间还要到区里、县里受训，被查问亲人的行踪，国民党要他们限期把"共匪"找回来，不然就抄家、封门。如果"通匪"不报，就要杀头。母亲恨死了国民党反动派，不要说真的不知道父亲在哪里，就是知道也不会说出来。母亲去受训时总是穿着白色的孝鞋，其实是祖母逝世后为祖母穿孝，可母亲故意说："人早叫你们打死了，我该向你们要人，你们倒向我要起人来！"当然母亲多少也有为父亲戴孝的意思，因为已经好久没有父亲的消息了。敌人真的以为母亲是穿父亲的孝鞋，防范也就松懈了些。去乡里受训当天还可以回家，去县里大多数时候要被关好几天，生死未卜。因此受训前母亲总是先将邓伟志寄养出去，只带着天觉去坐牢，机智地应对无休无止的逼供。

1948年初，崩溃前夕的国民党县政权更加疯狂，派人封了邓伟志及其伯父家的门，据说还要对"共匪"后代邓伟志下手。眼看就要来抓人了，恰巧就在这时，邓伟志的表大爷，也就是曾经赞助邓果白兄弟上学读书的国民党要员刘云昭的侄子结婚，需要个押轿的，就是找一个男孩坐花轿到新娘家把新娘接到新郎家。中共地下组织与刘家商量，让十岁的邓伟志押轿，刘云昭立刻表示支持。按风俗，还要算男孩的生辰八字。那算命的也心向共产党，左算右算都说合适。就这样，邓伟志便坐花轿被巧妙地转移出去，又逃过了一劫。

可头一回坐花轿的邓伟志却觉得别扭，心里很是过意不去。满头大汗的轿夫问他："您累吗？"他说累。轿夫说："我们更累。"等吃完晚饭更尴尬，几个中年佣人忽然给邓伟志跪下，喊他老爷，让他赏她们一些钱。邓伟志心里不安，身上又一文钱都没有，正不知所措时，幸好照管他的人过来撒了一把钱。这件事给邓伟志的刺激很大。

在那动荡不安的年头，不仅人身安全没保障，生活也没有保障。没有吃的，就要挨饿；有吃的，顾不上吃，也会挨饿。母亲疼爱孩子，有点细粮,总是让邓伟志姐弟吃,自己吃粗粮。没有细粮,就让邓伟志姐弟吃粗粮,她吃糠菜。连糠菜也不够吃的时候,则让邓伟志兄弟吃糠菜,她和天佑饿肚子。邓伟志记得,每年收获南瓜和红芋的时候,是姐弟们最快乐的时候。南瓜是从青吃到黄,既当主食又当蔬菜。红芋在一年中起码有好几个月是作为主食的。萧县几乎家家都有保存红芋的红芋窖子,聪明的母亲特意将红芋窖子挖得比较大,有敌人经过时就让邓伟志等进去躲藏。在南瓜和红芋都吃不到的春夏之交,青黄不接,是最难熬的。那时只有吃小蚕豆、小豌豆、羊马马菜、草头、木槿花等,再就是割麦苗吃。割麦苗很有讲究,割得太深了会影响麦子产量,割得太浅了眼下就不够吃。为了生存,邓伟志还吃过柳叶,吃过槐花,吃过水草。柳叶有苦味,槐花弄不好吃了要肿头肿脸,吃水草肚子发胀。邓伟志不想吃,母亲就吃给他看,并鼓励说:"吃吧,吃了就不饿了。我们的孩子从来不怕苦,是吧?"母亲尽可能让孩子们吃树叶,她吃水草,实在没办法了,才都吃水草。母亲把槐花也处理得好,邓伟志吃过很多次,脸却一次也没肿过。

在颠沛流离的生活中,邓伟志的母亲仍然不忘孩子们的学习。她既是慈母也是严师。她爱好文学,能背诵好多诗词。在邓伟志不识几个字的时候,母亲就教他背书背诗。尽管常常不理解诗词的意思,不知道作者是谁,也要背。背得熟透了,倒似乎有点明白,甚至会用了。邓伟志四五岁的时候,见大家都夸表姑(即《永远跟着共产党走》词作者沙洪的妹妹,本姓王)鞋底纳得好,便凑上去说:"哟!'临行密密缝,意恐迟迟归'呀!"表姑立刻把他举得高高的,夸奖他说长大了一定有出息。听到表扬,邓伟志高兴,母亲也高兴。其实,五言诗并不难背,难背的是如《木兰辞》那样篇幅长、意思似懂非懂的诗文。可是母亲仍下令一定要背。有次在被窝里背《木兰辞》,大姐天佑崇敬花木兰,背得烂熟。邓伟志背到中间总出错,母亲不仅要他改正后接着背,而且还罚他从头到尾再背一遍,非要背全不可。到了晚年,青年时背的东西都忘得差不多了,可少年时母亲教他背的诗词,哪怕是《木兰辞》,他仍记忆如新。母亲还教过他几首乞丐诗,其中一首的前四句是"赋性生来一野流,手持竹杖过通州。饭篮向晓迎残月,歌板临风唱晚秋"。母亲为了让邓伟志理解"残月",竟请外祖父天不亮带他迎着残月去三姨姥家,让他知道"残月"就是农历月底在凌晨才出现的月牙儿。这首诗末尾"双足踏翻尘世路,一肩担尽古今愁"两句的气概最令邓伟志佩服。世纪之交,邓伟志听到有人乱骂乱抓乞丐时,又想起了母亲教过的这首乞丐诗,同情乞丐的心情油然而起。在做了些调查后,他写下《善待乞丐》一文,引起了良好反响。

四、改名伟志　曾经淮海

就在日本投降那年,虽然时局仍然动荡,母亲还是将已满七周岁的邓伟志送到马庄小学上学。

抗战胜利,中国共产党成立萧县民主政府。邓伟志的大舅由新四军的旅长改任专员,二舅当了校长,父亲邓果白在萧县民主政府负责民政工作,邓伟志也参加了儿童团。可庆祝抗战胜利的鞭炮声还没有落下,国民党驻萧县的部队就突然发起进攻。共产党领导的萧县民主政府猝不及防,邓果白也随大部队西撤,不知去向。萧宿永地区又从抗日根据地变成了国民党占优势的"蒋管区"。

偌大的天地,竟摆不下一张平静的书桌。为了安全,加上随着母亲不断转移,邓伟志先后断断续续换过几个小学,并将父母精心为他起的名字"邓天纵"改成了"邓伟志",以防止外人从名字上就知道他是邓果白的儿子。

"天纵",语出《论语·子罕》"固天纵之将圣,又多能也",是子贡赞扬孔子生而知之的话。恰巧邓伟志是"天"字辈,母亲又姓纵。显然,"天纵"这个名字寄托了父母对邓伟志太多的期望。"天纵"是天生之才,"伟志"则是自立之才,邓伟志正是两者兼备。从此,邓天纵就变成了邓伟志,这个名字再也没有改过。

1947年初,考虑到邓台子离县城太近,国民党管得紧,许多人便劝纵舒民带邓伟志姐弟转移到较偏远的纵瓦房娘家去住。邓伟志的外祖父办过县师范,在当地有影响。加上曾外祖父及外祖父的弟弟们大多有钱有势,当地的国民党政权多少有点顾忌,或许能安稳点。但那时候国民党军队的流动性大,经常驻村扰民。纵瓦房村庄大,瓦房多,往往被过路的军队首选为落脚点。这些部队不是本地的,无所顾忌,如果知道有"共匪家属",后果不堪设想。于是,大家经过商量,最后决定住到离纵瓦房只有一里路的小吴楼,既不一起住在纵瓦房,有什么事联系起来又方便。

小吴楼没有地主,没有富人,住的都是茅草屋。全村18户人家主要靠种田和编柳条筐卖为生,生活困苦,连做件衣服都不容易,对共产党的感情很深。连保长也是"两面政权",国民党来了为国民党办事,共产党来了为共产党操劳,白皮红心。邓伟志记得,住进小吴楼后,母亲就主动为村民们做这做那,特别是帮有需要的人做衣服。会点缝纫的,帮他们量好、裁好,教他们打纽扣,由他们自己缝;一点不会的,则一包到底。母亲做这些事都不要报酬,换来的是人间真情。陌生人来了,房东大娘就说纵舒民是她闺女,回来走娘家的。全村老小对外村人都这么说。在邓伟志随母亲在小吴楼住的一年多时间里,父亲邓果白让情报人员以"亲戚"名义带过几次信,村里人虽然明白来的是什么人,但都没有说出去,甚至会送点菜来帮助招待。

但世上没有不透风的墙。时间长了,他们还是被国民党军发现了。邓伟志记得,有一次一群国民党士兵冲进来,直接将机枪架在母亲的床上,逼问父亲的去向。母亲是真的不知道,就是知道也绝不会说。好在没过多少日子,解放军就打过来了。

在此期间,邓伟志在纵瓦房小学参加了儿童团的活动。儿童团是共产党在的时候成立的,到国民党统治时也没有完全停止活动。邓伟志记得,儿童团的伙伴曾组织过"埋作文簿"活动。因为老师们虽是在国民党办的学校任教,但多数人心还是向着共产党。在学生的作文中,有不少歌颂共产党的文字。有一次国民党军队来了,老师为了防患未然,要大家把作文簿都烧掉。可穷孩子买新作文簿不容易,烧掉自己的文章也舍不得,但不烧掉也确实有危险。为了老师和自己的安全,孩子们想了个办法,就是把作文簿装在缸里，埋到地下。没过几天，国民党军队走了，孩子们把作文簿挖出来交给老师。老师们喜出望外，连声夸奖。

老师不仅教孩子们作文，还教他们画画，带他们种树。那时候，穷人连饭都吃不上，哪有钱买纸买墨。邓伟志记得，他们常常在沙地或雪地上，用树枝绘"硬笔画"，有时还在泥地、雪地上绘"足画"。下雪前在泥地里留下的足画，被大雪掩埋了一个冬季后，到春天雪化时依然如旧。欣赏连自己差不多都忘了的足画，也是邓伟志孩提时代的一大乐趣。生长在黄土地上的孩子总喜欢种点什么，桃树、杏树、石榴树、柏树、杨柳树等邓伟志都种过。可是种得多，死得也多。不管如何精心爱护，树苗被冻死、踩死、淹死，在战争中被毁坏的，总不在少数。但死得再多，也总有顽强存活下来长成大树的。"种了，总有机会。如果不种，就什么都没有了。"这对善于思考的邓伟志来说，似乎也给了他某种启发。

在解放战争初期，萧县总体上属于拉锯地区。后来，刘伯承、邓小平领导的中原野战军所属部队常在豫皖苏边区活动，对边区老百姓的情绪和国民党基层政权的人心影响都极大。国民党高层似乎也看出了这一点，为了扰乱人心或者说是安稳人心，他们用飞机撒传单，说刘伯承在某月某日某地被他们部队"击毙"了。过几天谣言被揭穿，他们又撒传单说刘伯承在另一时间、另一地点、另一战役中被他们"击毙"。针对国民党这种做法，中共地下组织也油印了一份传单，题目就叫《刘百成将军不死》。把伯承改为"百成"，意思是说刘伯承是百战百胜、百战百成。传单油印出来后，便交给邓伟志等儿童团骨干散发。这份传单对常常能碰到国民党军飞机撒传单的豫皖苏老百姓来说，十分有用。1963年，刘伯承元帅到上海，后来成为邓伟志夫人的张耀新是刘帅的保健组成员，有一次，同她谈到这个故事时刘帅哈哈大笑，说："百战不死，终有一死。"刘伯承元帅也确实长寿，一直到94岁时去世。

1948年秋，一支解放军部队经过纵瓦房村朝东开进。邓伟志和姐姐正站在路边观看，忽然队伍里跑出来一个人对邓伟志说："你爸爸就要回来了。"邓伟志姐弟盼父亲回来已有两年了，听了这话，兴奋得简直跳了起来,连忙回家告诉母亲。母亲听了二话没说就出去追,可惜队伍已经走远了。但有了父亲的音信,又听说解放军要打徐州了,都是好消息。后来才知道,这正是淮海战役的前夕。

1948年11月,中原野战军在华东野战军一部配合下,从南面、西南面逼近徐州。16日凌晨,中原野战军第三纵队在第九纵队一部配合下,攻克宿县,萧县随之解放。邓伟志也在恢复了活动的儿童团里当上了团长。没几天,邓果白的通讯员来报信。通讯员回去时,邓伟志抱住他的腿,一定要跟着去。大家拗不过,只好让邓伟志随通讯员去了邓果白所在的濉溪的萧宿县县政府。

濉溪离主战场有点距离,开始还算平静。这时,胜利的消息已不断传来。战利品多得来不及登记,俘虏比押送他们的解放军多得多。有的战士一个人要看押上百个俘虏,一押就是十多个小时,大小便都没时间解决。这时,男劳力都去支前了,妇女会和儿童团的作用就显示出来了。邓伟志作为儿童团员,既要参与帮助解放军登记缴获的枪支等战利品,又要带人不时顶上去帮助解放军战士看押俘虏。可没过几天就出现了新情况。

11月30日,国民党徐州剿总副总司令杜聿明率三个兵团沿萧县—永城公路西撤。为了不让杜聿明逃跑,刘邓、陈粟大军也调兵遣将,调整部署。原来向东去的解放军,突然改为向西,其中好几支部队从濉溪经过。濉溪城里主要只有东西向的一条大街,大街上挤满了赶路的解放军。马拉着大炮,一门接一门。儿童团员全都上街去送水,可解放军战士连停下来喝水的时间都没有。邓伟志便用木瓢、葫芦瓢装水给战士们边走边喝,喝好了把瓢丢在地上也摔不坏。

解放军跑步追赶敌人,敌人便用飞机轰炸濉溪,阻拦解放军前进。又是机枪扫,又是扔炸弹。解放军有个机枪连经过西关时突遭空袭,牺牲了不少人。邓果白带着县政府民政科干部战士迅速赶到,冒着空袭仍在继续的危险,首先是抢救伤员,同时由专人逐一从烈士身上寻找识别身份姓名的铭牌进行登记,并将遗体运走掩埋。个别人的铭牌被枪弹打掉,无法识别，成了无名烈士。一位民政科干部在辨认烈士时，不幸中弹也成了烈士。

邓伟志就在烈士旁边，烈士就是天天与他在一起的生龙活虎的战士。邓伟志愣愣地看着断壁残垣、满地鲜血，"哇"的一声哭了起来。后续部队在踏着烈士血迹前进的时候，步伐有点迟缓。这时，一位年轻军官嚯地站到路边的石墩上，对经过的战士挥着手大声喊："前进！快速前进！"头上敌人的飞机还在飞，炸弹不时在附近掀起烟尘，但他眼都没眨一下。这一场面，在年幼的邓伟志心里留下了不可磨灭的印象。

战争残酷，邓伟志在濉溪再待下去既不安全也不方便。于是邓果白派王文书立即将邓伟志送走。刚走不远，敌人飞机就来了。王文书说："不用怕，我有烟幕弹。"说完，他一把一把地抓起沙土往天上撒。这"烟幕弹"还真管用，飞机从他俩头上俯冲过去，却没扔炸弹。再往前走，敌机又来了。路两旁都是麦田，没有沙土，只有几个坟包。王文书说："你不要怕，我叫你怎样就怎样。"飞机从东边来，王文书非常沉着，搂住邓伟志躺在坟墓的西边。王文书笑着说："这地方比在街上安全。飞机从那边来，趴在坟这边，它就扫射不到；看见炸弹扔下来，只要往两旁跑就没事。"邓伟志跟着王文书像做游戏一样，在坟边同飞机周旋，果然平安无事。飞机扫射了几下就飞走了。他俩拍拍身上的泥土，继续前进。此后，邓伟志再遇到困难或危险的时候就会想起王文书的样子，一切就都算不得什么了。

回到纵瓦房，儿童团的小伙伴们争着把国民党军队逃跑时的丑态告诉邓伟志，邓伟志也绘声绘色地讲了在濉溪的见闻。作为儿童团长的邓伟志，立刻就投入角色，安排儿童团员分兵把口，站岗放哨，防止国民党派奸细探听情报搞破坏。儿童团员首先是为住在纵瓦房村一幢最大的三进院落里的解放军站岗放哨。这个院子里岗哨多，电话线多，背短枪的多，照相机多，人们都猜想是粟裕（时任华野副司令员）住在这里，也有传说粟裕住在蔡洼西南角上的。说的人都有根有据，相互争执不下。倒是邓伟志有主见，对小伙伴们说："不管粟裕住哪儿，这两处地方都要严守秘

第一章 生于乱世 苦其心志

1950年,小学毕业那年的邓伟志

密,小心保卫,不能让敌人破坏。"当时儿童团员们顶风冒雪到底是保卫了谁,没人知道。直到很久以后,邓伟志了解到那张有名的淮海战役总前委五人合影,就是1948年12月17日刘伯承、陈毅、邓小平到粟裕的驻地蔡洼开会时拍摄的,这才真相大白。儿童团员还是猜对了一半。

1949年1月6日,华东野战军15个纵队和冀鲁豫军区两个独立旅在陈官庄对杜聿明集团发起全线总攻。9日,杜聿明在飞机掩护下向西突围。华东野战军加强西线兵力,并从四面八方穿插分割,迅速攻占了陈官庄敌军核心阵地。战至10日,全歼杜聿明集团,俘获杜聿明,击毙国民党徐州"剿总"第二兵团司令邱清泉,只有第十三兵团司令李弥化装逃脱。至此,淮海战役结束。

淮海战役胜利后,邓伟志姐弟进了龙城实验小学(简称实小)。实小是萧县条件最好的小学,还有一台老掉牙的电子管收音机,打一巴掌可能有声音,不打就可能没声音,但在那时却是个稀罕货。南京解放的消息、中华人民共和国成立的实况,都是老师听了广播后告诉同学们的。听到新中国成立的消息,龙城镇的中小学生、县大队和居民们都涌上街头,扭秧歌、踩高跷、喊口号,挥舞着各种颜色的小旗,可谓人心振奋。

随着学校学习生活正常化,儿童团已结束了其历史使命。龙城实小开始筹备建立新民主主义青年团组织(共青团的前身)。大姐邓天佑理所当然是第一批加入的。邓伟志刚满11岁,还不到年龄,却也哭着闹着要加入。有人吓唬他说:"入了团就会开出去。"所谓"开出去"就是离开家出去打仗。当时确实有些进步青年存在小农思想,只愿意就地闹革命,不肯离开家乡。可对邓伟志这个被新四军用箩筐挑大、用平车拉大,又见过真枪实弹的孩子来说,还怕"开出去"吗?负责建团的老师见他态度坚决,竟破天荒地批准邓伟志第一批入了团。邓伟志创造了一个纪录。可以说,这也是邓伟志政治生命的起点。

第二章
笃实好学　志在鸿鹄

萧中师长意拳拳,伟志潜心刻苦研。
初试啼声惊大学,又尝硕果效先贤。
壮图几度风云动,豪气一生淮海传。
健笔如椽操峻洁,芦庐逆境更忠坚。
——蓝成东

虽然父母亲的养育让邓伟志具备了良好发展的基础,但要将璞石变成精美的玉器,还要经过细心的雕琢。从战乱摔打中活下来的邓伟志是幸运的,因为他在求学过程中遇到了很多身正德高、亦师亦友的好老师、好领导。所谓近朱者赤、近大者大,恩师们不仅传道授业解惑,而且言传身教、躬行垂范、日濡月染、润物无声,给邓伟志以潜移默化的影响,使邓伟志受益终身。

一、难忘中秋　永不掉队

新中国成立以后,生活秩序恢复正常,邓伟志和父母姐弟终于过上了一段团聚的日子。可已上高小的邓伟志并没有因父母天天在身边而被娇惯,反而感到父母对自己的要求更严了。

作为一名老革命,邓果白始终保持着共产党员的本色。由供给制改为薪金制后,邓果白每月工资90万元(1955年币制改革前的1万元相当于后来的1元),要负担一家老小的生活,并不宽裕。可当他碰到穷苦老百姓时,仍会嘘寒问暖,有时甚至主动掏出几万元给他们。因邓果白的工作需要经常下乡,组织上配给他一辆从德国进口的自行车。当时自行车是稀罕物,他很爱惜,除了下乡,平时上下班从来不骑。有个星期天,邓伟志和大姐私下将自行车推出去学着骑,正好被邓果白碰见。他瞪着眼睛训斥道:"这是公家的车子,你们怎么能用来学骑车子?荒唐!"回过头来又批评妻子:"你为什么不管管他们!"此后邓伟志再也没有动过父亲的自行车。有段时间,邓果白因自己分管萧县的剧团、戏院、文化站等,竟因此而不再让妻子和邓伟志姐弟去看戏。邓果白说:"我分管这一块,就是买票,人家也会特殊照看你们的,影响不好,根本就不要去。"父亲如此的自律,影响了邓伟志的一生。

1950年，邓伟志升入萧县中学。萧县中学创建于1942年，一度曾是与陕北公学一样的革命化学校，为革命根据地和新中国培养干部作出了贡献。1953年被确定为江苏省九所省属重点中学之一，1955年因行政区划变动，被确定为安徽省重点中学。学校以"守时、守信、成人、成事"为校训，形成"自强不息、追求卓越"之精神，为萧县培养和输出了大批人才。

如果说初小四年邓伟志是在战乱中断断续续读完的话，那么，在萧县中学的六年则是扎扎实实学习的六年。从个人而言，萧县中学可以说是他人生的一个转折点。他在这里遇到了最好的老师，得到了最大的帮助、鼓励和从未有过的信任。在这里，他培养了对阅读的热爱，养成了独立思考的习惯，锻炼了与人交往的能力，也让他对人生充满了自信，为后来的学习打下了坚实的基础。

让邓伟志难忘的首先是郑趣白校长。在萧县中学，邓伟志很喜欢暑假留校。因为平常能接触的老师有限，同一个年级，甲班的学生难得能听乙班的老师讲课。可在暑假留校期间则不然，暑假留校的学生少，留校的老师却很多。因此，学生同老师接触的机会也就更多，范围也广。他不仅可以听教低年级的其他老师上课，还可以听教高年级，包括教高三的老师上课，甚至还有机会听校长亲自讲课。

邓伟志记得，有一天，单子厚老师请郑趣白校长给几个年级的学生联合上语文课。郑校长是抗日时期的老革命，既是校长，又是中共萧县县委常委，但他仍坚持经常给学生们上大课。郑校长先把冯雨邨老师刻写的讲义发给学生。讲义文章的题目叫《永不掉队》，说的是苏联有位参加卫国战争的青年学者，由于没受过严格的军事训练，在行军中常常掉队，每次都受到一位青年军官的批评。这位青年学者坚韧不拔，意志坚强，终于成长为一名优秀的战士，同时也和那位青年军官结下深厚的友谊。卫国战争结束后，青年学者到一所大学任教。恰巧部队也送那位青年军官到这所大学学习深造，军官成了学生，战士成了老师。官兵关系倒过来变成了师生关系。由于青年军官的文化功底较差，随着学习由浅入深，他越发感到困难重重。于是,青年军官向青年学者,即今日的老师提出:他实在学不下去了……青年学者听了,为之叹惜,为之愤怒。青年学者以当年青年军官批评他掉队的口气加以严厉斥责,规劝青年军官不能掉队:在攻克敌人堡垒的征途中不能掉队,在攻克科学堡垒的道路上也不能掉队,在建设时期要像在战争年代一样不能掉队。良师循循,学子欣欣。他们教学相长,共同勉励。最后,青年军官终于成为一名优秀的学生。

这篇文章只有两三千字。邓伟志清楚地记得,郑校长在讲解的时候,两次激动得讲不下去。一次是把脸转过去,沉默了一两分钟才继续往下讲;另一次他干脆走出教室,在阳光下来回踱步,等情绪稳定下来才回教室继续讲课……邓伟志和同学们一齐仰望着校长高高的身影,心潮起伏。大家都屏住呼吸,教室里一片寂静。这场面让邓伟志终生难忘。从此,无论在怎样困难的情况下都"永不掉队",也成了邓伟志一生的信条。

2002年5月,邓伟志写下了《永不掉队——怀念郑趣白校长》一文。他在文中说:"几十年来,我一直在琢磨校长激动的缘由:他是不是也遇到了像'青年军官'那样的战友?他是不是也在为建设时期筹划着什么呢?或者,他在教育园地上耕耘时,会不会碰到什么乱石,才使他那样动情。这,都不是咱做学生的人所能想明白的。当时我们向单子厚老师报告校长的激动情景时,单老师也陷在激动之中,没向我们当孩子的说多少。如今,我这当年的孩子已经长成了老头,也没有完全解开校长的激动之谜。不过,我们牢牢记住了校长的这堂课,我们听进了校长的这句话:永不掉队!不论遇到什么艰难险阻,也不掉队。掉队,就不配做萧县中学的好学生。"

对邓伟志一生影响极大的还有他在萧县中学的美术老师、龙城画派的领头人、后来曾任安徽省书画院院长的萧龙士。

萧龙士当时是全校最年长的老师,年高德劭,特别受人尊敬。当年的萧县中学依山而建,初中部位于凤凰山和老虎山接合部一个叫"上堂子"的山坡上,校门低而校园高。也许是为了照顾萧老师少爬山,萧老师的办公室被安排在一进校门的右手边。办公室里挂满了萧老师的绘画,有葡萄、西瓜、荷花,栩栩如生。萧老师虽然言语不多,可邓伟志特别爱朝他办公室跑,爱和他说话。夏天,看萧老师画的西瓜,垂涎欲滴,望"瓜"止渴忘记炎热;秋天,看萧老师画的葡萄,充满丰收的喜悦,令人精神振奋迎接新学年。而萧老师对邓伟志似乎也情有独钟。

那时候,战争刚刚结束不久,百废待兴。作为淮海战役战场的萧县,战争的创伤正有待医治。到处是断壁颓垣,地里仍趴着被打坏还没来得及拖走的国民党军队的坦克、车辆,还会经常捡到子弹、踩到炮弹。经济一时尚未完全恢复,群众温饱问题还没有解决。老师和同学们一样,生活都十分困难。转眼就是中秋节,可对一般的人家来说,想买个像样的苏式月饼吃都是奢望。条件好一点的人家大多是自己用发酵的白面粉包一些黑芝麻,加点糖,再用带有花纹的模子一"铸",然后放在蒸笼里一蒸,就是极好的土式月饼了。亲朋之间往来,一般也都是送这种自产的月饼。

邓伟志清楚地记得,1951年中秋节的下午,凉风习习,石榴遍山。他从校门口走过时看见萧老师,便深深地鞠了一躬。等他抬起头来,只见萧老师向他招手,让他跟着到办公室去。邓伟志惴惴不安,以为是自己图画作业没有画好,老师要把他叫进去批评、指导。但萧老师却笑着打开抽屉,从里边拿出一只精致的苏式月饼,掰了一半递给邓伟志,说:"还有一半留给震需。"震需是萧龙士的儿子,比邓伟志低一年级的同学。萧老师将邓伟志与自己的儿子同等看待,使邓伟志受宠若惊、激动不已。虽然萧老师递给邓伟志的月饼正是他想吃而吃不到的,但邓伟志还是有点难为情,说:"都留给震需吧。"萧老师说:"已经掰开了,你们弟兄俩就一人一半吧。"想到萧老师自己可能也没有吃,邓伟志便将那半个月饼再掰了一半递给萧老师。萧老师说:"你吃吧!"半个月饼,要是在平常,邓伟志可能一口就吞下去了,可这时候他却怎么也咽不下去。萧老师见他迟迟不吃,又说:"包好,带回去和你弟弟一起吃吧。"

如今,活到103岁的萧老师仙逝已三十多年,可在邓伟志心里,萧老师的笑容和那半个月饼仍如在眼前。

师恩如山，师恩难忘。除了郑趣白校长、萧龙士老师，给少年邓伟志重要影响的还有单子厚、庄骥、李效白、蒋作钊、冯雨邨等诸多老师，数不胜数。老师们个个学养深厚、平易近人，大多文理兼通、多才多艺。老师与学生们一起植树绿化、挖井取水、平整操场、排演话剧，使邓伟志感受到家一样的温暖。

1999年，邓伟志在《母校不了情》一文中写道："我1956年从安徽萧县中学（现为梅村中学）毕业，考到上海不到一个月，便开始在报上发文章。43年来，写了一两千篇文章，出版了20余部著作（主编的不计）。这些文字，没有一篇是在萧县写的，可是我敢说：篇篇都有萧县中学的影子。写到'羁绊'二字，我一定想起郑趣白校长在向我们讲解《永不掉队》一文时，从字源意义上把'羁'字讲得淋漓尽致。在写到'蝉鸣绿荫'一词时，必然想起单子厚老师在暑假里教我们背诵他写的《暑》文，开头第一句就是'蝉鸣绿荫，莲晒红粉……'每当使用关联词'与其……不如'，就想起初中考试时，因为把'与'写成'於'而被扣分的往事。我之所以报考文科，同萧中老师的鼓励大有关系。在初中时，我并不知道自己作文好，我看大家都差不多。哪知初中毕业时，李效白老师给我的作文批了86分，与章广延同学并列年级第一。从此，我迷迷糊糊地知道自己的作文还不错。到了高中，从南京调来一位庄骥老师，教我们语文，他在审阅我们全班的第一次作文后，对每人都写了评语，对我的作文评价很高，并在课堂上作了讲评，我听了脸红到脖子。庄老师跟班走，一教就是3年。他不单会教书，师德也很高尚。他身体不好，每天教两节课，常常支撑不住，有时要在第一节课之后，打上一针，才能教第二节。经过他3年的教诲、熏陶，我从对语文老师的热爱和崇拜，发展到对文科的热爱和追求。高中毕业时，他劝我考文科，我就听他的。我高三的班主任蒋作钊老师（现在宿州师专）知道我报文科，有点遗憾。他对我说：'国家建设需要理工科人才，你理科不错，怎么不报理工科？'蒋老师不苟言笑，办事认真，丁是丁，卯是卯，但善解人意。当他听我说了'我的理科没有文科好'之后，也就没再坚持……"

萧县中学又名梅村中学。梅之精神独具，梅之风骨长存。"俏也不争春，只把春来报。待到山花烂漫时，她在丛中笑。"几十年后，当我们回过头来再看邓伟志，也许他在萧县中学的这段经历显得尤其重要。对于求学于斯、成长于斯的邓伟志，来自一代代萧中人身上砥砺自我、潜心求学的梅之精神，"守时、守信、成人、成事"的校训精神，还有"永不掉队""有福同享"的言传身教，或许正是他在人生的道路上能够不畏艰难、直面挑战、坚忍包容、不断创新的底气所在。正如萧县中学的校歌唱道：

凤山巍峨，岱水流长，惟我萧中，庄严堂皇；求真务实，守时守信，良师循循，新苗茁壮。啊，萧中，萧中！我们在你的哺育下搏击翱翔。

凤山巍峨，岱水流长，风清窗明，书声琅琅；团结协作，成人成事，超越进取，桃李芬芳。啊，萧中，萧中！我们要做明天的社会栋梁！

2002年10月3日，邓伟志在庆祝萧县中学建校60周年大会上代表校友作了题为《愿母校青山不老》的发言。他饱含深情地说："今天报到以后，我一直在琢磨母校这个'母'字的韵味。'母校'，没有比'母校'更恰当的称呼啊！在母校，我们享受过老师慈母般的关爱；在母校，我们接受到老师慈母般的教育。""母校是我们校友心中的旗帜。我们校友一直以母校为骄傲。母校教给了我们做人和治学的基本功。""清代的一位文人写道：'拜师如投胎。'萧中是温馨的家园。萧中的老师就是慈祥的母亲。请允许我在这里向母校在座的老师鞠个躬！向九泉之下的老师和校友深深地鞠个躬！"

二、学海泛舟　以文养读

1956年，高中毕业的邓伟志面临着人生的第一次选择。虽然报考文科的方向已定，但选择什么专业、报考什么学校，对邓伟志来说，简直是

第二章 笃实好学 志在鸿鹄

1955年的合家欢。后排中间为邓伟志

一头雾水。父母亲让他自己拿主意；老师们的建议各式各样,仅能参考。好在邓伟志天生就是个有主见的孩子。他平时最羡慕外交官,再加上英语老师劝他做外交官,他便毅然决然地填写了一个萧县中学从来没有人填报也无人了解的志愿：外交学院。

在等候录取通知书那段难熬的日子里,邓伟志还是信心满满。因为他相信自己的成绩,以为考入这个没多大名气的外交学院应该是没有什么问题的。可在拿到录取通知书的那一刻,所有人都愣住了。录取邓伟志的不是什么外交学院,而是上海财经学院。后来经咨询才知道,外交学院根本不公开对外招生,上海财经学院是因为他成绩好才录取他的。塞翁失马,焉知非福。就邓伟志的个性而言,避开外交学院毕业后那条不可避免的仕途,读上海财经学院日后却使他有机会走上做学问的道路,就邓伟志的个性而言,其实倒是件幸事,或许这也是天意吧。

告别父母姐弟,告别老师同学,告别萧县的山山水水,还不满18岁的邓伟志第一次踏上了远离家乡的旅途,也从此远离家乡。

独自坐在从安徽开往上海的火车上,一种恐慌、一种担忧不时地侵袭着这个生长在农村、从未到过大城市的孩子。刚好坐在邓伟志身边的是一个同济大学高年级的女学生。在问明情况后,她告诉忐忑不安的邓伟志不用着急和害怕,因为到了上海火车站后,各大学都会有人来接站的。她还安慰邓伟志说,如果上海财经学院没有人来接站,她一定会把邓伟志送到学校去。

果然,一出火车站,来到站前广场,各大学的校旗迎风飘扬,"上海财经学院"六个金灿灿的大字格外醒目。此时的邓伟志,心中一块石头落地,仿佛一下子见到了亲人,又有了找到家的感觉。

从农村来到城市,从安徽来到上海,从跟着父母的小家庭生活到离开父母过集体生活,从中学生到大学生,环境变了、条件变了、角色变了,一切都要在变化中重新适应,逐渐磨合。

进大学不久,就到了国庆节假期。上海籍学生基本都回家过节了,学校专门为外地学生组织了欢度国庆通宵舞会。邓伟志不会跳舞,也没兴

第二章　笃实好学　志在鸿鹄

1956年,大学一年级留影

趣参加，就独自一个人躲在寝室里，睡觉也睡不着。想到不知未来还有多少的不适应，想到不知以后如何才能自立于这强者如林的大学校园，他不禁蒙起被子伤心地流泪。同学们发现后，很多人都跑过来关心这个小学弟，拉他一起去玩，一起去人民广场参加国庆庆祝游行活动。好在邓伟志从小就锻炼出适应各种生活和环境的本领。经过欢乐与悲伤、兴奋与惆怅，在农村人粗犷耿直、坚韧耐苦的素质和城市人文雅委婉、精练智谋的优点之间，他逐渐找到了结合点。他也终于明白了自己已经成年，必须担负起对自己、对社会所承担的责任和义务。

锥处囊中，其末立见。在适应了都市里大学校园的生活之后，邓伟志很快就崭露了头角。上大学才一个月，他便在校报上发表了第一篇文章《杜绝"他妈的"之风》，引起了广泛好评。不久又被推荐参加了由上海市作协、总工会、团市委联合举办的"青年文学知识讲座"，聆听巴金、许杰、熊佛西、赵景深等十位名家讲课，并由此开始了"以文养读"的生活。接着，他被选为校学生会宣传部副部长，分管学院广播和各类简报发行。随后他又受聘为上海人民广播电台、《解放日报》和校报的通讯员。

对邓伟志来说，大量参加课外活动可谓有利有弊。利处是他可以接触更多的人，接触到许多别人难以接触到的人。弊端是他专业学习的时间被大大挤占。如何处理好学习、工作和休息的关系，成了他必须面对的问题。

邓伟志认为，时间是个常数，但对勤奋者来说，它又是一个变数。用"分"来计算时间的人，比用"时"来计算时间的人，时间对他来说要多五十九倍。古今中外，凡是在事业上有所成就的人，无不惜时如命。然而，光有珍惜时间的良好愿望，而没有珍惜时间的科学方法也是不行的。方法是合理支配时间的标准钟。首先是要制订一个合理的计划。有了计划就可以更好地督促自己，自觉地调整自己，有效地支配和利用时间。在执行计划的同时，可以培养和提高自己办事的条理性和思维的逻辑性。其次是要严格地、规范地执行计划。很难想象，一个生活懒散、起居无定的人能严格地按时完成计划。因此，执行计划也有助于磨炼意志、养成严格要求自己的习惯,是时不空过的基本要求。邓伟志是这样想,一辈子也都是这样做的。这也是他后来能够取得如此丰硕学术成就的重要原因。

作为校学生会宣传部副部长,邓伟志经常去的一个地方是文化广场,最终给他留下很多回味的地方也是文化广场。1958年5月,他在文化广场上列席过全国青年工人代表会议。1958年6月初,他在文化广场上听取了上海市委副书记钟民传达中共八届二次会议精神。他还在文化广场上听过中国登山队队员的报告,听过鞍钢模范工人老英雄孟泰的报告,听过青海省团委书记讲青海是个好地方的报告,还在文化广场看过几场感人的戏剧……但给他印象最深、对他影响最大、至今还记忆犹新的,是1958年春在文化广场听团中央书记胡耀邦作题为《人是伟大事业的决定因素》的报告。

胡耀邦的讲话充满感情,激昂慷慨,既不像有些人的"小和尚念经,有口无心",也不像播音员那样照本宣科。胡耀邦是把全部身心都融进了讲话中,讲到激动的时候,他会跳起来,振臂呼喊。胡耀邦的讲话就像是战鼓,是进军号,全场的人都听得热血沸腾。这种气氛是邓伟志从未感受过,也是他再未感受过的。

容纳万余人的文化广场面积太大,坐在后面的与会者都想近距离一睹胡耀邦的形象。于是胡耀邦讲话一结束,台下立刻齐声高呼请胡耀邦下来绕场一周。一开始胡耀邦似乎不肯,但呼声愈喊愈高,经久不息,胡耀邦只得顺乎众意,走下台来。邓伟志清楚地记得,那天胡耀邦穿的是咖啡色中山装,身材不高,显得亲切实在。他一边走一边向站起来欢迎他的听众拱手致意。

胡耀邦讲话的内容,对邓伟志影响极深。胡耀邦在讲话中阐明的"以人为本"理念,在当时具有前瞻性,在几十年后的今天依然是适用的,是有引领作用的。所谓"以人为本",是因为"人"不仅是伟大事业的出发点和归宿,也是关系伟大事业成败的决定因素。但说说容易真做难。在当今重温胡耀邦关于人的精神、情操、道德和知识素养的论述,落实"以人为本"的思想,可以说比任何时候都更加显得重要。当我们审视邓伟志这些年来的著述和活动，探寻他学术思想的根本出发点，毫不夸张地说，如果能够用一句话来概括，那就是他所提倡的"社会以人为本，人以社会为本"。

1957年"反右"运动之前，上海团市委、上海市作家协会曾联合邀请上海各界名流在每周六为青年开办有关戏剧、诗歌、杂文、电影等各种各样的知识讲座，青年人可以根据自己的兴趣爱好选择参加相关讲座。邓伟志非常珍惜这种机会，几乎每一次都去参加。讲座打开了邓伟志的眼界，使他真切地感受到，杰出的专家学者除了在自己的专业领域学养深厚，在其他方面也都具有广博的知识，都是多才多艺、一专多能的。万物皆备于我。因此，任何人在学习、研究中，一定不能错过任何有益的知识，不能囿于一隅，不能鼠目寸光，更不能视眼前知识无用就弃如敝屣，这绝不是做学问应有的态度。只有吸收消化大量有用的知识，才能触类旁通，左右逢源。可惜的是，这样好的讲座活动很快就因为"反右"运动而停止了。

1958年暑假，上海财经学院与政法学院、复旦大学法律系、中国科学院上海经济研究所、历史研究所合并，成立上海社会科学院，未毕业的学生留下来继续学习。社科院首先安排学生到宝山县大场办军事夏令营，进行打靶、夜行军等军事训练。邓伟志患有近视，打靶很吃力。但勤能补拙，为了练好射击，邓伟志趴在地上练习瞄准，一趴就是两三个小时，累得爬都爬不起来。功夫不负有心人。到年底，邓伟志和所有同学人人达到普通射手标准，夜行军也无人掉队。市体委《军事夏令营》报在头版头条表扬了社科院，上海市教育展览会和全国教育展览会上也突出展示了上海社科院的这一成绩。这件事让邓伟志体会到，一个人军事素养是有益的。特别是理论工作者，有点军事素养，对研究理论大有用处。文人少不了书生气，也应该有书生气，可是书生气十足，也未必好。文人最好是有七分书生气，三分火药味。有点火药味，文章才不会像毛泽东批评的那样"钝刀子割肉"。有点军人素质、军人气派，文章才会尖锐泼辣。文才加将才，理论才会大气磅礴，百折不回。这一点从邓伟志身上仿佛就能得到证明。他在理论研究上敢为天下先,敢于碰硬,从不黏黏糊糊,从不左右摇摆,可能与此有关。

上海社科院还安排学生到马陆公社参加秋收秋种。由于邓伟志是学生会宣传部副部长,在上海财经学院时就办过《丰收报》,在军事夏令营又编过油印的《军事夏令营》报,因此他受命再主编一份上海社科院的《丰收报》。同学们投稿踊跃,虽然小报每天一期,但能刊出的也只能占来稿的几十分之一。来稿中诗歌占很大比重,这些诗歌讴歌劳动、讴歌自然、讴歌人民群众,充满豪情、充满力量、充满深邃的思想,让人看了爱不释手。可是《丰收报》的主题是报道同学中的好人好事,不可能大量发表诗歌。怎么办?邓伟志和几位编辑想另编一本诗集,但又怕作为直接领导的庞季云副院长不同意,担心说是不务正业。哪知一汇报,庞副院长满口答应,并愿意充当终审。邓伟志高兴极了,立即紧锣密鼓,夜以继日开展编辑。三秋一结束,一本收入了一百多名同学诗作的《丰收诗集》便发到了同学手中。这个意外的小插曲使邓伟志对庞副院长的眼光和境界钦佩不已。以培养理论工作者为目标的上海社科院为什么要鼓励学生写诗呢?邓伟志从自己的写作实践中越来越体会到此中的奥妙。学理论的人习惯逻辑思维,重视抽象、归纳。这是优点,也是缺点。写诗歌等文学作品靠的是形象思维,可以为思想插上想象的翅膀,在天空遨游。这就能丰富理论工作者的思维方式,避免偏执的思维定式。此外,铁板面孔、佶屈聱牙、味同嚼蜡的理论文章,是没人要看的。理论加文采,才是写文章的成功之道。直到现在,我们去采访邓伟志时,他依然大谈理论文章要改进文风。

从转入上海社会科学院到大学毕业的两年间,邓伟志从院领导和老师那里的收获可能是普通大学的学生一辈子都难以得到的。邓伟志经常接触的院领导和老师们,虽然非常低调,其实都是经历非凡、很了不起的人物。比如陆晶清老师,她是鲁迅的学生、刘和珍的同学,也是一位诗人,曾受到李大钊的赏识。在1926年的"三一八"惨案中受过伤,是一位被遗忘的历史风云人物。再如申玉洁老师,是小说《红旗谱》中一

大学同窗,一起走出校门(左一为邓伟志)

2006年4月22日,与大学同班同学再聚首

位英雄人物的原型。他还是时任中共上海市委书记马天水的入党介绍人。他调来上海一年,从来没有去看过马天水。一个偶然的机会,马天水看到"申玉洁"的名字,赶忙来看他,人们才知道申老师原来比市委书记资格还要老。庞季云副院长曾是胡乔木的秘书,他和廖沫沙、于光远合写的《政治常识读本》是新中国成立初期的三本畅销书之一。而院长雷经天,在百色起义中就是右江苏维埃政府主席,是邓小平的战友。李培南书记在延安时就被陆定一"封"为"小马克思"。雷院长、李书记早在20世纪30年代就曾经做过搭档,在陕甘宁边区公审抗大十五队队长黄克功杀死恋人一案的法庭中,雷经天是审判长,李培南是四名陪审员之一,胡耀邦是公诉人之一。此案将战功赫赫的黄克功处以死刑,打破了原来规定对"有功的人犯罪"从轻处罚、对"工农分子犯罪"从轻处罚的特权,排除了"刑不上大夫"的封建陋习的干扰,开始了向"法律面前人人平等"的转变。可以说,这在中国法制史上具有划时代的意义。毛泽东为此案还曾致信雷经天表示肯定。雷院长和李书记到社科院后再次合作,相处融洽,分工不分家,也不分派。他们办事公平,有争论而不争执,更不争吵,为老师和同学们树立了好的榜样,对邓伟志的影响也是不言而喻的。

1960年春,邓伟志就要大学毕业了。在提交毕业论文之后,他在分配志愿书上只写了一首打油诗,表示绝对服从分配。没几天,时任社科院院长杨永直宣布留在社科院工作的同学名单,邓伟志名列其中。作为一名品学兼优的学生干部,这在情理之中。但对父亲的"右派"尚未平反的邓伟志来说,似乎又在意料之外。不管怎样,在已经熟悉的地方,完全崭新的生活又在向他招手了。

三、重蹈淮海　扬帆起航

邓伟志刚来上海时,对上海那么多纵横交织的马路,最感亲近的只有淮海路,因为他是从淮海战场走来的。作为乡土情结厚重的淮海人,他对上海能将市中心最好的一条马路命名为"淮海",心中总有种莫名的感动。更令他惊喜的是,大学毕业后,竟一直住在淮海路附近。他先是住在淮海中路1813号,后来又搬到离淮海路一两百米远的高安路19号,和与淮海路只有一墙之隔(后为一院之隔)的康平路100弄。结婚的新房则在康平路100弄,1980年搬到淮海中路2048弄。

不仅住在淮海路,邓伟志还长期工作在淮海路。离开了家乡的淮海战场,又来到淮海路这个新的"战场",面对不同性质、不同形式"战斗"的考验,邓伟志犹如父亲和大舅当年在淮海战场那样,无私无畏,一往无前。目睹几十年间淮海路的变迁,折射的正是国家、社会和个人命运的波澜曲折。人生的酸甜苦辣、咸痒涩麻,邓伟志在淮海路都尝遍了。

被宣布留校后,毕业文凭还没到手,1960年3月30日,邓伟志就被分配到上海社科院新成立的毛主席著作学习室上班。学习室的办公地点设在陈毅、邓小平住过的瑞金花园,任务是自编解放战争时期毛泽东的著作和解放战争史。

为什么成立毛主席著作学习室?又为什么这么急迫就要投入工作?原来,当时《毛泽东选集》四卷即将出版,到时候要写出一批学习文章。有中央领导同志多次向毛泽东建议在京成立毛泽东思想研究所,毛泽东均不同意。于是,最终改为在上海设立毛主席著作学习室,这样,国内首家毛泽东思想研究机构——毛主席著作学习室便在上海社科院应运而生。说是学习室,实际上规格比研究所还高。室主任由副院长庞季云兼任,业务上由市委宣传部直接抓。学习室成立不久,又更名为研究室。主要任务就是迎接《毛选》第四卷出版,准备撰写一批有分量的文章。

说到《毛选》,邓伟志并不陌生。1948年12月1日,国民党军队由徐州向西南逃窜,解放军加紧追击。为阻挡解放军追击,国民党空军整天派飞机轰炸、扫射。此时,邓伟志正跟着父亲住在濉溪东关,亲眼看见许多战士牺牲在自己身旁。父亲也作了牺牲的准备。为了轻装,他扔掉了很多东西,也准备把邓伟志"扔掉"。分手时,邓伟志看见在父亲的挎包里放着一套《毛选》。这套《毛泽东选集》共6卷,是1947年由中共晋察冀

第二章 笃实好学 志在鸿鹄

与1960年成立的原上海社会科学院学习室老同事在一起（左五为邓伟志）

中央局出版，邓拓编辑，太岳新华书店印刷发行的。这是邓伟志第一次看到《毛选》。后来，这套《毛选》成了邓果白留给邓伟志姐弟的唯一遗产，成为邓伟志最珍贵的收藏。几十年过去了，这部书完整无损。每当邓伟志的目光掠过书脊时总会停留下来，父亲在枪林弹雨之中带着这部书转战南北的身影，就浮现在他脑海里。

可是，尚未出版的《毛选》第四卷究竟是什么样子？怎么写学习体会呢？谁的心里都没有数。就连庞季云也仅知道该卷收录文章大致的时间段：解放战争时期。于是，工作的第一步是自编《解放战争时期毛泽东同志的著作》。邓伟志负责翻阅延安《解放日报》、重庆《新华日报》、晋察冀《人民日报》等报刊，有毛泽东署名的自然要收，没公开署名但有价值的也要尽量收。由于庞季云原为中宣部理论处副处长，又曾担任过胡乔木的秘书，而胡乔木曾长期是毛泽东的秘书，对毛主席著作比较熟悉。在他指导下，搜集工作很有成效。每找到一篇，大家便要集中学习一下，分析毛主席文章在立意、结构、语言上的高明之处，反思自己的学生腔、党八股毛病，并分别为新找到的文章赶写注解和题解。到5月底，就编了有四五十篇。

6月初，聂荣臻元帅到上海，带给时任上海市市长柯庆施一份《毛选》第四卷目录，柯庆施便把它转给庞季云。庞季云让邓伟志将自编的目录同聂帅的目录进行对照，按目录去找，发现只编到了一半多一点。聂帅带来的《毛选》第四卷目录共有74篇，其中有些是一般人无法找到的毛泽东的内部讲话。此外，他们也发现学习室找到的一些文章，在聂帅的目录中并没有被收进去，这主要是一些社论。9月，他们终于拿到了一本《毛选》第四卷样书，于是学习室的十几个人轮流看。有家的，白天看；没成家的，夜里看，人停书不停。结果发现该卷的目录比聂帅的目录少了一篇，即《蒋介石李宗仁优劣论》，其他地方也稍有改动。

10月1日，《毛选》第四卷开始在上海公开发行，一大早邓伟志便去静安寺新华书店排队为大家买书。大批《毛选》四卷到手以后，庞季云又分配给邓伟志一项新任务，就是对照原文看看在新出版的《毛选》四卷书上有哪些改动,但不要把查出的结果乱传。一对照,发现好多篇有改动。情况大致分四类:第一类是文字改动,第二类是资料改动,第三类是观点改动,第四类是策略改动。将结果在新书上标明并交给庞季云后,邓伟志似乎也理解了庞季云让他不要把结果乱传的原因。因为从改动中能悟出许多道理,从改动上还能体会出当时和今天的政治走向。

1960年11月,中共中央接连发出《关于农村人民公社当前政策问题的紧急指示信》和《关于彻底纠正"五风"的指示》。接着,又要求各地听取农民和农村基层干部对草拟中的《农村人民公社条例》(简称"农村六十条")的意见,准备开会讨论农村工作。1961年初,邓伟志被指定参加中共中央华东局农委主任刘瑞龙等赴江苏省常熟县白茆公社的工作组,与农民同吃同住同劳动。邓伟志虽然出身农村,但身份变了,又没搞过调查,有些为难。刘瑞龙便告诉他:"调查调查,就是抬头一看,张口一问,回来一议,提笔一写……"这番话使邓伟志增强了信心。当然,这一看一问其实也不简单。问要能问到点子上,看要能看得透真相。当时,工作组全部到各级食堂吃饭,食堂里的菜很少,顿顿草头,从草头尚嫩的时候开始一直吃到草头被翻作肥料时止。偶尔吃一餐咸菜豆瓣汤,就是改善生活了。在僧多粥少、大家吃不饱的情况下,社员对干部的意见集中在食堂问题上。吃不饱的社员对队干部和炊事员痛恨的程度比今天人们对腐败分子的憎恨有过之而无不及。工作组的任务,就在于发现哪个队干部或炊事员民愤太大,就把他换掉,换上的也不"干净"了,就再换。尽管如此,对公共食堂仍只能说好,不能说坏。公共食堂被看作是人民公社制度的重要组成部分,否定大食堂就是否定人民公社,论证食堂优越性的社论等文章充斥报刊。在这种大气候下,一天,刘瑞龙、杨谷方召集工作队员,要大家讲讲社员对公共食堂的看法。邓伟志等立即旗帜鲜明地回答说,多数社员认为公共食堂好。当刘瑞龙要大家解放思想、如实反映时,邓伟志等依然不改口。直至取消食堂的文件下达了,邓伟志才开始认识到自己"左"得可爱,"左"得可笑,而且"左"得愚蠢,才认识到去伪存真、敢说实话的不易。

1966年,邓伟志(左二)在白茆采风调查

邓伟志跟随刘瑞龙下乡,不仅感觉到他的正直,更感觉到他对农业、农村实际情况的了解,不仅胜过许多农民,而且胜过不少农村干部。调查的结果令人满意,而中央"农村六十条"的出台在一定程度上纠正了农村普遍存在的浮夸风、共产风、瞎指挥、强迫命令和干部特殊化现象,扭转了"大跃进"高指标、假大空、"左"倾冒进造成的粮食产量下降、城乡粮食供应紧张、人民生活困难的局面。这使邓伟志深深感到,要"为民"先得"知民",要"知民"必须"亲民"。只有真正"亲民",才能下功夫去"知民";只有真正"知民"了,才知道人民需要什么,才知道应该怎样去"为民"。否则,就是想"为民"也"为"不到点子上,"为"不到人民群众的心坎上。

1962年,邓伟志被调至中共中央华东局政治研究室,分配在学习组。说是研究室,实际上主要工作是跟着首长的思路找资料。小组三个人的主要任务是,在熟读毛主席著作的同时,熟读马恩列斯著作。根据分工,三个人里一位读《马克思恩格斯全集》,一位读《斯大林全集》,邓伟志则是读《列宁全集》。单位里有一套《列宁全集》可以读,但规定不能在上面做记号。读书不做记号邓伟志总觉得别扭,于是他打定主意想自己买一套《列宁全集》。当时国家正处于困难时期,大家的经济都不宽裕。邓伟志月薪60元,绝大部分要寄回家,自己只留25元。去掉吃穿,是没钱买书的。他只能勒紧裤带,终于省下100元,将当时上海新华书店里仅有的两部《列宁全集》买了一部回来。整整38卷书到手时,邓伟志的体重也下降了差不多十来斤。

在差不多三年时间里,邓伟志除了读《列宁全集》以外,没有别的任务。从早到晚,他专心读列宁著作,似乎觉得如果不认真学习,就对不起列宁的卓越,对不起领导的委托,对不起自己的节俭。他还曾模仿列宁的笔法,学用列宁的文风,甚至语言也要学列宁的幽默。

1964年仲秋,邓伟志被抽调参加奉贤县孙桥大队"四清"工作队。工作队的顾问是华东局第二书记曾希圣。当时曾希圣对外的公开身份是"教授",名"余勉"。可是,孙桥人根据曾老的谈吐、气质,断定曾老不同一般。时间久了,孙桥人就知道曾老是何许人了。知道以后,大家更加尊敬曾老，曾老也很尊重别人。尽管曾希圣在安徽工作时曾犯过很严重的错误，但他显然真心实意地接受了教训。在"四清"运动那么"左"的情况下，曾希圣仍坚持实事求是，不说过头的话，不做过分的事。别的地方一把能抓好几个"四不清"干部，他在孙桥没抓一个"四不清"干部。在用人上，他爱才护才，启用有真才实学、能干事的人创办孙桥农中，不搞唯成分论，不怕人扣帽子。他关心的是如何才能帮助水乡的百姓解决住房潮湿、多患关节炎的问题。他要求邓伟志等研究怎样才能让农民尽快住上楼房。可在当时的经济水平下，邓伟志算算农民的收入，再算算造楼房的成本，算算建筑材料的来源，越算差距越大，越算越遥远。虽然当时的愿望未能变成现实，但孙桥人却没有忘记曾希圣。40年后，邓伟志重返孙桥，碰见当年孙桥农中一位姓顾的老师。他一眼就认出了邓伟志，还问起工作队长葛非、陶家祥等人的情况。但讲得最多的是曾希圣，讲他们对曾希圣的印象，感谢曾希圣创办农中，并顶着压力让顾老师等出身不够"红"的老师登上讲台。更让邓伟志没有想到的是，自从顾老师从悼词上看到曾希圣的忌日后，每年7月15日他都要带着全家祭祀曾希圣。顾老师的这些话不禁让邓伟志联想到某省委书记在全国"两会"上说的："老百姓在我们心中有多重，我们在老百姓心中就有多重。"而邓伟志以为，从孙桥的情况看，这句话还应该改为"老百姓在我们心中有百斤重，我们在老百姓心中就有千斤重"。对有错能改的领导不计前嫌，对"滴水之恩"能以"涌泉相报"，这就是中国的老百姓。可当时孙桥大队"四清"工作队的做法被认为是"右"。曾希圣虽然没事，但邓伟志等人还是受到了批判。

好在邓伟志对此并不是太在意，他关心的是专业。大学毕业之后，除了本职工作，他还一直与上海市社联保持着密切联系。从1960年邓伟志的毕业论文在他自己毫不知情的情况下经庞季云推荐，在社联主办的综合性学术刊物《学术月刊》6月号上发表时起，他对社联便不知不觉有种亲近感，从那时起便积极主动参加社联的各种活动。

邓伟志特别爱听社联的讲座。确实，社联的讲座选题专业，内容新颖，主讲人的水平一般都很高，讲得也精彩。听一个好的报告，不仅胜读十年书,简直就是一种享受。常会听到一些能使人顿开茅塞的高见,有一种"众里寻他千百度,蓦然回首,那人却在,灯火阑珊处"的感觉。但也有特别的情况,如周予同先生在上海市社联开经学讲座,邓伟志听了一次以后,因为听不太懂就想打退堂鼓。但他想到领导常常要求自己做杂家,知识面要宽一点,各种学科都应当尽量涉猎,于是便坚持听下来,结果却是很有收获。

最使邓伟志有"战场"感觉的是参加上海市社联主办的研讨会。当时在"左"的大背景下,不少学者遭到"左"的侵害。如1960年批判李平心教授的"生产力论"便是一例。作为著名史学家的李平心,顶住压力,在不足两年时间内连续写了十多篇论生产力性质和其他问题的文章,对生产力发展的动力及其规律问题作了认真的研究和论证,一系列见解精辟独到,客观上具有反冒进的意义,被认为与当时不顾生产力发展水平跑步进入共产主义的要求唱反调,引起了一些领导的不快。因此,上海市社联奉命开会对李平心展开面对面的批判,邓伟志也参加了那次所谓的研讨会。会议上争论激烈,火药味甚浓。批判者上纲上线,李平心据理反驳,寸步不让。到吃午饭时间了,会议仍收不了场。作为1925年曾与邓伟志的父亲邓果白同在上海大学学习过的李平心,不仅其理论勇气使邓伟志深感钦佩,而且也使邓伟志想到了自己的父亲。此后几十年来,每当自己坚信正确的理论观点受到挫折时,邓伟志的脑海里便浮现出李平心舌战群儒的场面,浮现出父亲在淮海战场上的形象……他心里也就不再纠结,而能坦然面对了。

四、以芦为师　逆境奋起

1965年秋,邓伟志从"四清"工作队回到了华东局机关。

当时,华东局机关一部分在高安路19号办公,邓伟志等单身汉也住在高安路19号。不久"文化大革命"开始,矛头先是对准学术权威,19号大院尚属平静。可平静中也有不平静。

作为中央的派出机关、作为中共上海市委的上级,华东局在上海是举足轻重的。特别是在"文化大革命"初期,上海市委遭"炮轰"成为"旧"市委时,华东局依然是华东局。在上海市委被"夺权"后,华东局一度也被"夺"了权,但几天后又说"党中央派出机关不可夺权",结果又"还"了"权"。"权"是还了,但在当时的环境下,华东局实际上也很难开展工作。所谓"一月革命"风暴刮起的飞沙走石,把整个机关搅得乱糟糟。华东各省市委一瘫痪,各地的人有事除了找"中央文革小组",就是到华东局。"中央文革小组"有时也把接待工作下推给华东局。每天都有来自华东六省一市的上访群众成群结队地来找华东局领导上访,谁都可以抓华东局的人。有被抓去当走资派斗的,更多的是被抓去当"救世主",寻求表态支持他们的"革命行动",甚至是要求解决具体问题的。还有上午被当作救世主供,下午被当作走资派斗的。不管是当走资派还是当救世主,滋味都不好受。华东局领导很难应付,即便应付也很难符合"中央文革小组"和上访人员的胃口,答复得不好更是上面要挨批,下面要挨斗。于是,华东局的干部大都采取躲的办法,工作转入了"地下",单线联系,各显神通。大干部都住在机关外面,躲在家里不出来。邓伟志住在高安路19号机关里的集体宿舍内,无处藏身,被"革命群众"逮到的概率比别人高。他年纪轻轻,虽不会被当作走资派,也不至于被当作"救世主",但可以当人质,被缠住不放,逼着他带路去找大干部。有一次邓伟志被逮到,因不肯讲出首长住址,被审问了一天。"革命群众"轮流出去吃饭,他只能手捧自来水充饥。

随着"革命风暴"肆虐,集体宿舍实在住不下去了。于是,邓伟志等十来个单身汉只得搬到机关一角一栋单独的小黄楼里,并用竹篱笆将小黄楼同19号大院隔开,从衡山路打开另一个通道进出。高安路19号只留了一位自愿看家的勤杂工。他说他是个工人,面孔也不像干部,不怕。

虽然集体宿舍里没什么值钱的东西,但邓伟志在搬走之前,还是做了几道"掩体"。一是在门上张贴毛主席像,再在门框上用红纸写上自封的"华东地区农村青年造反司令部"标记,表明这里是造反派,希望各地

第二章 笃实好学 志在鸿鹄

中共中央华东局机关出入证

来的人会手下留情。二是在门后贴了一张告示:"无产阶级革命派的战友们:我同你们一样,都是受走资派迫害的。我身患肝炎,住在这里养病,现在带病外出上访。请给予同情和支持。"他希望进来的人看到"肝炎"两字会因怕传染而离开。哪知走后才两天,集体宿舍里唯一留下的那位勤杂工就跑来对邓伟志说,外地革命群众百无禁忌,进驻之后,房门已被撬开,办公用具、生活用品等都被拿走,几抽屉的卡片也撒得到处都是,只剩下一堆书还在。

邓伟志对别的倒不甚在意,他关心的是自己的那套《列宁全集》,那是他节衣缩食换来的。更重要的是当时书买不到。即使能买到,也不如自己读过的可贵。他在书里做了许多记号,都是他的心血。于是,他决定去把《列宁全集》抢救回来。

他让一位女同事帮忙用红纸剪了个五角星,用糨糊贴在蓝棉帽上。到夜里12点以后,估计住在机关里的革命群众睡了,他便与另一同事拿着床单,扛着扁担进了19号。一看院内还有些人没睡,邓伟志便抢先骂了起来:"他妈的,华东局的人都滚到哪里去了!"——当时"他妈的"这个词是"革命斗志"昂扬的用语,果然没人在意他们。两人悄悄进了宿舍,把40卷《列宁全集》(1963年出版了第39卷和索引卷)及其他一些重要书籍分别用被单一裹挑了出来。这套《列宁全集》至今还珍藏在邓伟志的书橱里。

不久,华东局内部也分成了两派。作为部门里年龄最小的干部,邓伟志虽也决心紧跟毛主席,但因在"四清"中刚受过挫折,加之父亲被错打成"叛徒"的问题还没有解决,便以读《列宁全集》的任务尚未完成为理由,没有加入任何一派。同时公开亮出了自己的"四五"规划:发言不超过5分钟,大批判文章不超过500字,一年中学毛主席著作、《列宁全集》做卡片不少于500张,吃晚饭不超过5点钟。因为其他人回家吃饭,而食堂去晚了就吃不到饭。不加入任何一派,有利也有弊。利是两派都不把你当敌人,弊是两派也都不把你当自己人。虽然两派都想争取邓伟志加入他们的派别,但邓伟志我行我素当起了逍遥派,埋头阅读《列宁全集》,

一年中又做了上千张卡片。

1968年12月25日,邓伟志被确定第一批到华东局机关"五七干校"接受"再教育"。

干校选址在东海前哨、杭州湾畔的南汇县,从芦潮港过去,还要步行二十多分钟才到。芦潮港是因为芦苇连着海滩,芦苇的长势犹如海潮而得名。干校位于东海的内堤与外堤之间,也是遍地芦苇,无人居住。当时正值隆冬,邓伟志与大家一起动手去割芦苇,自己动手就地建房。好在芦苇多的是,房子上面是用芦苇盖起来的房顶,房子四壁是用芦苇扎成的篱笆墙,房门也是用剪得整齐一点的芦苇扎的。没有床,睡的也是用芦苇加稻草铺成的地铺。冬天,芦花放在鞋里,暖和;夏天,芦根煮水喝,消暑。总而言之,上下左右都离不开芦苇,邓伟志戏称其为"芦庐"。

干校由驻机关的工宣队、军宣队领导,当地贫下中农也派出毛泽东思想宣传队进驻干校。干校学员一边接受工农兵的再教育,认真参加生产劳动,开垦了约七百亩盐碱地,一边坚持搞"斗、批、改",人斗人。眼看着许多自己平时很敬重的老同志因一些莫名其妙的原因被批斗,邓伟志心里不是滋味。但他不仅不敢公开出来反对,有时还不得不说几句空洞的大话。他唯一能做的就是不落井下石,不告密打小报告,不助纣为虐。

1969年初,邓伟志听了毛泽东关于清华大学《坚决贯彻执行对知识分子"再教育""给出路"的政策》报告的批示。文件中举了三个人的名字:第一位是梁思成,第二位是刘仙洲,第三位是钱伟长。文件认为,像他们那样的人,有学问,对国家有用,应当"给出路"。"给出路",在今人听起来不算什么,同现在常说的"尊重知识"相比,实在是不足挂齿。可是,对当时无路可走的人来说,"给出路"就是给活路,哪怕是给条羊肠小道,也是弥足珍贵的。听了传达以后,邓伟志就默默地想,还是毛主席英明,大知识分子有出路了,小知识分子的出路也不远了。

在那些日子里,每每轮到邓伟志在"芦庐"里煮芦根,他就自然而然地想起"煮豆燃豆萁"的诗,甚至认为用芦秆煮芦根的相残,比豆萁煮豆更为残酷。那分明是在连根拔呀!

后来，在回忆这段经历时，邓伟志写道："可是，芦根是挖不绝的。春来时，又是一片碧绿。正如赵丽宏诗里写的，'春风一起便挺身而出'。好逗的是，在我的地铺底下也居然长出了几棵芦苇。苗儿要阳光，芦苇不要阳光照样长；花儿要浇灌，芦苇不浇水照样茁壮。那挺拔的芦苇在告诉我们：人愈是处在逆境，腰板愈是要挺直。当时，许多老同志都是比芦苇还挺拔的。以芦为伴，以芦为师，我宁可把自己的地铺缩小一点，也不忍把脚头的两棵芦苇锄掉。它是那样的刚，又是那样的柔；它是那样的崇高，又是那样的虚心。芦庐里的芦苇，我不会忘记你！"

1969年夏，邓伟志妻子待产。当时正在"五七干校"的他难以回家。无独有偶，同事丁凤麟也面临同样情况。正当他俩为此焦急时，刚巧《解放日报》来干校约稿，要宣传华东局机关"五七干校"。领导本来就有意让邓伟志等几个年轻人来完成这个任务，加上考虑到他俩的实际情况，于是就安排他们回市区，一边写稿一边照顾产妇。这真让邓伟志喜出望外。

说到《解放日报》，邓伟志是很有感情的。这种缘分，可以说从刚懂事就已经开始。作为随军家属，邓伟志跟随父亲住在部队时，就常听人提起《解放日报》。虽不明所以，但谈论者一脸夸赞的神情，却一直刻在他的记忆中不曾散去。1956年进入上海财经学院读书后，邓伟志就一直是《解放日报》忠实的读者。当上校学生会宣传部副部长又使他顺理成章地成了《解放日报》通讯员。当时他把五六篇同学的文章整成一篇新闻稿刊登出来。有一篇《学会解剖麻雀》的即兴投稿，是邓伟志第一篇比较像样的理论文章，当时纯属有感而发，恰巧几天后社会上兴起一股调查研究之风，文章引起了很大影响，这是始料未及的。为了提高稿件采用率，他兴致勃勃地研究每月寄到团委的《解放日报通讯》，琢磨写作技巧，还挤出时间去听《解放日报》记者为通讯员做的辅导报告。没想到的是，毕业后在上海社会科学院研究室，为迎接《毛选》第四卷的出版，邓伟志按领导要求搜集毛主席著作并了解每篇文章的时代背景，竟然把精装合订本《解放日报》通读完毕。更令人惊奇的是，在邓伟志第二个工作单位华东局，因为报社每天五点将送给领导审阅的《解放日报》"大样"放在传达室，习

第二章　笃实好学　志在鸿鹄

《解放日报》关于华东局机关"五七干校"的报道

惯早起的邓伟志每天也总是先跑到传达室，趁领导还没起床，先看看《解放日报》"大样"，并戏称为"解放早报"。《解放日报》40周年庆时报社赠给邓伟志一个搪瓷杯子，他每天用它喝茶，瓷摔坏了，就到补锅的那里用瓷补一下。这个杯子用了几十年，补得斑斑点点，他仍舍不得丢掉。

1969年8月23日，数人合作、由邓伟志执笔、署名本报通讯员的长篇通讯《干校，干校，干革命的学校——原华东局机关"五七"干校战斗生活片断》被《解放日报》加上编者按发表。文章以许多具体生动的事例，为"五七干校"评功摆好，充分肯定了办"五七干校"的重要性和必要性。这其中许多确实就是邓伟志当时的认识，特别是在艰苦的环境中，许多老干部身上勇于担当、乐于助人的品质，使他看到了人性的光辉。但他的文章也完全避开了那些让他心痛、说出来可能大煞风景的丑恶的事，更是违心地说了许多顺应形势和政治需要的大话、空话、套话。但不管怎样，文章的发表使邓伟志等人多少出了点小名。邓伟志虽在"编外"，但给《解放日报》投稿的热情更高了，信心更足了，文路日渐开阔，与《解放日报》的缘分也是越结越深，合作越来越多。

1970年，邓伟志又被从干校借调到《解放日报》，在汉口路309号二楼印刷厂上面一间噪声隆隆的房间里，与宗寒一起搞经济大批判。两人合写了几篇文章，今天看已经是"左"得出奇了，可是领导上还批评他俩脱离实际，"搞的是'没有政治的政治经济学'，是'传统经济学'"。再加上有匿名信说邓伟志是"逍遥派"，不宜重用，就这样，邓伟志与宗寒就被派到工厂中去接受再教育。

可天无绝人之路。当邓伟志在工厂和农村转了一大圈，正不知往何处去之时，属市写作组直接领导的自然科学组的一位复旦教师被捕，写作组急着要人。领导问邓伟志愿不愿意去。邓伟志虽然没有思想准备，但他早就从"文化大革命"的经历中感到："搞自然科学的属人参——越老越补，搞社会科学的属萝卜——越老越苦。"他断定在那年头无法搞社会科学，于是立即向领导表示愿意搞自然科学，顺利进入设在《文汇报》的自然科学组，成功地实现了人生第一次大转行。

第三章
书是社会　社会是书

大贤睿智有三观，敬奉交加拍遍栏。
遥想深怀惊世论，高瞻远瞩惹人叹。
读书议政精心继，报国亲民刻意钻。
解惑传经逾六载，邓公耄耋晚霞丹。
——蓝成东

邓伟志曾多次用"走,读,写"三个字来概括自己的一生。作为从家门到校门、从校门到机关门的"三门学者",这个概括是准确的。但三个字有个核心,就是"读"。读有字之书是"读",走访、调查其实也是"读",是读世界、读社会、读人生,读这些无字之书。读得多了,感受多了,心里装不下了,于是用笔记下来,这就是"写"。"写"是读的结果,又是继续读的动力。

邓伟志是如何"读"的呢?

一、天纵书洞　含英咀华

邓伟志爱读书,是从小养成的习惯。他的父亲是读书人,母亲也喜欢读书,而且逼着邓伟志姐弟背书。进入中学以后,他总是受到老师的引导鼓励,渐渐地自己也尝到读书的好处,享受到读书的乐趣,读书也就更加自觉了。特别是参加工作之后,一开始的很多年,他的任务就是读书。他刚到上海社科院毛主席著作学习室时,是配合《毛选》第四卷的出版读毛主席著作。调到中共中央华东局政治研究室后,主要的工作任务就是读《列宁全集》。他专心做卡片,专心查史料,专心写学习笔记。读到精彩处,他会在夜深人静时高声朗读,或在花园里边散步边背诵。即使在"文革"期间,在华东局机关"五七干校"接受"再教育"的时候,他也利用一切机会读书,读一切有机会找到的书。改革开放以来,读书的条件好了,就更不用说了。

不仅是读书,还要背书。小时候是母亲要邓伟志背诗词。大学毕业后到社科院工作了,导师庞季云还是要求邓伟志念古文,背古文。社科院书记李培南为了激励邓伟志等年轻人背书,当场给大家背诵《葬花辞》作为示范。当时上海有位名人俞铭璜,给邓伟志他们上课,讲到自己在中共江苏省委当常委时兼任南京大学中文系主任,目的就是要利用系主任的职权要学生背书。俞铭璜在报告中还现身说法,讲了他亲身经历的故事:1949年杭州解放后,起义的、被俘的国民党官兵对共产党赞不绝口,唯独认为共产党人的文化低。俞铭璜去给那些起义的、被俘的国民党官兵做报告,不拿讲稿,引经据典,滔滔不绝,国民党官兵由此服服帖帖。俞铭璜后来在《文汇报》上用"于十一"的笔名发表了一篇《谈背书》的短文,邓伟志听了报告、又读了文章,受到很大启发。俗话说,书读百遍,其义自见。背书可以达到增强记忆的目的,也有利于加深理解和运用。有些东西,也许在阅读和背诵的过程中不一定能理解,但背熟之后,就成了自己的东西,也许在某一时刻就会喷涌而出,"踏破铁鞋无觅处,得来全不费工夫"。联想出灵感,举一能反三,从而产生新的理解和突破。虽然很多人反对死记硬背,可几千年来在理解基础上的死记硬背却成就了许多思想家,许多大师级的思想家和教育家都倡导背书。邓伟志在给学生讲课时,也常常会谈到这些事,深深地表达了自己对几位已经作古的老师和首长的怀念,并鼓励学生背书。他认为,自己之所以还能写点文章,很大程度上也得益于导师当年关于背书的这些教诲。

邓伟志自称"读书人"。有一次印名片,他在头衔的位置上只写"读书人"三个字,其他头衔一概不写。此举虽属真情实感,却有"牢骚"之嫌,经别人提醒才改掉。1998年,邓伟志在《新民晚报》发表了一篇短文,题目叫《我的自白》,写的就是他读书的事:

> 最高兴的是,在"疑无路"的时候,从书中看到了"又一村",并进而想到还有"几家店"。
> 最烦恼的是,书多成灾,有书不能上架。
> 最得意的是,在旧书店里"淘"到善本。
> 最难堪的是,跪在书堆上找书,找不到。
> 读得最快的书是发下来的、用套话拼凑的书。不仅能一目十行,而且能一目十页。

读得最慢、最仔细的报刊是《文汇读书周报》《中华读书报》和《读书》杂志。

最爱读的报纸版面是读书版。

最感到新鲜的是翻旧报纸。因为,有些新书所讲的近现代史,同旧报纸上登的有出入。

写起来最顺手的是杂文。

写起来最不顺手的是,还没有听清楚就要表态的文字。

最向往的住处是把家搬到上海图书馆附近,以便步行去上图看书。

最喜欢的称号是"读书人"。我的名片上不印任何职务,只印"读书人"三个字。因为这个称号最长久。

邓伟志的书斋叫"天纵书洞"。最初,他拟将自己的书房命名为"热月书洞",那是因为在热月季节才开始有小书屋。后来赵朴初先生为其题写了"天纵书洞"匾额,便欣欣然从其名。"天纵"是邓伟志的原名,山洞是人类的摇篮,也是遗世独立、静心修炼的洞天福地。把书斋称为"天纵书洞",其义可知。

史学大家范文澜主张"板凳一坐十年冷"。其实,板凳无所谓冷不冷,坐得久了便焐热了。嫌板凳冷的,多是猴子屁股坐不住的人。邓伟志坐得住,他一坐就是几十年,藤椅都被坐坏了三四张。他认为,就如唱戏,不凭化妆之艳、不借锣鼓之势也能唱得好的,才是硬功夫,才是真本事。他把自己的作息时间称作"晨起鸟啼前,夜卧人静后"。"晨起鸟啼前"是追求冷清,"夜卧人静后"是选择寂寞。追求冷清而不冷清,甘于寂寞而不寂寞,也许正是"天纵"的缘故吧。

读书就要有书。邓伟志到底有多少藏书,他自己也说不清。他的藏书分两类:一类是上架的,有24橱;还有一类是未上架的,比上架的多得多。书橱里的书也不是错落有致,而是高高低低犬牙交错。立着的书上面压着平放的书,书脊外面再靠上几本书。书橱里放不下,写字台边摞着书,沙发后边堆着书,生活用品下边垫着书,床底下塞满了书,地板上都

邓伟志把自己的书房称为天纵书洞(摄于1991年)

摊着书。不是不想上架,而是没有空间,以至于卧室也是书斋,客厅也是书斋。

上架的书都是与邓伟志感情深厚的。深厚到什么程度?用邓伟志自己的话说,已经深到像恩爱夫妻那样,不容"第三者插足",或者说轻易不愿意把这些书借给别人。这其中有两部书是他特别珍爱的,因为这两部书的来历不寻常。一部是靠节衣缩食且经历"文革"幸存的《列宁全集》。40卷书往书架上一摆,谁看了谁羡慕。另一部是1947年由晋察冀中央局出版的《毛泽东选集》,它曾伴随着父亲邓果白多少次越过敌人的封锁线,多少次经历过敌机的狂轰滥炸而幸免于难,也是父亲留下的唯一遗产,现在已移交四弟天生收藏。

邓伟志看书有个习惯,喜欢在天头地脚上作记号,留感想,写批语。有些批语可能是思想火花,有些也可能是火花思想,转瞬即逝,很快又会更新。饱尝"运动"之苦的人都明白,不管你后来已把这一闪念扔得多么远,如果在若干年后这些"一闪念"被某些先生抓住,仍将会成为他们用来作为整人的炮弹。防人之心不可无,或许,这可能也是邓伟志慎重藏书、不愿轻易向外借书的原因之一吧。

邓伟志的藏书大部分是自己买的。有时候淘到一本好书,可以快乐好几天。他不仅在上海买书,到各地出差都要去逛书店,特别是在北京买的书最多。每次他从北京出差回来,都要拖两个大纸盒,里面装的全是书。其中也有从首都图书馆借的,但多数是他自己买的。乘飞机行李超重,常常要请同行的帮忙。1994年,北京为了改建王府井大街,要求新华书店搬迁,邓伟志与雷洁琼等九人在报上呼吁把新华书店留在王府井,把文化留在市中心,他认为在讲"无工不富,无商不活"的同时,还得讲"无文不高"才是。

北京是中国最大的书城,不仅书多,好书更多,已经多得不能再用柳宗元的"充栋汗牛"来形容了。邓伟志在北京一般买三种书:一种是学术价值高的专业书,不论中国人写的还是外国人写的,特别是与他兴趣相关的,他认为这些学术书本身就是成功的"成竹",读了能帮自己做到"胸有成竹"。第二种是年鉴之类的资料书,他认为能帮自己做到"心中有数""言之有据"。第三种是现当代史料书,尤其是人物传记。看传记是他的业余爱好。他认为,多看传记,能懂得前人的路是怎么走过来的,能使自己少走弯路。有时候,他把一个人物好几个版本的传记对比着看,还把书同报刊上的有关文章联系起来看。读得多了,就会知道一些书在新、老版本之间的差异;就会识别出真假,看出破绽,知道有些名著是如何文过饰非的,是如何偷偷抹杀历史、悄悄遮人耳目的,甚至能找出造假的动机、手法。为什么?因为此书讳言的,彼书不一定讳,说不定还会揭出来。一旦从差异中看出了真相,邓伟志竟会生出一种心痒难挠之感。

当然,邓伟志也并非只买自己喜欢的书,不喜欢的书有时也买。从整体上不喜欢一本书,不等于这本书就没有它的价值,也不等于书中的每一章每一句都不喜欢。不太好的书里也藏有警句妙言。香味有多种不同的类型,书香也一样,不应只有一种香味。

他还很喜欢买那些被认为"不宜发行、不宜再版"的书。有次他拿着书讯"对号入座",去书市买一本汇编了二十多位学人文章的集子,孰料营业员找来找去找不到。问经理,经理说:"昨晚领导审查时不许我们卖了。"邓伟志说:"领导不可能篇篇都批评。你看里面这些人(指正在走红的作者)的文章,领导敢批评吗?请你把领导批评的那篇撕掉,原价卖给我!"经理思考了片刻,说:"领导不许我卖,没说不许我送。我送你一本。"结果他不花钱就"买"了本书,创下了天下第一"买"。

单逛书店,对邓伟志来说还不过瘾,他更喜欢去出版社发行部。出版社的特色相对而言比书店显著,书店脱销的紧俏读物,到出版社发行部一般都能买到。即便发行部说"卖完了",如果你耐心商量,他们看你心诚,有时也会人性化地从库存里拿出一本来卖给你。跑得多了,邓伟志与一些出版社的人都熟了,买书就更方便了。

对读书人来说,图书馆当然是离不开的。邓伟志称自己与图书馆有"三缘":业缘、地缘、姻缘。

所谓业缘,是说他的工作与图书馆关系紧密。1960年,22岁的邓伟志大学一毕业就在上海社科院毛主席著作学习室工作，主要任务就是边读书，边做一些基础资料工作。这个学习室很特殊，比大所的级别还高，因此有个不小的图书资料室。邓伟志几乎整天泡在资料室里，借书、看书，有时候还帮着搬书。一包包新进的书，资料员来不及拆，邓伟志就帮着拆。如此一举两得，既减轻了资料员的负担，又能先睹为快。年轻人的求知欲特别旺盛，不论中文的，还是外文的，能早看到一分钟也是一种享受。邓伟志在那两年里读的书，比在大学读书时所读的书还要多得多，卡片都做了几抽屉，全是从书里摘录出来的，只可惜在"文革"中全丢失了。

所谓地缘，是指住处与图书馆很近。1962年，邓伟志调进中共中央华东局政治研究室，主要任务是跟着首长的思路找语录，换句话说，还是同图书馆打交道。任务不太急时，就是在"借书→看书→还书"中兜圈子；任务急起来，领导就安排他们住到上海图书馆里，缩短流程，排除干扰，专心致志，好多看些书。上海图书馆历史长，藏书多，管理得好。住在图书馆里，同图书馆有了"地缘"，"耳食"到不少图书馆学的学识。更加幸运的是，后来上海图书馆搬到了淮海中路高安路口，距离邓伟志的家只有一百来米。

所谓姻缘，这个比较好理解。邓伟志的妻子曾长期从事图书工作，后来还是一家专业图书馆的负责人。她所在的图书馆虽小，可是她大学里的同学全在上海各级各类大大小小的图书馆里，这就为邓伟志借书和咨询提供了极大的方便。妻子的同学聚会，七嘴八舌，讲到专业时各有独到之处，就像是开图书馆学研讨会。邓伟志作为旁听，也长了不少见识。比如有一次他们议论说：美国的《国会图书分类法》把"陆军""海军"分为两大类，可是把"地球"与"娱乐活动"算作一类，太不科学了。中国的《中图法》虽然比美国的科学，可是毕竟出台于"文化大革命"中，又太政治化了。他们认为，科学无国界，经济国际化，图书也要联网，似乎大有推进世界书目分类相对统一之意。

几十年间，邓伟志没离开过书本。买书、借书、看书、藏书、编书、著书、评书，包括卖书，他都干过。前边几样容易想象，但他怎么会去卖书

为阅读不可外借出馆的孤本善本，邓伟志曾一个多月都吃住在上海图书馆

呢？说来也很简单，就是知识分子参加劳动。他在徐汇区衡山路华山路口的新华书店卖过书，在卢湾区（现已并入黄浦区）淮海中路思南路口的新华书店、淮海中路常熟路口的新华书店，都站过柜台。邓伟志很喜欢卖书。他认为，卖书，是出书的终点，却是读书的起点。买书的顾客是上帝，上帝在卖书人面前没有拘束，能讲真话。听听买书人的议论，有时比读书评更有味道。

二、走出书斋　天高地阔

知识分子中曾经在工厂劳动过的人不在少数，但像邓伟志这样到一百多家工厂劳动过的恐怕就不多了。大学毕业后一直在上海社会科学院学习室读书，在中共中央华东局政治研究室学习组读书的邓伟志，已经养成了三天不读书就浑身不自在的习惯。可是，在那个年代人家不让你读书，你也没办法。劳动确实辛苦，但怕苦就不是条汉子。好在工厂就像学校，车间就是课堂，工人就是老师，劳动就像读书。他在上钢三厂二转炉车间当过炉前工，在外轮码头当过装卸工，在30万千瓦发电机组总装车间当过绕线工，甚至还在火箭总装车间里上过班。学会了化苦为乐，便能够苦中作乐。乐在以工厂为学校，乐在以车间为教室，乐在拜工人为老师。这一段难忘的特殊经历，对邓伟志来说意义重大，收获颇多，是一笔千金不换的宝贵财富。

1970年，邓伟志经宗寒推荐被抽调到《解放日报》搞经济大批判，结果与宗寒一起写的文章领导不满意，说是脱离实际。邓伟志自己也感到确实"批"不下去，便与宗寒商量，觉得不如趁机要求到工厂去劳动锻炼。而且为了广泛接触实践，也不固定在一个工厂，而是各行各业技术先进的工厂都要去，边劳动，边调查，边学习。因为如果只蹲在一处劳动，视野不开阔，依然可能脱离社会实际。结果领导不仅同意，而且放手让他俩在各工业局以及科、教、农系统选择有代表性的，有新技术、新工艺、新材料、新产品的单位去劳动。去时，一般是先打电话，然后持《解放日报》工农兵通讯员学习班临时采访证"去落实,一般都会被接纳。但《解放日报》工农兵通讯员学习班临时采访证"上没有照片,警惕性高的单位会一边"热情"接待,一边打电话到《解放日报》核实;有的干脆不理这个茬。遇到这种情况,他俩就请《解放日报》办公室开个介绍信。再不行,就"竹筒倒豆子",把没有正式证件的缘由说个彻底,让对方理解。最后还有一张王牌,就是邓伟志手里保留有"文革"前发的"中共中央华东局机关出入证",上面有照片,而且"中共中央"这个牌子还是有分量的。宗寒老实,是领导也像领导,邓伟志调皮,是随员也像随员,因此,遇到尴尬时一般都由邓伟志出面应付。

邓伟志到上钢三厂当炉前工。上钢三厂二转炉是个有名的车间。炉长是工人哲学家,写过《炼钢的辩证法》。邓伟志去之前本想向炉长请教,可他竟被打成"黑标兵",免了职。好在工人看人是看实际,不来虚的,标准明显与"革命派"的不同。包括新炉长都对老炉长仍很尊重,相处融洽。邓伟志被分配做炉前工,参与取样。头一天,炉长没派活,让他看别人如何取样。取样是"一冲头"。二十分钟冲上去一次,其余时间是在气温六七十摄氏度的炉前观察。可就是这一冲,便浑身是汗,脚在套鞋(又称胶鞋)里打滑。一下来就得喝一大碗酸梅汤等饮料补充水分。过去,邓伟志只是从诗里读"钢花四溅",觉得充满着浪漫。如今真的看到了钢花四溅,却觉得恐惧、紧张,吓得直往后退。炉长笑着说:"没事!"事实上也真的没事。炼钢首先是炼渣。从炉子里飞出的钢花,落到柳条帽上,落在石棉衣服上,就变成了小黑炭球。取样得用湿毛巾盖住半张脸,毛巾的一头压在安全帽下,一头用牙咬住,斜视着,把长约三米的勺子伸进两三千摄氏度的转炉里,取出钢水后,立即送去化验。化验员说出钢就出钢;化验员说不能出钢就不出钢。可有时候,虽然化验员说不能出钢,炉长一看钢水颜色,认为可以出钢,仍马上出钢。但这是要冒风险的,搞不好会出低温钢,那损失就大了。可是,邓伟志在转炉车间的一个月中,没出过一炉低温钢。他也问过炉长为什么要冒险。炉长说:"化验要时间,报出的结果是化验前的钢水,化验结束时,没炼好的钢这时已经炼好了。再多炼一分钟,所耗用的电比万家灯火还要多得多……"工人的吃苦耐劳、纯朴实在、为国家节约、对工作认真负责的精神给邓伟志留下了不可磨灭的印象。

接着,邓伟志到码头上当装卸工。上海是港口城市,不到码头上劳动似乎就感受不到"上海港"的风采。特别是样板戏《海港》的上演,在当时那种气氛下,大家更向往海港。邓伟志在上港五区、七区都劳动过。先是装卸煤炭。这个工种体力消耗要比当炉前工小一点,但是要吃煤灰。下班以后,脸上除眼白,其余都是黑的,演"包公"可以不化妆。不但脸上,就是脖子里、袖口里也都是黑乎乎的。尝过煤灰味以后,邓伟志又转到外轮上装卸货物。先是被分配在冷仓。冷仓很冷,码头提供工作棉袄、棉裤、棉帽、棉手套,自己再加个口罩。这样基本不冷了,但行动也不方便了,搬一箱20公斤重的冻蛋,走路活像企鹅。更好笑的是同事彼此见了互相也认不出,只有仔细观察对方的眼睛,才能分辨出是谁。在冷仓还有一个难题,那就是要爬七八米高的悬梯。所谓悬梯,就是上头固定、下头不固定的梯子。你一蹬,它像荡秋千一样,向前跑了。梯子一跑,人的姿势变成背朝地,就更难爬了。光是爬悬梯邓伟志就练了好几天。在两个码头干过以后,邓伟志又去了商业局仓储公司真如火车站当装卸工。这里有三位师傅令人难忘。一位外号叫"千斤顶",一位外号叫"压不死",还有一位外号叫"大力士",他们是主力。遇到不便于两人抬的大件时,他们便一个人上,三百斤重的货物也能扛起来。这不禁让邓伟志想起《咱们工人有力量》这首歌,不能不让他感叹工人兄弟的伟大。

邓伟志还先后在国棉一厂、二厂、三厂、二十一厂、二十八厂、毛巾厂、色织厂、织带厂、绢纺厂、印染厂等二十来家纺织印染企业上过班。20世纪70年代,轻纺企业是上海工业中重点的重点。因此,不去纺织厂,不多去些纺织企业,就谈不上对上海工业的了解,就不可能理解上海的工人。他在纺织厂当挡车工,跟着二三十厘米高的织布梭来回穿梭,上一个班等于要跑几十里路,真是累得很。面对飞舞的织布梭,邓伟志就想起小学时盲目地跟着老师用"光阴似箭,日月如梭"来形容快速,如今一看还真有点道理。纺织厂女工多,作为一个小伙子,邓伟志在纺织厂却始终没能独立顶岗。开始是跟着师傅两人挡一台车,后来是与师博两人挡两台车,实际上绝大部分工作还是师傅干的。在北新泾一家地毯厂劳动时,邓伟志看到过七八十厘米高的梭子,在二三十米长的地毯上来回移动,大为惊奇。也许是嫌大梭笨重,工厂试验用针刺植绒,不再用梭,至少是大梭与无梭并用。后来,邓伟志又到了完全无梭织布的工厂劳动。不用梭,靠喷气把纬纱吹过去。吹过去以后,难以再吹回来,只能把线切断,再从头吹起。因此,无梭织布的缺点是布的两边有点毛,不像有梭织布包得那样整齐,优点是劳动生产率提高了。从有梭到无梭,无论如何是一大突破。不仅有无梭织布,而且还有无纬布,甚至还有无纺布。邓伟志边劳动,边思考。他深深感到,技术的发展不能只搞加法,有时也得来点减法,或者除法。从简单到复杂是进步,从复杂到简单(高级的简单)也是进步,可能是更大的进步。只会搞加法,似乎也是形而上学。

有时在工厂里也能碰到熟人,那就更方便了。如在上海电机厂,厂党委书记向旭就是邓伟志多年的老领导。向旭原是华东局宣传部的办公室主任,他在1965年接待过中宣部部长陆定一。因陆定一成了"彭罗陆杨反党集团"的成员,向旭仅仅因为接待过陆定一,竟也在劫难逃。好在历史上找不到他的其他问题,经过几次批斗之后,他便被分配到闵行的上海电机厂当书记。向旭十分欢迎邓伟志的到来。他吩咐厂办的高文奎(后来曾任上海市委副秘书长)为邓伟志找了张小床,还有被褥,让他住了下来。向旭安排邓伟志去总装车间劳动。总装车间是技术密集的地方,工人们不论老中青,各有特长,技术水平、专业水平都很高,即使是电机专业的大学毕业生初到这里也得甘拜下风。邓伟志什么都不会,只能是学着绕绕线圈,帮师傅打打下手、递递工具什么的。电机由定子和转子两部分组成。当时上海电机厂试制的中国最大的30万千瓦双水内冷发电机已经快要成功了。该电机长两米多,直径一米多。电机里有没有毛病,老师傅拿把螺丝刀,顶在表面上,耳朵贴在螺丝刀柄上,一听就能听出来。半个多月后,30万千瓦双水内冷发电机试制成功,又开始试制60万千瓦的双水内冷发电机。同时还研制磁流发电,邓伟志看见磁流发电点亮了好几个灯泡。

与发电机配套的是汽轮机。为了了解汽轮机,邓伟志在电机厂劳动一个月后,接着就到了电机厂隔壁的汽轮机厂。汽轮机厂的负责人张锦堂、霍敏都曾经是邓伟志的老领导,他们先陪邓伟志参观,再安排他下车间劳动。经过在电机厂和汽轮机厂的考察,邓伟志对电作为动力、作为能源的重要性有了感性的认识,有了切身的体会。电是物质活动的动力。为了让更多的企业、更多的人能用上电,必须要有高效的发电机组。而劳动实践则是求知的动力,是求知的能源。为了获得更多更好的知识,就不能脱离劳动、脱离实践。

在20世纪70年代,电子工业是工业的前沿。作为电子盲,邓伟志与宗寒怀着几分好奇、几分向往,持《解放日报》介绍信去了上海市仪表局,听局生产组负责人和一位张姓工程师介绍上海电子工业概况后,表明了下厂的意向。张工程师建议他们先去上无五厂、十八厂、十九厂,再去上无一、三、四厂,最后去十三厂,即计算机厂。元件五厂是生产锗管、硅管的。到了五厂他们才知道,厂址就在当年上海社科院学习室隔壁的青年报社。后来报社搬了,据说是让给了保密厂。原来保密的就是生产半导体的元件五厂。这里其实只是五厂的拉单晶车间,上班要穿白大褂,很干净,但要求又高又严,并不轻松。第一道工序称为提纯。来来回回无数次,把杂质集中在两头,去两头,留中间,就纯了。纯度高达小数点后5个"9"、6个"9"。第二道工序称为拉单晶。这"拉"可不简单,要把温度与速度配合得恰到好处。一小时只能拉出来5厘米,慢得很。第三道工序称为切片。把拉出来的单晶条切成片,一片不到1毫米厚,比铜钱还薄。接下来的工序是研磨、清洗、光刻、磷硼扩散、再切、点丝、封装……这些活邓伟志都干过。当时元件成品率只有百分之一二十。假如用这些元件做成一台类似今天最普通的手提计算机,体积恐怕要比家用冰箱大得多。

当时,电子行业已开始研制芯片的前身——集成块,在国际上并不落后。所谓"集成块",就是把十几、几十个二极管、三极管集合在一个硬币大小的"块"上。这样不仅能够提高运算速度,而且可以大大缩小体积。接着,邓伟志就从元件五厂转到试制"集成块"的上无十九厂劳动。试制的正品率竟只有百分之三至四。邓伟志将含有几十个二极管的集成块废品用来当书签,一翻书就能看到,用以警醒自己:中国人什么时候才能把集成块的正品率抓上去,才能把大面积集成电路造出来?

最后,邓伟志与宗寒到了位于静安寺的上无十三厂,第一次见到了中国人自己制造的电子计算机。总工程师曾复边带他们看,边讲计算机原理,然后安排他们干了几天点焊,后来又叫他们穿磁芯。曾复告诉他们,磁芯类似人的脑细胞。人有几百亿脑细胞,要让计算机仿人脑,得要多少磁芯啊。磁芯大小像绣花针的针眼,把一根线穿进去可不容易。工人一秒钟穿一两个磁芯,邓伟志一分钟也穿不了一个。现在许多人手机里的芯片,相当于那时候比鼓还大的磁鼓。那时计算机每秒运算百万次,彼此欢呼庆贺;今天运算上亿次,也没什么稀奇。经过在十几家与计算机相关工厂的劳动,邓伟志认为,电脑只是人脑的延长。电脑有时能做人脑不能做的事,但电脑决不能从总体上超过人脑。现在有些人过分依赖电脑,说不定会导致人脑退化。还有人宣扬电脑恐怖,甚至谈电脑"色变",更是大可不必。万事万物都有二重性,电脑也有二重性。要相信人有本领驾驭电脑的二重性。人能制造电脑,人就一定能制服电脑。

邓伟志还在刘从军工程师带领下,在导弹厂里当过搬运工,睡过尚未安装仪表的导弹壳;到过一家化工厂,见过中国"居里夫人"们造出的镭;在用空气作原料的化工厂里劳动过;在造纸厂捣过"浆糊"(进口纸浆);在玻璃纤维厂搬运过"弹子";在高桥炼油厂看过指示灯。此外,他还在劳动中兼搞"双技"(技术革新、技术革命)、"四新"(新产品、新材料、新工艺、新技术),参加过射流技术、水声技术的试验,抚摸过与波音747一比一大小的木制飞机模型……

当然,邓伟志也知道,无论是到工厂、到农村、到社区,无论你与工人、农民、居民怎样同吃同住同劳动,仍然只能是从外部观察、体味、探寻工人、农民的感情,不可能真正完全完整地拥有工人、农民的感觉。要想准确地代表工人、农民说话,把他们的所思所想、喜怒哀乐表达出来,还得再花一番功夫才行。

在一百多个厂劳动的这段经历,使邓伟志避开了清查"五一六",逃脱了内查外调,躲掉了很多违心的"欢呼"。令他最难忘的是在制造飞机的5703厂劳动。当时,"批邓、反击右倾翻案风"的冷风刚刚刮起。有一天,厂办负责人与邓伟志交换小道消息后,情绪激昂地骂起了"王张江姚",并用他在生产中的体会高度赞扬邓小平。邓伟志劝他"说话当心"。可是没想到的是,在粉碎"四人帮"后,他刚被市里重用,就被调回厂里检查"如何攻击邓小平,如何紧跟'四人帮'"的错误。邓伟志知道以后,大吃一惊,问厂办负责人:"你在我面前骂'四人帮'的话,还跟别人讲过没有?"他说:"还跟厂党委书记讲过……"邓伟志说:"书记应当站出来证明。"他说:"书记也成了'四人帮'。"这真令邓伟志感慨万千。自己胆小不敢说话,结果被认为是坚定地反对"四人帮"。胆大敢说的厂办负责人和厂党委书记却成了紧跟"四人帮",并受了处分。因为他们是当领导的,在"文革"中只能表里不一,公开场合要"紧跟",只能说违心话。自己不是领导,就避开了好多"口是心非"的机会。所以还是不当领导好哇!

三、事皆有益　人皆可师

在工厂劳动的这段时间,邓伟志确实吃了不少辛苦,但更多的是尝到了眼界开阔的甜头。纸上得来终觉浅,绝知此事要躬行。他深深感到,只有见多才能识广。俗话说,读万卷书,行万里路,交八方友。走的地方多了,见的世面多了,经历、阅历多了,知识面才能广阔,思路才能开阔,经验才能丰富,才能把现象背后的本质看清看透,才能使工作有实效、有创新。

当然,见多也并不必然就会识广。如果只是浮光掠影、蜻蜓点水地一见而过,就像民谣描绘的某些旅游者"上车睡觉,下车拍照,回来一问,什么都不知道",那也是无益的。但邓伟志是个有心人,他是见一问二想三,更是举一反三,从中琢磨人生的道理,将其充作研究社会人生和做学问的

1996年,在安徽凤阳小岗村考察

与1961年讨论"六十条"时的常熟白茆农民再聚首

素材。因此,他认为不仅"三人行必有我师",而是"人皆可为我师",或可学习,或可借鉴。不仅车间可以是课堂,村庄也是课堂,社区等处都是课堂。

调查,主要是下基层调查。基层在哪里?在工厂,在农村,在社区。基层的基层在村上。只有到村上去,到农民家里去,才能了解基层的情况,了解基层的经济,了解基层的文化,了解基层的社会,了解农民的苦,了解农民的乐,了解农村的需求,了解农村的发展走向。

邓伟志对农村和农民有一种天生的感情,对乡风民俗有着一种特殊的好奇。他从小就在农村生活过。60年代参加"反五风""四清"运动前后也跟着领导到江苏常熟、江阴、邗江,浙江萧山,上海宝山、奉贤等地农村调研或工作,与农民同吃同住同劳动。有的地方他还不止去过一次。

如萧山,如今是杭州市下辖的一个区,过去是钱塘江南岸的一个县。1963年农村社会主义教育运动刚开始不久,萧山县就被定为"社教试点"。中共中央华东局组织部部长罗毅主张"沉到底",亲自带队到萧山县长山公社蹲点。去之前,邓伟志按照两位农业专家过去带他下乡时的教导,先借阅了好几本与萧山有关的书籍,了解萧山一带的人文景观、历史沿革、风土人情。看完之后,竟被这些书深深地吸引住了。书中描写了萧山人爱刮痧和用脚划船,有一套"手脚功夫"。看了以后,他恨不得立即飞到萧山,探探究竟。

到萧山那天,正赶上开县、社、队三级干部会。当时是8月初,天特别热,整个会场里绝大多数男同志都打赤膊。令邓伟志想不到的是,打赤膊并不仅仅因为天热,还是为了方便刮痧。会场上那么多人,一边开会,一边刮痧。有刮额部、脖子、胸部、腹部、背部的,有刮手臂、腿部的,互不影响,真叫人大开眼界。刮痧的工具有用铜币的,有用碗口的,而以手的食指和中指背部相夹的居多。这就是他从书本上看了几遍也不明白的地方。后来才知道,萧山人小病不进医院,遇到发烧什么的,就刮痧,一刮就好,比针灸、注射都灵。

散会后,罗部长要去长山头。邵县长带有歉意地说:"从县城去长山头没有公路,只能乘小船。"邓伟志正想看看用脚划船,倒是正中下怀。到岸边时,船老大正吃饭。他放下饭碗帮着提行李,搀着罗部长上船。开船后,他双脚推拉双桨,运用自如,小船向前疾驶。邓伟志看得呆了。萧山人的脚真灵巧,比用手划船还要灵巧。接着,船老大又端起饭碗,边划边吃。吃完后,一边划,一边又吹起笛子来。笛声悠扬委婉,大家赞叹不已。

刮痧、划船是技术也是文化,应当世代相传。后来邓伟志去美国,竟看到一处招牌上用中文写着"刮痧"的门诊部。进去一问,果然是萧山人开的。

邓伟志在萧山搞社教时,工作队里有位诸暨的公社书记。他是诸暨的打虎英雄,世世代代以打虎为生。他的一只眼睛受伤,就是被老虎咬的。人们说"虎口余生",大多是比喻,可这位诸暨人则是货真价实的"虎口余生",是他父亲把他从虎口里救出来的。怎么个救法呢?诸暨人高明,当他儿子被老虎咬住时,他连忙往老虎眼里撒了几把石灰,老虎就把孩子扔下了。诸暨是西施故里,本来就吸引人。听了这个故事,工作队员们都想去看看这个神奇的地方。虽然没有虎了,但还有浣纱女呀。爱美之心人皆有之,于是大家结伴来到诸暨。天从人愿,在诸暨处处可见"西施"二字。桥有西施大桥,店有西施饭店、西施旅店,吃菜第一道要吃西施豆腐……邓伟志不禁感叹,中国历朝历代有多少皇帝,可是他们绝大部分不为人们所知,而普通的村姑西施则几乎是家喻户晓。西施成了诸暨的一个重要文化资源。

出乎意外的是,诸暨人还发挥想象为东施恢复名誉。"东施效颦"是《庄子·天运》里的一个寓言故事,说的是丑女东施见病中的西施皱着眉头、捂着肚子,以为这就是美人的优美姿态,也跟着学。结果自己更丑了。但在苎罗山上,导游却作了另一种解释。她指着浣纱河东岸说:"那边的东施也是很漂亮的。至于说模仿,那对任何人来说都是有的,也是不可少的。"邓伟志听了直想笑。《庄子》本来就是寓言,并不是历史。"东施效颦"只是一种富有哲理的想象,有没有东施其人都是个问号,导游姑娘何必如此执着、较真?但看看现实中,乐于"东施效颦"的,或不以"东施效颦"为丑的还真是大有人在。

多年后再次去诸暨,邓伟志获悉:由于生态环境的改善,诸暨又有老虎了。属虎的邓伟志真是感慨万千。虎,从"有"到"无"再到"有";同样,西施也是从平民到贵妇再回归平民。东施呢,也有一个从丑到美的变化。但这些变化中必然是有联系的。虎不可能突然"无中生有",只能说原以为的"无"并非是真正彻底的无,而是少到你没有发现罢了。能够从贵妇回归平民、从丑变美,其实也是如此,需要我们从现象中看清本质,找到变化的动因和条件,才能帮我们掌握规律,了解方向。

邓伟志在江苏华西村见到过两百斤重的南瓜,见到了比他还高的丝瓜,见到了一株结千斤的番茄……他还到过原来同西部丘陵地区一样,穷山一座的深圳南岭村,经过20年奋斗,人均年纯收入达15万元,农户都住上了前后有大花园的三层别墅……天变地变,万事万物都在变。如何帮助方方面面都能朝着有利于人民幸福安定的方向变化,而不是相反,这正是社会学工作者的责任。

邓伟志还将参加各种社会组织、出席各种会议作为向他人学习、取长补短的好机会。作为第七届上海市政协委员,第八届全国政协委员,第九、十届全国政协常委的邓伟志,参加最多的当然是政协会议。政协委员有三大特点,一是文化层次高,二是联系面广,三是比较超脱。不要小看这"超脱"两字。所谓"超脱",是指身上大多没有一官半职,或者说,大多不是"身在庐山中"。这样就容易多角度地看问题,局限性相对较小。能聆听那么多局限性小的老师的教诲,机会是难得的。除了委员可以为师以外,在政协会议上还有一种老师,就是记者,记者虽不是出席会议的,可往往比委员了解的情况更多。全国"两会"合计五千多名代表、委员,还有三四千名国内外记者,个个是人才,人人可以做老师。不同界别、不同专业、不同风格、不同民族、不同信仰的人都集合在政协里,是跨度极大的"学科嫁接"。

邓伟志对参加一年一度的全国政协会议是很投入的。这不仅是因为开会是为人民"指点江山,激扬文字"的极好机会,而且因为对他这样

2006年3月,在全国政协十届四次会议上答记者问

一位从事社会学研究的人来说,开会也是一种进修。他总结出了一条以"参、学、研"相结合出席政协会议的路子。参,就是参政议政、建言立论。学,就是向从事数、理、化、天、地、生的自然科学家学习,向从事文、史、哲、经、法、社的社会科学家学习,还要向艺术界学习。他每年都要同这三界中的一部分人单独交流,请他们赐教。研,就是联系自己的专业,向深处思考些问题,力求写出点文字。研是为了更有分量地"参"。从哲学上说,"学"与"研"是认识世界,"参"是改造世界,用今天的政治语言说,就是为了推动改革,为了国家的富强、民主、繁荣与和谐。因此,会议结束时,很多人把会议材料扔了,可邓伟志却全部打包装箱带回家。

邓伟志有记笔记的习惯,笔记本总是随身带。在政协会前会后、会上会下,不管是谁说的,只要讲得有点意思,只要他认为有用的,随手就记下来。当时不便记的,事后一定补记。政协有时会发笔记簿,会议桌上也会摆几张记录纸给委员用。对邓伟志来说,却常常不够用。印象最深的是2003年九届全国政协届满时李瑞环主席告别演说的那一次。本来,按年龄、按常规,他都还可以继续担任一届,可是他提前退了下来。大家觉得很突然,也很钦佩。李瑞环在常委会上即席讲了一番感人肺腑的话。从他讲第一句起邓伟志就开始记录,越记越来劲。记录纸不够用了,坐在左边的常委忙把他的纸递过来;又记满了,坐在右边的常委又把他的纸递过来;又记满了,坐在后边的常委看见了,也把他的纸递过来……邓伟志全神贯注地记录,只想记得全一点,以不辜负邻座常委的支持。"让时光给我们留下美好的回忆",李瑞环的讲话邓伟志很有共鸣,许多内容至今仍记忆犹新。

政协委员大多数是有个性的。邓伟志在担任八届全国政协委员时,开大会时总是坐台下第二排。因为委员的座位是按界别坐的。一个界别占一两列或三四列。在一列当中,姓氏笔画少的在前,姓氏笔画多的在后。"邓"字只有四画,便坐到了第二排。有次大会,在正式开会前,来了一位女同志,她从南向北逐个地对坐在前两排的委员打招呼:"等一会×××进来时请大家起立鼓掌。"邓伟志听了虽然有点不自在,但当

×××进来时,他还是随前两排委员站了起来。但前两排委员是不是就能带动大家?他向后一看,竟没能带动一个人。这不禁使邓伟志感到几分尴尬。不是发自内心的尊敬大约就是如此,除非你强迫命令,否则还有谁买账。

这种情况在选举中也有表现。政协五年一届,换届少不了选举。选举常委光候选人就有两百多人,选票有四页纸。在每位候选人姓名后边,还有个小框框,赞成的不必动笔,不赞成的得把框框涂黑。因此动笔就很显眼,表明有不赞成的。虽说动笔很麻烦,但选举是委员的神圣职责,大家都很认真,因此每次也都还有反对票出现。邓伟志自己就对某人投过反对票。有一次,坐在邓伟志后面十多排的一位委员更厉害。轮到他们那一排投票时,其他人都离开座位走向票箱了,他居然纹丝不动。不用说,他不投票的行为引起了大家注意。在邓伟志发现时,楼上几十架摄像机的镜头已远程对准了这位委员和摆在他面前的选票。

除了政协,在各民主党派选举中这种情况更多。当然,也有在不赞成某人的同时另选他人的。如邓伟志就是在中国民主促进会第六次代表大会上由代表直选为第八届中央副主席的。开会时,他是常委,是主席团成员,但不是副主席候选人。主席团中有几位突然提名邓伟志为副主席候选人。主席团通过后,提交代表讨论。绝大多数代表小组赞成,极个别小组表示不了解。确定为副主席候选人后,由谁来投票选主席、副主席?在中国各民主党派选主席从来都是中央委员有投票权,代表不参加投票。可是主席团里有位法学家张老,主张由代表直接选举。道理一摊开,大家没话讲,主席团一致通过由代表直选。代表自然高兴,选举结果邓伟志票数最多。就这样,此后邓伟志又连任了两届民进中央副主席。这种在中国很少见的情况,本身对邓伟志来说也是一个很好的教育和鞭策。邓伟志说,他任副主席期间,没有安插过一个人,没有批过一分钱。只是有两次挺身而出,仗义执言,旗帜鲜明地反对乱扣帽子、乱打棍子。一次是评论被上面批评为"×党魁"的领导干部时,另一次是讨论要不要拿下一位常委时。

第三章　书是社会　社会是书

1992年,参加民进第七次全国代表大会,与上海民进老领导在一起

在民进中央,邓伟志有许多良师益友。有一年,全国政协开会前,民进中央召开在京常委会议,通知邓伟志参加。下飞机后,邓伟志由机关安排在方砖厂胡同四号楼刚住下,民进中央两位专职副主席就来打招呼,说明次日会议的内容。他们才离开,民进中央的一位中层干部又来敲门,进房只说了一句话:"最近雷老(指雷洁琼)有些压力,希望在常委会议上能够支持雷老。"这位中层干部还没离开,另一位中层干部已在房间门口走来走去,进来后说的还是同样的意思。第二位走后,又来了第三位、第四位、第五位……五人都走后,下班时间到了。邓伟志一个人在房间里静静地、反复地掂量这五个人讲话的分量,感觉得到他们对自己的信任和期待。雷洁琼享有崇高威望,这个不用说,但能如此深得人心,能让这些年轻干部对她如此关心,如此尽心,这不值得向她学习吗?

深夜,邓伟志翻来覆去地回想着雷老的经历。1935年的"一二·九"是学生运动,可是学生游行队伍中有两位教师,其中一位女教师就是雷洁琼。在下关惨案中,雷老遭冒充难民的特务毒打,周恩来、邓颖超去看望她,是邓颖超帮雷老脱下身上的血衣,换上她送给雷老的新衣。在西柏坡,毛泽东同她夫妇彻夜长谈,共商国是。她忠心耿耿地追随共产党,对共产党从无二心。邓伟志还回忆起自己三次见雷老的情景。第一次是1980年随中国大百科全书总编辑委员会副主任姜椿芳去雷老家,讨论社会学卷的事。姜老进到客厅后就坐在面朝阳台的沙发上。雷老对姜老说:"你眼睛不好,坐在背光的椅子上吧!"说着就搀扶姜老换座位。姜老的青光眼是"文革"期间蹲秦城监狱蹲出来的。他们两位老人自"文革"开始以后彼此没见过面,雷老怎么会知道姜老患青光眼、知道了又怎么会放在心上的?雷老关心姜老的这一细节,给邓伟志留下了难忘的印象。第二次见雷老又是随姜老去的,这次是请雷老出任社会学卷主编。雷老建议由另一位担任,可另一位不喜欢编社会学卷的一大批人,不愿出任。雷老知道其中的复杂情况后,便同意当主编,为大百科全书的编撰解决了一大难题。第三次见雷老是在武汉召开的全国社会学年会上。她在开幕式报告中讲了社会学与历史唯物主义、与马列主义的关系,大家听了都很佩服。邓伟志想,这样一位肯学习、懂马列的学者,这样一位长期与中国共产党肝胆相照的活动家,这样一位顾全大局、乐于助人的老人,有什么可以指责的?是谁,又是为什么要向她发难?

翌日,民进在京常委开会。主持人讲完话,邓伟志第一个发言。他详细列举了一些具体事例后,提高嗓门说:"在雷洁琼同志带领下,民进中央在大政方针上是与中国共产党保持一致的。"在京的常委也早有准备,纷纷发言支持雷老。大家的担心就这样过去了。可给邓伟志留下的,却是"别有一番滋味在心头",既让他感受到人心的复杂,更让他看到了大多数人的正直和坚持正义的力量。

四、厚积厚发 良心创作

"穷理之道,必在于读书。"(朱熹语)但如果光读书,那还不是邓伟志。对他来说,更重要的是写书。他称自己一辈子好像就干了一件事,那就是拿笔写文章。

从上大学开始,邓伟志便经常在小报上发表些"豆腐干"文章,拿到几元钱稿费来买书和零用。1960年,刚从上海社科院经济系毕业的邓伟志由导师推荐,在当时国内著名学术刊物《学术月刊》上发表了他的毕业论文《提高共产主义觉悟,改善人与人的关系》。此后,他便一发而不可收,走上了一条"以文养读"之路。他既写过杂文随笔,也出过学术专著;既编过自然科学书籍,也写过社会科学著作;既有过人人叫好的作品,也写过至今还引人争论不休的文章,甚至一度尝试着写过小说和剧本……

邓伟志还总结出"十部曲"的写作经验,即读书、求教、调查、放眼、思考、看穿、写作、传播、担当、从零开始。一言以蔽之,就是博观约取、言之有物、文责自负、永不停息。"读书破万卷,下笔如有神。"写书之前,要读很多书,知道前人和旁人讲过什么,没讲过什么,才能知道自己如何讲前人所未讲。读书时间当然数倍于写作时间。可"尽信书不如无书",如果说博览群书重要,那么慎取、精取则更重要。在"博观"的前提下"约

一九六○年六月号
·总第42期·

陆定一同志代表中共中央和国务院在全国文教群英会
   上的祝词 ……………………………………………………（1）
欢呼《上海工人论文选》出版 …………………… 杨永直（4）
理论战线上的一件大事 …………………………… 王亚夫（6）

工人论文	学习毛主席著作必须理论联系实际 …… 店员 刘金波（8）
	大破"三怕论" ……………………… 工人 沈筱林等（10）
	论困难 ……………………………… 炉工 周宝林（12）

世界反帝斗争的新高潮 …………………………… 金仲华（14）

·纪念毛主席"关于正确处理人民内部矛盾的问题"发表三周年·

正确处理人民内部矛盾学说的伟大胜利 ………… 庞季云（17）
思想意识领域中的不断革命（学习毛泽东同志著作笔记）…… 章齐（22）
社会主义社会基本矛盾学说是三大法宝的理论基础 …… 李成瑞（27）
提高共产主义觉悟，改善人与人的关系 ………… 邓伟志（33）

在毛泽东思想光辉照耀下的农村技术大革命…… 上海社会科学院经济研究
                                   所农村人民公社调查组（36）
张家宅居民正沿着城市人民公社的道路前进 …… 上海社会科学院政法研
                                   究所城市里弄调查组（45）

·关于生产力问题的讨论·

必须正确理解生产力和生产关系的辩证关系 …… 王振民（50）
评平心先生的"生产力自己增殖"论 ……………… 跃青（62）
上海社联召开座谈会继续讨论生产力问题 ……………………（68）

大学毕业论文《提高共产主义觉悟，改善人与人的关系》发表在《学术月刊》上取",不单指少取,主要是指取其精华,去其糟粕,弃伪存真,以"少少许胜多多许"。如果盲目滥取,那就轻则无益,重则有害了。当然,写书也不能单靠读书。书本来、书本去,写出的东西一定是没血没肉的。理论从实践中来,还要回到实践中去,因此必须重视调查。邓伟志在接受采访时曾说过:"写文章,一定要接地气,深入细致地搞调查。只有掌握第一手资料,才有可能进行筛选、推敲,再提出自己的想法、论点,这样才会有的放矢,写出好的文章。写文章要像画家一样,搜尽奇峰打草稿,只有奇峰你都去过了,或者你都看到了,这样你的文章才能出奇。我一生写文章,主要靠的是十部曲……"因此,他的文章看似平凡,却立意奇特,经读耐读,雅俗共赏,引人入胜,被称为"文章大家"。

自古以来,成功的文人大致有两类:一是"厚积薄发"型,二是"薄积厚发"型。所谓薄积厚发,"薄积"并非指积得少,而是指一点一点慢慢地积累。要么像深山里的竹笋,旁边的树木都一天天长高,它却四五年仍在地底下默默地积蓄。可雨后春笋一旦出土,就在很短的时间里超过了旁边一般的小树,蔚然成林。要么是故意以薄示人,隐忍不发,待价而沽,所谓千年不鸣、一鸣惊人,不飞则已、一飞冲天。而"厚积薄发"则比较好理解,是指先把基础打牢,学问深厚了,再写点文章,发表点意见;或者说自己先要有一桶水,然后才能给人一瓢水。但邓伟志似乎与这两种类型都不完全契合。

邓伟志心直口快,觉得有话不说憋得慌,做不到隐忍不发,也不会待价而沽。他是个从进大学的第一个月起就开始把文章变成铅字的人,养成了三天不写文章手发痒的毛病。他曾在文章中写道:"我以写为乐,一写就乐,一发表更乐,发了以后有人褒贬更更乐。自1980年以来,我惹出了六场争论,每场都收到上百篇文章,有褒有贬。贬我旧作,就等于逼我写新作。贬得甚,想得深,写得多。有不少文章是被人贬出来的,是被人商榷出来的。"这与"薄积"似乎远了点。邓伟志书读得多,写得也多。他是天天写,天天有话要说,有文不写就像做了亏心事。学术生态环境好,他写社会科学文章;社会科学文章发不出去,便写自然科学文章。"文

邓伟志在写作

第三章 书是社会 社会是书

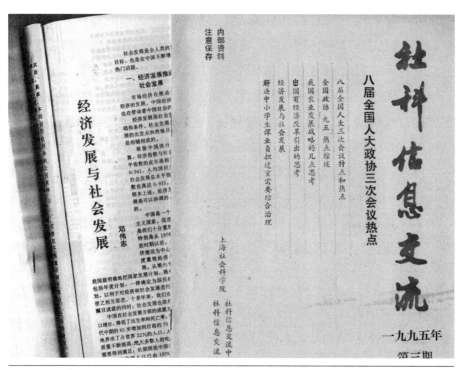

呼吁社会发展：从1995年3月内部交流到9月写成文章

革"中写天、写地、写螃蟹。仅已出版的《邓伟志全集》就有25卷一千余万字,近年来的文章还未包括在内。显然,这与"薄发"也是不符的。因此,他实际上是另外一种类型,可称为"厚积厚发"型。

邓伟志的写作大致可以分为两个阶段。1978年党的十一届三中全会对他来说也是一个转折点。在此之前,他总体上是奉命写作。如在华东局宣传部编辑《农村青年》,到上海市"革委会"大批判组参加编写《农村文化大革命宣传资料》,编写有关天体起源和人类起源的科普著作,抽调到《红旗》杂志写批判"四人帮"文章等等,都是别人命题,邓伟志捉笔。受当时大环境的影响,他往往也是情不自禁,认识有一个逐渐深化、变化的过程。虽然他目睹的一些事情,特别是父亲、大舅的经历使他在感情上有过抗拒或疑问,有时也有自己的想法,在写作中也运用过春秋笔法,确保绝不伤人,甚至以下厂、出差、转行等办法来逃避,但毋庸讳言,为了让作品发表,他也难免违心地写过不少官话大话套话。即使是自然科学方面的著作,即使是在批判"四人帮"的初期,他的写作在很大程度上也还是为了适应形势的要求,是为了完成任务,是服务于某种政治需要。

1979年之后,邓伟志逐渐地做到了自主命题,良心创作,"我手写我心",不唯上,不唯书,只唯实。既敢想敢说,又不是胡想乱说,而是"严"字当头,以严肃的态度、严格的要求、严密的方法、严谨的学风写作,务必言之有理,言之有物,绝不无病呻吟。他曾第一个公开提出"作家曹聚仁不反动"的观点;第一个提出"妇女学""文革学""改革学""互本论""无产阶级自由化"等全新的概念,并加以论述;第一个提出"马克思主义多样性""社会主义多样性""关心弱势群体""共同富裕"等开创性的课题,产生了较大的社会影响。

成功的创作为邓伟志赢得了荣誉,也招来过风波。为此,他得过大奖,也受过挫折、惹过大祸,甚至曾用"写于下台前"的谐音"谢宇、夏泰乾"作笔名,做了倒霉的准备。好在时代毕竟不一样了。邓伟志的赤子之心无可挑剔,少数人的吹毛求疵在党的"实事求是"阳光下最终都被一一化解,有惊无险。邓伟志的底气更足,胆子也更大了。"满眼生机转

化钩,天工人巧日争新",他把更多的精力放在创新上。他在《不创新,毋宁死》一书的自序中写道:

在集中精力整理书稿的这几天,正值北京、湖南、江西等地纪念胡耀邦同志诞辰90周年的时候,一则又一则新闻,给我增添了追求理论创新的勇气和力量。我回忆起1984年在我撰写的《中国的学派为什么这么少》一文发表后,胡耀邦同志给予的鼓励和支持。我不由自主地背诵起上个世纪80年代在思想家于光远老人家中抄录的胡耀邦同志的《戏赠光远同志——调寄渔家傲》:"科学真理真难求,你添醋来我加油。论战也带核弹头,核弹头,你算学术第几流?是非面前争自由,你骑马来我牵牛。酸甜苦涩任去留,任去留,浊酒一杯信天游。"

令人尤为欣慰的是,正当我背诵时,忽然收到了中央党校沈宝祥兄寄我的由中央党校编的《燕京诗刊》第8期(2005年11月20日出版),其中发表了胡耀邦同志的《戏赠光远同志——调寄渔家傲》这首词。"学术"!"自由"!"学术"需要"自由"。有"学术自由"才有学术繁荣。"任去留"!"去"也,"去"得自由;"留"也,"留"得自由。"你骑马来我牵牛"。学说不怕多,学派不怕多,骑着马固然能在学术领域中驰骋,牵着牛做也能在学术论坛上前进。牛,有不畏虎的牛呀!有牛,有马,有羊,有豕,有鸡,有犬,才叫"六畜兴旺";既有"粮棉油,麻丝茶",又有"糖菜烟,果药杂",才堪称"五谷丰熟,社稷安宁"。学术上既有"骑马"派,又有"牵牛"派,那才是"人欢马叫",那才是"百家争鸣"。

愿我们都能听耀邦同志的教导,在学术上,不仅不带核弹头,而且不带任何杀伤性武器,只有争鸣,平等地争鸣,自由地争鸣,有板有眼地争鸣。以理服人,而不以"力"服人,更不以"势"压人。

苏轼曾言:"喜为异说而不让,敢为高论而不顾。"只要当权者"喜为异说",学者们就"敢为高论",能够不看你的眼色,不顾你的口径。这里,邓伟志写出了怀念耀邦同志的深情,也写出了他追求理论创新,主张百家争鸣、学术自由的心声。

邓伟志在填表格、上辞典、接受采访时,常常会有人问他的代表作是哪一本书,作为一个杂家,他实在是很难回答这个问题。他涉猎的领域太多,且在许多领域都有不凡的建树。虽然有一次他几乎承认《家庭的明天》为代表作,可那基本上是根据印刷次数较多这一点来说的,实际上却未必能代表。1996年底,他得了"中国图书奖",于是有记者建议把这本获奖的《市场经济的若干社会功能》当代表作。道理自然是有的。因为中国图书奖评得公平,不仅没要他付申报费,而且在公布结果之前,邓伟志压根就不知道有评奖这回事。直到报上接二连三地登了出来,朋友们来祝贺了,他还以为是开玩笑。就凭这一点,似乎也该视这本书为代表作。然而,当邓伟志封存1996年的日记,启用1997年的日记本时,忽然觉得日记才应该是自己的代表作。

邓伟志一直有记日记的习惯,牢记着导师"曲不离口,笔不离手"的教导。仅仅在"文革"中因日记被"冲"走两次,才一度不记。到1989年底,他又记起日记来,此后没有缺过一天。而且不单是"日"记,有时是"时"记。想什么时候记,就什么时候记,一天能记好几次。出差外地,也照记不误。但"一日被蛇咬,十年怕井绳",他已两次被蛇咬了,更怕"井绳",也怕日记本丢失。因此他出差从不带日记本。不带日记本如何记日记?他就写在纸上,匆忙时是抓到纸片就记,回来后再依次贴在日记本上。打开他的日记本,能看到五颜六色的纸张,有厚纸,有薄纸,甚至还有登机卡、清洁袋,鼓鼓囊囊。他的日记虽也记流水账,但大量的是评论。评书、评报、评人、评事、评会议、评活动。在评论中,还夹杂有不少预言、预警的内容,有许多只有在日记中才能言和警的文字。他这也是故意留待日后检验其准确率的,但至今还没有时间来得及一一对照检验。不过,所有这些都是他自己写给自己看的,没有一丝一毫的包装,活像毕加索中青年时代画的裸女,连一片蔽体的树叶也没有。显然,较之于发表出来的

第三章 书是社会 社会是书

邓伟志在电脑前

文字，日记更真实，更有新锐的见解。但日记里的这些当天思、当天记的议论，未经过思考和验证，因此又有两重性、瞬时性，甚至有可能前后矛盾，自然就谈不上成熟。把不成熟的东西交出去发表，按过去的逻辑，等于授人以柄。不过邓伟志以为，即使授人一柄或几柄，只要没被打成脑浆崩裂，也未必就是坏事。2001年，邓伟志同意将部分日记以《思想之旅》为书名，作为"新千年日记"系列之一出版。交稿时，他也发现这些日记有不少毛病，确有值得加工的地方，但是又怕加工之后会失真，怕日记不像日记，便没有大动，而是一股脑儿端出来付梓，坦诚相对，任人评说。只可惜这次发表的日记只是一小部分，更多的还没有发表，还没有读者，也就无法作为代表作了。

　　邓伟志还是较早学习网络、利用网络的学者。一方面他觉得在网络上发表作品更快更方便，另一方面更重要的是，他对在网络上同网民交流有很大兴趣。他认为，演员离不开观众，作者离不开读者。作品是为读者写的，首先必须让读者能够看得懂。读者看懂了就会有接受或不接受的反响，只有听到读者反响并加以改进的作者才能有进步。只能听到上边的反响，而听不到读者反响的作者越进步越远离读者，这是当年导师教导他的话。因此，他每次发表文章都很想听到批评和表扬两种声音。他最怕读者对文章不愿理会，听不到批评是最大的批评。一块小石头扔到水里至少还有点涟漪，如果文章发表后连个"涟漪"也没有，这无疑是作者的悲剧。当然，在平面媒体上发表的文章，读者就是想跟你交流也难。而网络则不同，话音一落你便能听到褒贬，完全没有空间或时间的障碍。网民对他的评价，五花八门，应有尽有。而每次在网上同网民对话，气氛都生动活泼，使邓伟志感受很深。

走／近／邓／伟／志

第四章
无关地理　只关道理

悯贫济世大心撩,挂壁攀云瘦沈腰。
峻岭沧波谁自惹,苦聪铁索竞相摇。
民之所欲当周理,梦逐不妨任我挑。
卑贱常怀多砥砺,神州崛起看今朝。
——蓝成东

在"走,读,写"中,邓伟志把"走"放在第一位,不是没有道理的。他在20世纪60年代"农村社会主义教育运动"前后跟随领导到江浙沪好几个县工作或调研,70年代初到100多家工厂劳动,那还只能算是陪走、试走。80年代后,从他借各种机会深入西南、西北贫困地区,了解当地民生疾苦开始,才是放开了走。

正如王夫之所说,"行可兼知,而知不可兼行"。中国56个民族,他到过40多个民族的聚居地区。世界近200个国家和地区,他到过亚、欧、美、大洋洲和非洲的60多个国家考察,有的国家还不止去过一次。其中除四次公派,其余都是自费。全国各省市自治区他更是几乎全跑遍了。见多才能识广。邓伟志之所以知识面广阔,能够心胸坦荡、眼光独特、见解非凡,显然是与他"多走会走"分不开的。

一、访贫之路 刻骨铭心

做学问,既要"读万卷书",还要"行万里路"。邓伟志认为,在交通发达的今天,行万里路似乎并不太难,难的是选择往哪里行。往富庶地区、富裕人家里跑,是很方便的,说不定人家会铺红地毯来迎接;要跑到穷山恶水、穷乡僻壤的穷人那里去,就是另一回事了。社会学认为,市场是为富人而设,政府是为穷人而设的。富人自己会发声,穷人却往往很难有地方发声,偶尔发声也很难被听到。曾被称为"群学"的社会学理应聚焦在"群"字上,聚焦在代表穷人发声上。"道之所存,师之所在。"穷人是社会学的研究对象,同时也是不穷者的老师。穷人没条件来向谁汇报,也没盘缠跑到城里来为谁提供写作材料。要代表穷人说话,就必须主动去了解穷人,必须到穷人中去,必须进行实地考察。

行,就是求知。司马光在《答孔文仲司户书》里说:"学者贵于行之,

文汇报

关注农民收入

社会……关心、最直接、最现实的利益问题,要在"多予少取放活"上下功夫。目前,一个农民的年平均收入不足城里人收入的三分之一。如何帮助农民增收减负,逐渐缩小城乡居民收入差距,成为农民最关心的问题。

没有农民小康就没有国家小康
—— 访全国政协委员邓伟志

"切实维护和发展广大农民的权益是建设社会主义新农村、全面实现小康、构建和谐社会的重要基础。因此,必须把增加农民收入、减轻农民负担放上当前的议事日程。"全国政协委员邓伟志在提到建设社会主义新农村问题时这样向记者表示。

邓伟志说,我国目前的城乡差距大大高于欧洲的 1.5 到 2 倍。农民不小康,国家就谈不上小康,整个社会就不可能和谐。缩小农村同城市的差距,首先要对农村进行"反哺"。现在我国对农民的补贴在逐年增加,但是杯水车薪。"反哺"不是施舍,而是为培养二产三产后备军支付的培养费,是为拓展市场支付的"开发金",是二产三产自身发展的需要。农民收入增加了,富裕起来了,对工业的发展,对城市的发展,都是一种坚实的支撑。中国的农村市场是一个巨大的市场,潜力无穷。农民手里的钱多了,一方面改善了生活,另一方面,对促进国内消费市场的发展,推动消费也有着重要的作用。

缩小城乡差距,必须解决农民失地失业问题。邓伟志说,现在很多农民土地被征用之后纷纷进城打工,但往往不久就因为各种原因被辞退,既失地又失业。要保障农民利益,首先要保障农民土地,不要轻易向农民征收土地。他以上海闵行区九星村为例说,该村顶住征用搞租用,结果全村没有一个失地者,没有一个失业者,没有一个贫困者。邓伟志认为,这是农村集体非农用地改革的一种创新。

全国政协委员邓伟志。

均本报记者 刘定传摄

接受《文汇报》访谈,为农民兄弟讲话

而不贵于知之。"学者以卑贱者的身份去"行",能摸到真情,则成;以高贵者的身份去"行",就很难摸到真情,则败。实践是理论之源,调查是理论之流。田野考察不仅有助于问题研究,而且对访问者往往也是一次触及灵魂的教育和洗礼。

邓伟志曾在《走在访贫的路上》一文中写道:

抚今追昔,我这个人的"物质与精神齐飞,经济与社会同步"的"社会协调观"的形成,固然是同几十年来的理论学习分不开的,更是与脑海里一直有与几十、几百位贫困者走动的经历息息相关。

在东部,我见过近千人参加的会场里,台下除了女干部穿上衣,男干部个个打赤膊的全县三级干部大会。在西南部,我见过寒冬腊月只穿两件蛇皮袋的中青年农民。在西部,我既见过目光呆痴的"穷二代",也见过对我怒目而视的"穷二代"。我到过自宋代以来被称作"苦甲天下"的地区。那里家家户户没有箱子、橱子,全家的全部衣服就挂在一根不到两米长的绳子上。我含泪听过"我们没有吃过一粒米,没有穿过一件衣,没有住过一间房,没有用过一头牛"的歌曲。这"四个没有",当然是1953年以前的事。可是,在我见到的时候,已经把"四个没有"变为"四有"的他们,依然所有甚少。很多中老年妇女在大庭广众面前不穿上衣。她们不是不想遮羞,她们是没有遮羞的财力和物力。在另一山区,我见到男人用来遮羞的是木板,而不是短裤。我还在一位党和国家领导人的老丈人的家乡,见过一批几十年没用过人民币的光棍汉。他们在十多年前,实行的是物物交换。他们挑着瓜果下山医病。医院懂得、也一定会收下他们挑来的瓜果。假如瓜果不够医药费,可以放心,他们以后一定会再挑瓜果送来,从不赖账;假如瓜果大于医药费,医院也会为他们记账,作为下次的医疗费。

他们如此贫困是命里注定的吗?绝对不是。即使他们自己认为是"命里注定",我也不认为他们是命里注定。"人猿相揖别"到今天,已有二三百万年的历史。人类进化到"晚期智人"阶段,人与人之间的"脑体比"大体是一样的,智力的潜能也是不相上下的。"人皆可以成尧舜"是符合进化论和人权论的。他们为什么成不了"尧舜"呢?这里既有自然因素,更有社会因素,恐怕还少不了我们每个人的社会责任和学者的良心。同胞,他们与我们是同顶一片蓝天,同踏一片热土的同胞啊!他们与我们同是生产力的要素,同是推动历史前进的动力。

他们不会要求我们同他们过一样的生活,我们又怎能忍心与他们有这么大的悬殊呢?我们要研究他们,首先要了解他们。而要了解他们,就要迈开双脚走到他们中间去。

穷人集中在哪里?在贫困地区。为了到贫困地区调查,邓伟志骑过马、上过铁索桥、走过猴子走的路……就像唐僧取经一样,遇到过无数困难和危险,甚至几次连命都差点丢了。

有一次,邓伟志一行从省城出发,到州里去访贫。为了抢时间,走捷径,他们不知不觉跑到了一个麻风病区里。一听麻风病,大家吓了一跳。虽然胆战心惊,却也只有硬着头皮赶快通过。他们决定不吃当地任何东西,不与当地人有任何接触。实际景象也确实可怕。沿路看到的人不是没有耳朵、没有嘴唇,就是鼻子陷成了个深深的洞,有的甚至在地上爬。该吃午饭了,他们也不敢找任何人家,幸好带有酱菜和炒面,便躲在路边农田的墒沟里,就着酱菜吃炒面。没有筷子、勺子,就用手抓,用舌头舔。吃完头一抬,彼此相视而笑。原来每个人鼻尖上、嘴周围都是灰白的炒面,个个都像京剧里的花脸。过了麻风病区,州里给雇了三匹马。邓伟志故作神秘地给马夫讲经过麻风病区的情景。马夫却笑了,对他说:"不用那么怕,我们经常从那里过。政府早把他们的麻风病医好了,叫'麻风病区'是因为叫习惯了。麻风病空气传染没错,可病菌在空气中一秒钟就死了。只要不与患者抱在一起,什么事都没有。""学之之博,未若知之之要;知之之要,未若行之之实。"(朱熹语)听了马夫的话,邓伟志才

第四章 无关地理 只关道理

在贫困地区实地考察

知道自己不过是一知半解,只知其一,不知其二,闹出了自己吓唬自己的笑话。

在山区,马不仅是交通工具,而且是商业"中心",是信息载体。马帮会带来布匹、针线和半月前的报刊。要访到真正的"贫",自然也少不了骑马。马的种类很多,有高头大马,有低矮的小马。在山区,马一般是不能奔跑的,因为随时都得准备悬崖勒马,所以邓伟志在山路上骑的是小马。本来,小马走得慢,应该很稳,但小马体力相对也差。有一次,可能是马过于疲劳,忽然就马失前蹄,向前摔倒了。邓伟志受惯性作用,被甩过马头,滚进了深壑。滚啊,滚啊……深壑望不到底。邓伟志想到了死,"朝闻道,夕死可矣!"后来他想,一生能真正懂得一个"贫"字,能唤起大家对中国穷人脱贫的关注,真要是死了也是值得的。幸运的是他没有死。一棵野枣树把他挡住,救了邓伟志。他缓过神来,抓住石缝里的一棵棵植物,在同行者帮助下慢慢爬了上来。大难不死,邓伟志的精神、意志似乎也随之上升到了一个新的境界。

山路不好骑马,密林中也不能骑马。不仅不能骑,连牵马进密林也不行。马怕树枝刮肚皮,不肯走。马不肯走,人却不能不走。有一次,邓伟志要去一个最贫困的地方,必须徒步穿过一大片密林。走着走着,他深深体会到"披荆斩棘"的滋味。本来,他在文章中很喜欢用"披荆斩棘"这个成语。一说克服困难,就会想到它。可是"言之非难,行之为难",披三五分钟荆、斩三五分钟棘的事他也经历过,但要在荆棘丛中披斩一天却是从来没有过的。按照向导的要求,进密林前邓伟志等人都穿上了帆布靴子。平常的那种鞋、袜会藏虫纳棘,是进不了密林的。同时每人手中拿一根小竹竿,用竹竿把妨碍前行的荆棘压到一边。这还不算什么,没想到的是雨季蚂蟥会上树。只要头部、肩部碰到树枝,蚂蟥就会悄然钻进脖颈吸血。每走二三十分钟,就得找块无荆棘的空地,把衣服脱下来清理蚂蟥。过了密林,又有新的考验。因为可能几十里路都没有人烟,所以每天必须赶到预定的宿营地。如果到不了目的地,夜里就要住在树上,否则,就会被毒蛇咬死,或者成为老虎的美餐。

第四章 无关地理 只关道理

有一次,邓伟志一行到一个贫困的"苦冲"去,要过好几道铁索桥。那铁索桥不是公园里那种下边有平坦木板、左右有栏网保护的铁索桥。那里的铁索桥,有的架在河流上,有的架在两山之间。一般上下各有两根铁索链。上边两根是供手握的,下边两根之间没有木板,要将左脚踩在左边铁索上,右脚踩在右边铁索上。人一走,铁索就左右摇晃。必须在摇晃中选准落脚点,如果一脚蹬空,就有掉进铁索下激流或深渊的危险。用当地农民的话说,就是"要见胡(志明)伯伯去了!"意思是要被冲到越南去了。农民过铁索桥可以同时过两三个人,邓伟志他们不行,只能一个个地过。因为脚力有轻重,铁索摆幅有大小。一个人过,摆幅还容易掌握,不致蹬空。几十米、上百米长的铁索桥,当地农民一会儿就过去了,邓伟志却要好几十分钟,深感不如老农,更不如当年的红军了。

有的地方连铁索桥也没有,就得从激流中穿越了。由于坡度大,水流得很急,脚下还滑。陪同的农民兄弟先在树干上拴了根粗绳子,然后带着绳子游到对岸,再把绳子的另一头斜着拴在对岸靠下游方向的石头上,而不是像铁索链那样与河岸垂直。斜拉的绳子比垂直拉的要长,会让人在激流中多走些路。但老农说只能这样,稍微顺着水流走冲力小,危险也小……邓伟志按老农的话抓住粗绳子,身上再系根细绳子,下水后,深感老农讲得在理。想要逆水直行根本走不动,即使沿着斜线顺水走,他也几次差点被激流冲得站不稳。他不由感慨:智慧真的是来源于实践啊。

除了过河,有时还得攀登峭壁。邓伟志攀登过很多峭壁,但有一次"攀"的峭壁让他难以忘怀。这处峭壁其实是块高三十余米的巨大石崖,几乎是垂直的,中间无缝。怎么上去?当地农民多是用绳子吊上去的。不吊可不可以?可以。就需要搭脚手架。据当地人说,过去中科院去的人就是搭脚手架上去的。不过,那要花几天时间。绕过这悬崖行不行?绕道可以,但也够呛,要攀好几次十来米高的小悬崖,至少花大半天时间。邓伟志一行没有时间选择,只有吊。于是,由已在峭壁上面的农民放下一根粗绳和一根细绳。粗绳是手拉着往上攀的;细绳是安全带,系在腰间,万一掉下去,不至于摔死。峭壁上虽然有些凹凸可以用脚尖借点力,不过

1987年,与云南怒族同胞在一起

在攀登时,邓伟志脸朝上,简直看不到何处可以垫脚尖。因此,与其说是攀登峭壁,还不如说是由农民像从井里提水那样,把他提上去的。

这还不是最危险的,最危险的恐怕要算走猴子路。什么是"猴子路"?因为那路要说陡,也没有悬崖峭壁那般陡;要说不陡,人又不可能在路面上直立行走。路面是烂泥加鹅卵石,滑得很,踩不住,没草没树,手无处可抓,只能像猴子一样小心爬上去。一旦失手,就会滚到底。为了过猴子路,邓伟志等顾不得什么体统、风度,个个趴在地上,作狗爬状、龟爬状,爬了半天终于爬了上去。听陪同他们的县委宣传部同志说,有位省报总编,过去看了这穷地方来的稿子,常常是大笔一挥,要求补充、修改。他这几个字下来,别人就得爬上好几天。后来省报总编自己来爬过一趟以后,动情地说:"以后你们的稿子上来,省报优先采用。"真是事不经过不知难呀。

邓伟志到过的这些最贫困的地方究竟具体在何处,他不愿多说。因为他有一个顾虑,这些年各地发展都很快,他去的时候那里很穷,现在可能已经变了。假若如实地说他们那里如何如何穷,过去也许没什么,今天会不会惹人嫌弃呢?但总体来看,最穷的地方都是交通最不便、教育最落后的地方,而并非资源最缺乏的地方。

穷且益坚,穷则思变。邓伟志看到,经过多年坚持不懈的脱贫攻坚,中国已宣布整体上消灭了极端贫困。这是一个非常了不起的成就。但也毋庸讳言,这个脱贫的标准还是很低的。因病返贫、因病致贫和相对贫困人口还不在少数。对贫困地区或贫困人口来说,虽然跟自己的过去比,生活有了一定改善,但与其他地区或其他人比,相对贫困和贫富差距扩大的问题不仅没有完全解决,随着富者更富,甚至在某种程度上还有日益严重之势。既然还有数以万计的人需要进一步脱贫致富,需要缩小贫富差距,中国就应当从活生生的实践中总结出穷人经济学、穷人社会学、穷人政治学、穷人文化学、穷人心理学、穷人行为学。以"穷学"作为脱贫致富的引领和向导,作为社会各阶层协调、互助、和谐的基石,作为共同富裕、实现中国梦的强有力支撑。或许,这正是社会科学工作者责无旁贷的历史使命。

二、城乡采风　触景生情

一般的说法,全国的贫困地区主要集中在"老(革命老区)少(少数民族地区)边(陆地边境地区)穷(欠发达地区)"地区。其中尤以部分少数民族聚居地区最为特殊。

邓伟志访问、考察过的最贫困的地方是苦聪人的一个部落,可以说是贫困中的贫困。很难相信,在邓伟志去的时候,这里的苦聪人还基本处于原始社会末期。睡是睡在芭蕉叶上,"天上阴森森,地下湿淋淋",没有房子没有床;吃则是"有食物大家吃,没食物大家饿"。你采到三个水果,他采到五个水果,不用开口他会主动地给你一个;你若抓到七只鸟,他只抓到三只,你也会马上递两只鸟给他。他们实行的是绝对平均主义。同一个部落里的人和蔼、和睦、和谐相处。但谁要欺侮部落里任何一个人,都会被视为是欺侮他们整个部落,必定群起而攻之。

这里的苦聪人生活在较他们发达的民族包围之中,与其他民族多少有点交流。虽然他们不穿衣服,但还是会有羞耻之心。如果想用多余的兽皮交换点什么东西,就把兽皮放在十字路口,自己躲在过路人看不到的地方,而不愿与外面其他民族的人面对面。过路人见了苦聪人放的兽皮,如果想要,不管放下点什么,那怕是一块铁片或瓷片,就可以把兽皮拿走,不用讨价还价,甚至不用说一句话。但你如果什么东西都不放,那恐怕就性命难保了。这种交换被史学家称为"无声贸易",是典型的无怨无悔的"不等价交换"。

苦聪人淳朴善良,敢于担当。他们的最高首领是氏族长。氏族长虽然至高无上,但总是吃苦在别人前头,享受在别人后头。以对苦聪人来讲最困难的事——保存火种为例,由于苦聪人摩擦取火方式落后,摩出一次火的时间要大半天,因此保存火种就十分重要。如果火灭了,就得重新摩擦,否则只能茹毛饮血。他们没有房子或帐篷,遇到下雨,只有七八个人围成一圈,弯腰搭肩,用身体挡住雨水,不让其将火种浇灭。而这时总得有一个人在下面最接近火的地方。这个人是谁?就是氏族长。邓伟志拜

第四章　无关地理　只关道理

访氏族长时,旁边的人一定要氏族长敞开胸襟给他看看。不看不知道,一看吓一跳,氏族长的胸部、腹部伤疤连伤疤、伤疤叠伤疤,都是被火灼伤留下的。

　　邓伟志被震撼了。在原始社会中怎么会产生品格如此高尚的人?也许,是因为那里有共产主义成分。"原始共产主义社会"前的"原始"二字,是落后的代名词,但它也是人类的起点、初心。如果去粗取精、革故鼎新,把"原始"换成"科学",在"共产主义"前加上"科学"二字,那绝不是复旧,而是在生产力,尤其是作为第一生产力的科学技术高度发达前提下的螺旋式上升。如果相反,在倒洗澡水时连孩子也一起倒掉,让唯利是图的生意经侵蚀社会生活的方方面面,拔一毛利天下而不为,那种发展,究竟是进步,还是退步?究竟是文明,还是野蛮?这不禁让邓伟志陷入深深的思考。

　　苦聪人在1953年以前被称为"苦冲人",且分为黑苦冲和黄苦冲两种,黄苦冲比黑苦冲更落后。是周恩来总理大笔一挥,把"苦冲"改成"苦聪"。在政府的帮助下,苦聪人开始逐渐走出山林,告别狩猎生活,实行定居定耕。政府给他们发粮食、衣服、耕牛、农具等生产生活用品,苦聪人的生活逐渐得到了改善。到1965年,苦聪人被划归为拉祜族的一支,已基本脱离了原始状态。

　　在内蒙古自治区阿拉善盟的阿拉善左旗厢根达来苏木,说是草原,实际上属腾格里沙漠,只能算荒漠草原,或者叫无水草原。这里的游牧民告别蒙古包已十多年了。虽然没见到蒙古包有点遗憾,但邓伟志看了一连三户蒙古族人家,还是满足了一点好奇心。如洪义民家,住房面积至少要比邓伟志家大一百多平方米,还有一辆运输用的汽车;司胜利家养了五百头羊,有四张大沙发,还有一台风力发电机。阿拉腾格日勒家院子很大,少说也有七八百平方米。邓伟志问他们院子大小有没有规定,他们说:"随便圈。"这里人均土地1.6平方公里,户均近10平方公里。这三户人家虽说在蒙古族人眼里是近邻,但彼此相隔竟有三五公里。阿拉腾格日勒是腾格里沙漠里最关心集体的人。她曾先后率先提出保护骆驼、保护发菜的倡议,见报后,得到全国很多人的支持。发菜本来不出名,只因人们被"发财意识"扭曲,好像吃了发菜就能"发财"似的,便大吃起来。殊不知发菜是同草原植物共生的。挖了发菜同时也挖掉了与其共生的其他植物,对草原植被破坏严重。与西南地区水资源多的情况相反,这里最缺的就是水。人吃的水常常定量限制,勉强供得上,但羊吃的水就紧张了……盟政协秘书长给邓伟志讲了些历史上缺水的故事:洗脸没有水,只好不洗脸。出门不能不洗脸,便由母亲把水含在嘴里,对着孩子的脸喷几口,就算洗过脸了。邓伟志听了,只觉得心里沉甸甸的。

不少边远的少数民族地区自然环境恶劣,经济相对欠发达,但也有些很不错的地方。邓伟志去过的云南省红河州金平县,就是这样一个少数民族聚居的地方。这里生活着苗族、哈尼族、侗族、瑶族、傣族等少数民族。这里各具特色的民族习俗、闲适平静的生活、优美的田园风光和古老动人的传说故事,都给邓伟志留下了难忘的印象。

就拿傣族人来说,大多临水而居,这似乎是许多傣族寨子的特点。在金水河畔有一个叫慢良的傣家村寨。过去,这里是封建土司八大领地之一,如今,高大的芒果树和茂盛的大榕树掩映着一座座傣家竹楼。村寨周围是一片片绿油油的稻田。这里的水稻一年可以两熟乃至三熟,而且大都是糯稻。在傣族人家里,好客的主人拿出用糯米酿的甜酒给邓伟志喝,一天三顿都吃糯米饭。糯米饭是蒸的,松软可口,适于凉食,也便于携带。每蒸一次,可吃一天。邓伟志来时正值雨季,一天总要下一两次雨。雨后的金水河依然清澈,满耳是淙淙的流水声。山上林木茂盛,远远看去,一片烟雾迷蒙。清晨,天刚亮,成群结队的傣族少女便提着竹桶来河边装水。中午,一群群傣族儿童在河里游泳。傍晚,三三两两的傣族姑娘坐在河滩白花花的石头上洗衣服。沐浴过的长发披在肩上,嘴里哼着民歌……傣族人很早就知道利用水力,几乎家家都有碾米房。他们把水引进碾米房,利用水力,通过杠杆拨动碓杆、杵臼舂米,非常便利。据说这种方法已有近两千年的历史。傣家人住在水边,非常爱水。傣历新年又叫泼水节。在泼水节,男女老少都穿上民族盛装,一早就上山采摘鲜花,制作花房,挑水到寺庙洗佛尖。然后开始相互泼水,泼湿了,换了衣服再泼。泼水表示吉祥,表示祝贺。据说泼水之后,可以消灾化难,风调雨顺,获得丰收。

除了水,傣族人的生活还离不开竹。在景洪的傣族村寨附近,都能看到茂密的竹林。邓伟志去景洪时,正是初夏,嫩嫩的新竹已长得与老竹一般高,而地底下的竹笋还在不停地冒出来。富有南国风光的竹林,给每个傣族村寨增添了优美宁静的气氛。傣族人住的是竹楼。一次去一个傣族人家吃饭,由于顶着太阳骑马走了半天,邓伟志一行个个汗如雨下,但一踏进竹楼,竟暑气全消。竹楼上边盖着厚厚的稻草或茅草,能隔热,周围是竹子编的墙,通风透气,防霉防震,凉爽宜人。楼板也是竹子做的。在竹楼阳台上,坐在竹凳子上,他们围着主人抬出的一张竹子做的圆桌吃饭。菜是鲜嫩可口的竹笋,喝汤用的是竹子做的调羹。吃好饭,主人在竹子做的烟筒上装好烟丝,让邓伟志吸,装烟丝的也是一节竹子。据介绍,一般的竹楼一天就能造好。造楼那天,全村人都会来帮忙,有的带几根竹子,有的带几根木头,有的带几扇草帘……大家分工合作,立柱,架梁,铺上竹,盖上草,竹楼就建成了。来帮忙的妇女则忙着烧饭做菜。房子造好后大家一起帮主人搬进新房,然后一起吃饭、唱歌,直至深夜才各自回家。

除了跑乡村,邓伟志也跑城市。1985年秋,作为中国国土研究会考察团成员,邓伟志先后考察了宜昌市、万县市、涪陵市、重庆市、南昌市、抚州市、赣州市、井冈山市、吉安市、景德镇市、九江市等11个城市,还在武汉、贵阳、长沙作了短暂逗留,行程两万余里。所考察的城市有省辖市、地辖市,有千年古城,也有新设的市,有蒸蒸日上的城市,也有即将搬迁的城市……真是沿途一望,生气勃勃,邓伟志对城市改革和发展有了新的思考,并形成了自己的见解。

在对城市改革估计的问题上,邓伟志认为,自党中央对城市改革做出决定以后,城市改革的进展比人们想象的要慢。这不是因为广大城市工作者的改革愿望不强烈,而是因为有些部门、有些会议以及相当多的报刊对改革中的缺点指责过多、挑剔过严,把不是改革必然带来的弊端说成是改革带来的,弄得许多部门缩手缩脚。有些经济学家所发表的不赞成改革的"物少集权论"主张,也干扰了改革。实际上,财力不足恐怕是一个长期问题,绝不应该成为恋权不放的借口。也有些人幻想毕其功于一役,总是寄希望于大改,忽视了身边力所能及的小改,结果把没有大改变成了自己不改的借口。

在衡量城市地位指标的问题上,邓伟志认为,把产值当作衡量城市地位、作用、功能的指标有很多"水分",或者说是虚假的。比如说,若把万能厂分成许多小厂,重复计算几次,产值就能提高好几倍,可是产量并无变化。不用"产值"用什么呢?可以用"辐射力"。辐射力就是影响力,是一个城市实力最真实的体现。因此,为辐射力设计出一套计算方法,既考虑经济辐射力,也考虑文化辐射力,将其作为定量分析的依据,是合理的,也是必要的。

在建设速度问题上,邓伟志的调查对象多数不赞成"控制速度"的提法。他们认为世界上许多国家都曾有过连续高速发展的情况,对我们国家刚出现的高速度也不要急着否定。速度只要是实在的,只要能持续下去,就应予以鼓励。即使高速度打破了综合平衡,也不一定是坏事。即便不人为控制它,它也会"自我调节"。

在有计划的商品经济问题上,邓伟志不同意把计划与商品经济对立起来,认为简单地把经济分为计划经济和商品经济两类是不科学、不完整的。有计划的商品经济应当包括计划为发展商品经济服务这层意思。计划是一种调节手段,市场也是一种调节手段,都是为了发展商品经济。关键是要重视发挥市场的主体作用,在那些市场扭曲或失灵的地方才运用计划调节手段。用"紧急通知"等行政手段来实施宏观控制,只能是在不得已的情况下偶一为之。

在富民问题上,邓伟志觉得,笼统地讲富民人人都同意,可是当财政收入与富民相矛盾时,不少领导就只要财政,不要富民了。他们只想着"大河有水",却不知道只有"小河有水"才能"大河满"。长江支流至少有49条,流量在1 000立方米/秒以上的支流有雅砻江、岷江、嘉陵江、乌江、沅江、湘江、汉江和赣江等八条。没有奔腾的长江支流,哪有澎湃的长江!富民观念薄弱,是老区贫困的原因之一。因此,必须强化干部的富民观念,把富民状况作为考核干部的一个重要指标。

在精神文明建设问题上,邓伟志认为,不少人至今没有认识到精神文明建设的重心,不了解精神文明建设重要甚至主要的任务是建设。"立"字当头,"破"在其中。反对、抵制不文明,逐渐清除不文明,都只是在建设精神文明过程中的题中应有之义。一项有效的建设措施胜过喊一百次反对、清除。只讲清除,不讲建设是搞不好精神文明建设的。此外,有些人一提"精神文明建设",就一味地谈共产主义理想。但对什么是共产主义,为什么理想要分远理想、中理想、近理想并不清楚。有些人甚至把封建思想、资产阶级思想说成是共产主义思想,把教条主义说成是共产主义。因此,在共产主义理想教育中,应该要花功夫把共产主义高级阶段与初级阶段的关系讲清楚,把远理想与近理想的区别讲清楚,明确今天我们正处于共产主义初级阶段的初级阶段,明白近理想的突出内容就是改革,宣传改革就是理想教育。而把改革中的缺点说得吓人,是不利于理想教育的。

邓伟志还在金沙江里游过泳,在长白山温泉里泡过澡,在黄河上坐过羊皮筏子。在川西松潘、毛儿盖、若尔盖受过穿着一层叠一层民族服装的羌族姑娘们发的红丝绸;在以红色为主的藏民彩色楼里喝过奶茶;在广东唯一的海岛县南澳,亲眼见到离苦咸的海水只有十米、井水却一点不咸的宋井,和耐风、耐旱、耐咸的木麻黄树。在银川,他见到一边是沙山,一边为大湖,沙抱翠湖、湖润金沙的沙湖,并在宁夏回族自治区政协作题为"开发西部与开发政治资源"的学术讲演,认为"开发西部带有补偿性",应该"用政治资源的开发带动经济资源的开发"。

见多是识广的基础,但也不能说见多就一定能识广。见多是生理层面的,识广却属于思想精神层面。一千个人心里有一千个哈姆雷特。即使所见相同,所识也可能有大不同。更何况大千世界,景色万端,民俗风情,无奇不有。但造物无论如何形殊质异,千变万化,无不是"其道一也",其基本情理规矩终难离于宗,而是彼此相通的。邓伟志跑的地方越多,对自然的变迁、社会的真相就越看得比较清楚。感慨之余,有时候不禁诗兴大发。在《河西赛江南》一诗中,他写道:"远望雪封祁连山,有感河西赛江南。江南水降千毫米,河西日照时三千。心热能融雪水灌,光照富余相赠难。东西联手跨世纪,春风长留玉门关。"但愿这一美好的愿望能够早日实现。

三、环球凉热　千姿百态

邓伟志第一次"出国"是在1980年。他跟随几位大领导去云南省考察云南发展规划,坐小飞机到过中越、中缅边境。在中缅边界,考察组与农民座谈,谈得津津有味。本来打算中午回县里吃午饭,可是领队还想谈下去,又见到在离他们几步远的大树下有几位缅甸大妈在卖大饼,便说:"买几个大饼吃吃算了。"

可大树那边属于缅甸。尽管那里没有海关,没人查护照,却有缅甸人站岗。去大树下就越境了,此事可大可小。让谁去买大饼?领队的人名气大,是不宜"赴缅"买大饼的。请陪同的县长去买,得让人掏腰包,也不太好。大家意见一致,只有让考察组里地位最低、年龄最小、最不知名的邓伟志去最合适。跟陪同的县长一讲,县长说没问题。县长对这里的情况熟悉,便用缅语向缅甸站岗的人说明情况,站岗的笑眯眯地表示同意。大树下几位卖大饼的大妈听了,也微笑着招手。就这样,邓伟志在拥抱了一下写有"中国"二字的界碑后,便挺起胸膛,迈开大步,走到了几步远的大饼摊边,完成了出国购物任务。

1993年7月,邓伟志赴美国哈佛大学讲学,在波士顿出席第20届世界名人大会。到达波士顿的第一天,就见到了克拉克先生。克拉克夫妇都在上海华东师大读过书,夫人海伦,曾在上海电视台同刘伟一起主持过《老外唱中国歌》节目。美国国庆节那天,克拉克夫妇邀请邓伟志等到他们家做客,并说他家里有一本中国教育家的手稿,要交给邓伟志。

第四章 无关地理 只关道理

克拉克的家在郊区，周围古树参天，院内有游泳池、大草坪。参观了一阵以后，几个国家的人聚在一起，由懂中、英、日、法和斯拉夫语的海伦作翻译，令大家毫无隔阂。主人一会儿送来一种饮料，一会儿送来一种点心，可就是不送来手稿。正当邓伟志憋不住想问的时候，克拉克拿来了一部书。打开一看，是《陶行知诗歌集·第一集》手稿，字迹工整，一丝不苟。手稿中大约有两百首诗，有送给家人的，有送给朋友、送给学生的，还有描写家中动物的。粗看是风花雪月，细看则隐含着对时政的讽刺。

陶行知是教育家，同时也是大众诗人，一生写过大量诗歌。1945年12月9日，陶行知在去昆明参加"一二·一"反内战被害死难烈士公祭大会之前，考虑到可能有被暗杀的风险，因此组织学生、朋友及夫人连夜为他整理、复写他的诗歌作品。整理、复写完成后，为了防止意外，特将其分送几个地方保存：一份送进银行保险箱，一份交给一位父亲是搞出版的学生，还有一份是许多人不知道的，就是送给了美国驻上海领事，也就是克拉克的父亲老克拉克。

为什么要送给老克拉克？据克拉克的哥哥说，他父亲在20世纪30年代末、40年代初先后任美国驻重庆、上海的领事，结识了一批中国进步文人，其中交往较多的就有陶行知。老克拉克痛恨国民党的腐败，曾向美国政府建议不再支持蒋介石。这个建议却遭到美国政府、议会中麦卡锡分子的抨击，因此不许老克拉克再做外交官，只能回美国大学教书。在离开中国时，老克拉克把陶行知送给他的诗歌集手稿也带到了美国，精心保存。后来他又在病逝前把这份凝聚着陶行知心血和友谊的手稿交给了他的次子克拉克，嘱咐克拉克无论如何保存好，在适当时候交还给中国人。

克拉克想委托邓伟志将这部手稿带给中国有关方面，并表示愿意赞助中国的陶行知研究。邓伟志喜出望外，把手稿视为无价之宝。回国后，他逐篇到不同版本中查对，方知复写出的诗歌都已出版，只是次序上略有调整。唯有那篇不是复写而是用毛笔写在宣纸上的序言没有发表过。这篇序字数不多，但文字优美，且富有哲理，非常珍贵。消息传开后，不少部门都想要这部手稿。考虑再三，最后邓伟志把它交给了全国陶行知研究

 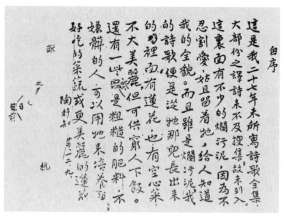

陶行知从未发表过的诗歌集　　陶行知从未发表过的诗歌集的序言

与献出陶行知诗歌手迹的美国友人克拉克合影

会会长方明。这篇体现了中美两国人民友谊的《陶行知诗歌集·序》得以重见天日,对于陶行知研究,对于文艺界、教育界,对于中美两国人民民间交流都是一件很有意义的事。

2002年7月初,邓伟志从酷暑的上海飞到隆冬的澳大利亚,参加在布里斯班市举行的第十五届世界社会学大会。会议有逾两千人出席,共分91个小组,每组每天至少讨论四五个专题。换言之,在七天会议上要讨论的问题有两千多个。与会者即使有分身法也只能参加一二十个问题的讨论,充其量只占总数的百分之一。为了解决这个难题,大会组织者将每个专题的讨论过程都制成录音CD,翌日就公开出售。你对哪个专题有兴趣,就买哪个专题的录音CD。过去开会,论文一摞又一摞,现在几盘CD,什么都有了。甚至连CD也不用,会后到网上也能下载,可谓"一网打尽"。

布里斯班在每年7月前后天气特别好,每天都是晴空万里。会议东道主在开幕式致辞时特意说明:"我可以向你们保证,在这七天里天天是晴天,欢迎你们享受阳光……"在一个天高云淡的早晨,邓伟志带着热牛奶上了汽车。刚想一饮而尽,忽见车前写有:"禁止吸烟,禁止喝饮料,禁止吃东西,禁止高声说话。"他有些纳闷:国内车上一般只有禁烟"一禁",澳大利亚怎么成了"四禁"?再一想,前"三禁"保证了车上卫生,使座椅清洁,空气清新,再加上一条"禁止高声说话",就是"清"且"静"了。在公众场合高声喧哗,用噪声折磨别人,确实不文明。当然,澳洲人中也有喜欢"哇啦哇啦"叫的,他们怎么办?悉听尊便,但请入另类。

在澳大利亚,一下飞机就碰到一个问题,要"靠左走"。这对"靠右走"走了几十年的邓伟志来说,真有点不习惯。理论上虽然知道靠左走的缘由,顺着人流靠左走还可以,但上电梯靠左站就有点别扭了。在悉尼最繁华的维多利亚购物中心附近的十字街头,正想过马路,忽见东西南北四方都亮起红灯,顿感无所适从。说时迟,那时快,只见四面八方的人全都大摇大摆地朝红灯走去。同行的友人对邓伟志说:"这里有个特殊规定,四方都是红灯,意味着行人可向任何方向走。"其实,悉尼的"四方红灯请乱走"并不乱。因为只许行人走,不许车辆走。许多行人走对角线,明显减少了过马路的时间。

邓伟志在美国访问了印第安人,在德国看望了巴伐利亚人,到了澳大利亚,当然也千方百计想要同澳大利亚土著居民接触。在大会开幕式上,他第一次听到最富澳大利亚特色的管乐器——迪节里杜,被其委婉动人的乐曲强烈地吸引。邓伟志并不满足,他一定要找土著人吹土调,要原汁原味。在一个寒冷的傍晚,他遇到一位光臂上披着袋鼠皮、下身只穿短裤、头上臂上身上涂有白粉,手持一米多长迪节里杜的澳大利亚土著人。按照邓伟志的请求,土著人吹了两曲,并介绍了迪节里杜的制作过程和吹奏方法。迪节里杜是以白蚁蛀空的小桉树的树干或大树枝略微加工,便成了乐器。因此每一支迪节里杜的长度和形状都不一样,吹奏出来的音色也就各不相同。同为吹奏乐器,迪节里杜类似中国的箫,但箫短而细,迪节里杜长而粗。箫上有七孔,迪节里杜无孔,音符全靠口形的变化来表达,吹奏时以鼻吸气可以取得连续不断的发声效果,声音独特自然,低沉悠远。邓伟志感叹,真是土有土的高明之处。简与繁、土与洋是相互转化的。澳洲之"土",对中国来说不就是大洋彼岸之"洋"吗？现代的东西,"洋"的东西,各国生产的都很相似;可"土"的东西、民族的东西相互差异却很大。必须珍惜这种差异性,防止大千世界被单一化。只有千姿百态,才是繁荣景象。更要相信,繁简各有优势,土洋也可并存。在许多情况下,简也可以胜繁,"土"也可以胜"洋"。

袋鼠是澳大利亚最有代表性的动物,甚至被绘在该国国徽上,足以说明它在澳人心目中的地位。不过,袋鼠在澳大利亚并不属于保护动物,原因是袋鼠繁殖力强,以致数量太多。虽然在袋鼠出没地区都挂牌提醒汽车减速,但邓伟志仍几次看到被汽车轧死的袋鼠。何以如此？听澳人说,因为袋鼠只能向前跑,不会后退,面对汽车也不会往两边避让。澳人之所以让袋鼠上国徽,就是因为看中袋鼠一往无前的精神。这不禁令邓伟志感慨不已。"一往无前"的确是一种高贵的品质,远比畏首畏尾、忽左忽右高尚。可是,在前进的道路上,有时候也需要暂时后退,需要以退为进。

袋鼠被汽车轧死的悲剧，或许正是少了一点"行藏用舍"，这也许是辩证法对袋鼠"只进不退"的惩罚吧。

澳洲还有一种世界上独有的动物——考拉。考拉是像熊一样的哺乳动物。熊不上树，考拉上树，因此又名树熊。考拉的四足能紧贴树皮，只需背靠一枝树丫便能熟睡，这是一般动物做不到的。考拉以吃桉树叶为生。据说桉叶有麻醉作用，以致考拉每天要睡18—20小时，因此又称"树懒"。树懒也真懒。抱出来跟大家见面的，必须像走马灯一样换。换慢了，它便会闭上眼睛睡觉。考拉属珍稀动物，要见它一面，每人至少必须捐15澳元，折合人民币约75元。捐了钱以后，允许抱一抱考拉，以示爱心，还能得到一张捐献证书。证书是饲养考拉的单位发的，在证书签字栏没有任何人的签字，只有考拉的脚印。以脚印代大印，代签字，不是签字，胜过签字，举世无双，耐人寻味。

2012年11月，邓伟志身穿几年前埃及友人赠送的印有"我爱埃及"字样的汗衫，去埃及探寻古文明之谜。在埃及，他参观了8处神庙，进过分别深达60米、100米、160米的墓穴，看到约3 000年前、5 000年前、6 000年前的壁画、雕刻、建筑，既看了人体木乃伊，又看了鳄鱼木乃伊，还参观了好多处正在发掘的文化遗址。尤其是在阿布辛拜勒神庙，看到古埃及的天文学成就，叹为观止。在3 200余年前，怎么能做到让阳光每年在拉美西斯二世生日和登基纪念那两天穿过62米深的隧道，照进神龛？习惯于遇事问个"为什么"的邓伟志，马上产生了一个问题：古埃及怎么会如此发达？一种回答是：享尼罗河的福。这自然是有道理的。流经9个国家、长达6 680公里的尼罗河，处于下游的埃及得益最大。仅从古人通过在大象岛观测尼罗河水位高度来判断农作物丰歉，再决定赋税的高低，就可以明白尼罗河水对埃及的影响之大了。但近水条件与埃及相仿的地区有的是，为什么没有古埃及那么发达？可见，仅仅从尼罗河这一角度看古埃及的成就是不够的。况且尼罗河洪水还有给埃及人带来灾难的另一面。再一种回答是：法老、国王英明。这也有道理。在埃及历史上，出过像俄赛里斯国王那样懂水利、会种田的国王；在公元前2 000年左右，就出过像内费里尔科勒、泰蒂、佩皮、拉美西斯二世,出过泰胡塔姆斯三世、西提一世、哈齐普苏特女王等一位又一位明君。他们都为古埃及文明做出过巨大贡献。可是,在公元前30个王朝的210个国王中也不乏像"享乐之王"阿蒙霍塔布三世那样的昏君,还出过很多残害百姓的暴君,他们也是古埃及文明的破坏者。因此,也不能绝对地从个人在历史上的地位和作用来下结论。那么,古埃及的文明究竟是如何形成的呢?

在埃及金字塔、神庙中,不仅埃及人祭祀、劳动、庆丰收、热爱大自然的情景被描述得栩栩如生,而且亚洲人、欧洲人的形象也被刻画得绘声绘色。在文化遗址中,不仅刻有伊斯兰教宗教活动场面,而且有天主教、基督教、东正教的宗教活动。据此,邓伟志认为,古埃及文明应该是古埃及人包容多元文化的产物。在古埃及,不仅做到了不同族群文化共存共生,还能够借鉴外来文化,哪怕是侵略者带来的文化。他们不仅包容不同宗教,也包容同一宗教的不同教派。有了多元文化的共存共生,才有择优而从的条件,才有可能取长补短,变短为长,才有条件以巧补拙,化拙为巧,在多元文化的碰撞中融合提升。

邓伟志还去过世界上海拔最高的首都——玻利维亚首都拉巴斯。沿着世界有名的"危险之路",在海拔4 000多米处用石头雕的"警察"(实际上没有警察,用石头雕的"警察"指路、拦路)旁了解山民的生活。本想沿"危险之路"再上到5 000米,结果被劝阻。他还喝过山民献的、未加工成毒品的海洛因叶茶。山民认为海洛因叶子制成的茶不仅提神,而且耐饥。

邓伟志到得最多的还是欧洲。他到过欧洲几乎所有主要国家的主要城市,游历过阿尔卑斯山、斯堪的纳维亚山、亚平宁山、品都斯山,去过地中海、亚得里亚海、波罗的海、爱琴海等。2001年3月下旬,邓伟志从奥地利去意大利,火车翻越阿尔卑斯山的支脉,在海拔1 383米的地方,仍是冰天雪地。此时,中国已是春暖花开,而北欧只有寥寥可数的几种花儿待放。尤其是挪威,那里正是大雪纷飞。可是,4月的希腊,却热得只能穿汗衫。在不到两个月的时间里,邓伟志过了两个冬天、一个夏天。

除了自然条件的差异,邓伟志感到,东西方在社会结构、社会生活方面的差异也是明显的。比如说饮食,在国内,邓伟志是挺喜欢吃西餐的,可是在欧洲,天天西餐、顿顿西餐,就令他倒胃口,只想吃面条了。但吃意大利面条又不行,硬是咽不下。在宗教信仰上,欧洲90%以上的人是教徒,村村、镇镇有教堂,军营里也有小教堂。中国虽然也有各种宗教,也有信教的自由,但在总人口中信教的还是少数。在语言上,区别就更大了。由于许多国家很小,出入境又太容易,邓伟志刚在这个国家学会"您好""谢谢""再见"的说法,换个国家就不适用了。在有些国家尚能套用英语、德语唬两句,可是在希腊,连一个词也认不出。远不像在中国,一般人都能说普通话,即使说不好普通话,写出来的字还是一样的。

不过,在欧洲待的时间长了,邓伟志又觉得东西方差别不是那么大了。西方科学技术发达,中国必须承认自己落后。可是,这种差别有多大,就难说了。西方那些领先的项目,其实中国也在研究,在某些方面甚至有所超越。西方人生活富裕,收入相当于中国人的多少倍。邓伟志在希腊住处的邻居竟坐直升机上下班。但是,西方也有穷人。在许多国家的地铁口、公共汽车站旁都有行乞者。就在被称为世界四大教堂之一的佛罗伦萨大教堂门前,也有乞丐。维也纳大学一位来过中国的84岁老教授对邓伟志说,她收入很高,可她侄子失业、女儿失业,她要负担侄子和外孙,也够苦的。地球是圆的,一直向西,一定会走到东方;一直向东,一定会走到西方。西方有很多源自东方的东西。比如意大利面条,便是马可·波罗从中国传到西方的。威尼斯大教堂的穹顶,据说是借鉴了中国的灯笼。中国自古也有许多从西方引进的东西,现在恐怕更多。以西装为例,邓伟志做过几次抽样调查,结论是西方人穿西装的至多占10%,而穿西装最多的倒是中国人。中国有的社会病,欧洲也有;欧洲有的成就,中国也有。无非是在量上有多有少,时间上有先有后而已。

东西方之间,在生理上是两样的,皮肤有黄有白,眼珠有黑有蓝,可是,在病理上完全一样。中医能治西方人的病,西医能治东方人的疾。就是皮肤、眼睛上的差异也是相对的。欧洲有好几个国家的白人头发黑、眼

1994年,在莫斯科列宁墓旁

2000年4月,在挪威奥斯陆市政厅内的诺贝尔和平奖颁奖处

珠黑。人类总有人类的一般。大家都在一个数量级上,无非是略有高低罢。不论欧洲还是亚洲,头上顶的是同一轮太阳;不论东半球还是西半球,脚下踩的是同一个地球。如果有朝一日宇宙人来了,他们看地球上人种的差异恐怕是可以略而不计的。不仅是生理上,人种的心理差异也是微乎其微的。一般认为欧洲人"直",直得可爱,直得有点傻。但欧洲人中也有喜欢搞阴谋诡计的,而东方也不乏耿直之士。环球同此凉热。正如毛泽东所言,"除了沙漠,凡有人群的地方,都有左中右",都有各种各样的人。

四、他山之石　可以攻玉

　　处处留心皆学问。到荷兰之前,邓伟志就听说荷兰的花好,来荷兰之后,没想到荷兰的鸟也好,对荷兰鸟的印象更胜过荷兰的花。在荷兰,不管是鸽子,还是喜鹊、乌鸦、八哥,乃至于麻雀,都喜欢接近人。坐在公园长椅上,各种各样的鸟会飞到你的膝下。你如果将吃的东西往地上一撒,那里马上会变成"鸟类世界"。在海牙国际法庭门前,居然会有鸟儿擦着路人的头皮滑翔——这是在城市。在农村,家家户户的院子里都有一个用棍棒撑起的小木屋,是专门用来喂鸟的。小木屋上面有顶,三面有木板,朝外的一面是敞开的,鸟儿来去自由。不管是忙人还是闲人,都不会忘记每天往小木屋里放鸟食,这已成为许多荷兰人生活中不可缺少的一部分。在中国,虽然也有养鸟的,可大多养的是"笼中鸟"。不管小笼大笼,都少不了个笼子。即使有放风出笼的时候,也只不过是一小会儿。可荷兰人养的鸟是开放式的。鸟屋无门,"天高任鸟飞",且是全天候地任鸟飞。鸟想什么时候来就来,鸟想什么时候走就走。野生的在荷兰变成了家养的,家养的同时又是野生的。非家非野,亦家亦野,家养的与野生的在荷兰合而为一,耐人寻味。这让邓伟志联想到哲学的一个基本原理:存在决定意识。

　　人的意识来源于存在,动物的意识虽然比不上人的意识那么高级,但除了本能以外,也是存在的反映。人本身也是鸟类生存环境的一个方面。人不打鸟,鸟就不会怕人。人人爱鸟,鸟也会与人亲近。荷兰人视鸟为友,以给鸟送食为慈善、为美德,鸟自然也会把人的家当作自己的家。所谓"惊弓之鸟",其实是先有射鸟的"弓矢",然后才有"惊鸟"。没有"弓矢",便不会有"惊鸟"。人与鸟之间如此,人与人之间不也是如此么!

在丹麦期间,恰逢丹麦国王60岁生日。对于国王,邓伟志从无好感,因此,对国王的生日庆典,也毫无兴趣。不用说够不上出席的资格,就是让他参加,他也不想凑那个热闹。不料,后来在瑞典听说在丹麦国王生日庆典期间出了件意想不到的事,竟让他产生了浓厚兴趣。原来,瑞典与丹麦关系密切,瑞典国王亲自开车从机场去丹麦王宫祝贺。也许是瑞典国王在自己国家过腻了循规蹈矩的生活,到了异国想放松放松,不知不觉地把车速开到了每小时180公里,显然违反了交通规则。可是,对国王的客人、本人也是国王的人超速驾车,丹麦警察采取了网开一面的态度,一路过去,竟没有一个警察干预。丹麦的百姓听说了,却不买这个账,坚决不肯放过瑞典国王,也不肯给丹麦国王留个面子。他们投书媒体,举报瑞典国王违规。丹麦百姓有这个胆,丹麦的媒体也有这个"量",居然把瑞典国王违反交通规则的消息捅了出来。邓伟志按照在国内养成的思维定式,觉得不论从什么角度讲,丹麦的媒体都是捅了个娄子。外事无小事,怎么可以随便批评一个外国元首?再说,公开批评本国领导人的客人,还存在一个对本国领导人的态度问题。让邓伟志意外的是,丹麦的媒体不仅没事,瑞典国王倒是在媒体上公开向丹麦人道歉,承认自己违反了交通规则。这使邓伟志受到很大的震动。百姓举报,媒体曝光,知错认错,任何人没有特权,不仅没有破坏两国关系,反而是增进了瑞丹两国的友谊。这才是真正的平等,这才是真正的公正,这才是真正的文明。而维护特权,或一味地"为尊者讳",只能引起民众反感,既无必要,更是愚蠢。

参观德国监狱是邓伟志多年的愿望。他从小就知道有《在德国女牢中》这本书。1980年,该书作者胡兰畦女士还在他家住了好几天,天天听她讲历史,其中包括她的狱中生活,这就更加激起邓伟志想去看看德国监狱的冲动。

2010年6月29日,由柏林一家社会工作组织负责人英纳女士安排,邓伟志终于得到了考察德国最大的监狱——泰戈尔监狱的机会。这个监狱当时正在推行"转型管理",并非每天都接待参观。虽然是预约的,进门还是要看护照。匆忙中邓伟志忘了带护照,却摸出一张名片。明知不行,可参观心切,还是问了句:"名片行不行?"门卫说:"中国朋友远道而来,我没权力放您进去,请上头决定吧!"不一会来了位目光炯炯的大高个,他隔着玻璃向邓伟志扫了一眼,又走过来问英纳是怎么认识的,然后对英纳说:"那就由你担保,出了事情你负责。"邓伟志悬着的心一下子落了地。大高个名叫拉福斯,是监狱教育管理部长,由他负责带领邓伟志一行参观。

泰戈尔监狱建于1898年,后来不断扩建,现在可容纳1 550名犯人,而且都是5年以上刑期,还有不少是判30年监禁的重犯。狱中环境整洁,文化体育设施齐全,连足球场都有。

拉福斯首先带领邓伟志一行进了5号监区。5号监区是20世纪80年代建的,比较新。一位穿便服的女性社会工作者担任解说,说她管理30名犯人,属于比较多的。犯人一进监狱,先要制订"发展计划"。根据犯人出狱后想干什么,现在想学什么,开展分类教育。上了二楼,只见走廊里有三个人正眉飞色舞地聊天,见来了人,忙起来打招呼。拉福斯也很客气地说:"××先生您好!"他们是不是犯人呢?拉福斯没有介绍,邓伟志有点吃不准。转向左侧,第一间是个厨房。一名又高又胖、穿着花衣服的男子正在烧吃的。拉福斯又很热情地同他打招呼:"××先生您好!"厨房十分干净、整齐,里面有一个可放四五张小餐桌的餐厅。墙上挂着许多犯人的美术作品,其中有一幅裱得很好的条幅,写着"水火气土"四个汉字。拉福斯解释说:"这里没有中国犯人,这幅字是德国犯人写的。"一转眼,那穿花衣服的男子走开了。他是不是犯人呢?邓伟志刚想问,拉福斯已主动说:"犯人大多吃食堂,食堂也有专门为糖尿病人做的低糖食品。但如果谁要自己烧自己吃,也可以,刚才那犯人是想自己烧。"原来穿花衣服的男子也是犯人。拉福斯接着说:"刚才看到的几个都是监狱里的犯人,我们不让他们穿囚服,不规定他们留什么发型,这表示对他们的尊重。我们在走廊里不装摄像头,因此他们喜欢在走廊里活动。"邓伟志参观过国内、欧美的很多监狱,犯人一律穿囚服。犯人不穿囚服,还是破天荒第一遭。他顿时思绪翻腾,可只说了一句:"您称他们'您',称他们'先生'……""是的,这是很严格的规定。这也是我们近年来推行的'转型管理',让他们在监狱里活得有尊严,他们出去以后也会给人以尊严。"

在一个监房里,犯人正在解代数方程。女性社会工作者说:"他是越南人,出狱后想当电工,学习很努力。"狭小的监房,四五个平方米,一张很窄的床,一张很窄的书桌,还有一个不到一平方米的卫生桶间。桌上摆着一束鲜花,一台电脑,一个电水壶,一本旧的簿子,电灯挂得很低。怪了,他们就不怕犯人触电自杀? 再一看,牢房墙上挂了两幅全裸女子的画。门里上方中央挂着一个手写的中文繁体"爱"字。"又是一个汉字!"邓伟志不禁感叹,"爱"的魔力真大。这个犯人过去也许害过人,现在他心底里也在追求爱了。

走出5号楼,遇见十来个穿着随便的人扛着农具过来。女性社会工作者介绍说:"监狱里的劳动是自愿的。可他们争着劳动,因为劳动可以走到楼外院子里。让不让他们劳动要看他们的技能,技能好才有资格劳动。"犯人种的花很好看,而且也向外售卖。同样,犯人演戏也售票。犯人演的戏能否上电视、报纸,由媒体征求犯人意见。犯人同意就能上,犯人不同意就不能上,官方不干涉。

这里的犯人还自办了一份刊物。在3号监区二楼一间十平方米大小的办公室里,坐着两个颇有风度的男士,屋子里摆满了书桌、书架、书橱、电脑、电话和传真机。拉福斯介绍说:"这是监狱刊物《一缕光》的编辑部……"房间里显然坐不下这么多来访者,于是他们来到旁边一间小会议室。因为窗户很小,又有纵横交织的铁栅,所以房间光线比较暗,但绝不是只有一缕光。听其中一个已服刑六年的犯人编辑介绍,刊物《一缕光》已办了四十多年,不断改版。栏目有讲监狱历史的,有介绍外国监狱情况的，更多的是讲犯人生活、犯人心理、犯人意见以及犯人未来前途的。犯人可以提问题，由狱外大学教授作回复。现在的每期发行量为6 500册。邓伟志听了不免心生疑惑：监狱刊物无疑应是内刊，怎么印数会是泰戈尔监狱犯人数的四倍呢？他试着转了个弯问道："读者对象是哪些人？"得到的回答是：2 500份是意大利、法国等国家的犯人及犯人家属订的，还有2 500份是美国、英国、中国香港的律师、司法部门订阅的。邓伟志又问刊物编辑："你们如何采集信息？"回答是："我们打电话同所有犯人一样，随便打。区别是他们要走到监房外的走廊里，我们是在室内。我们打出的电话，对方显示不出我们的电话号码。""有监听吗？"同去的英国女教授问。这是个沉重的话题。谁知编辑当着拉福斯的面不假思索地回答："可能有，但不会很多，抽查。"拉福斯笑了，大家都心照不宣地笑了。至于《一缕光》发行量为什么会这么高？得到的回答是，因为"第一，观念新。既要帮助犯人重新认识自己，也要帮助司法部门重新认识犯人；既要促进犯人悔过自新，又要启发司法部门在管理犯人的理念上更新、创新、转型。这就是尊重犯人。第二，上边对刊物没有任何限制、检查，所以内容真实，出版及时。第三，正因为观念新，刊物坚持从有利于人的发展，包括犯人的发展出发，受人欢迎，就有喜欢刊物的人对刊物提供赞助，经费有保障。"

告别犯人后，邓伟志又同德国、英国的同行议论了一会儿。大家认为，泰戈尔监狱只是一个特例，其所试验的"转型管理"是否成功，还有待实践的检验。但不管怎样，其中涉及的有些问题还是值得思考和研究的。

第一，关于犯罪的原因。德国监狱中，犯人犯罪的原因主要是因为失业和失学。虽然目前这与我国的情况并不相同，但也值得引起我们的警惕。失业意味着贫穷，失学意味着无知，无法律知识、无道德素养。单有"一失"，犯罪的可能性尚小，如果是"两失"，雪上加霜，问题就大了。而且，失业意味着零收入，即便有点救济也很菲薄。但如果就业的收入很低、贫富差距太大也还是个问题。失学可能造成不识字，但光会认几个字、背几个公式，没有自己的思想，不会自己思考，那也还算不得是"有

2010年,在柏林的监狱参观

知"。应该看到，中国在解决就业问题上花了很大功夫，父母为供孩子上学而省吃俭用。但中国目前的实际失业率和实际失学率还是不容乐观。当然，要彻底解决这"两失"不是一日之功，必须从现在起就高度重视，要从缩小贫富差距做起，动点真格的。过大的贫富差距必然会诱发犯罪，既会诱发低端犯罪，又会诱发高端犯罪。

第二，关于再社会化。监狱是要把罪犯与社会隔离。不把害群之马隔离开来，社会就不得安宁。泰戈尔监狱曾实行"隔离中的隔离"。犯人如果违反狱规，会罚他一个月不得与别人接触，不许看电视，不许用电脑。这或许是必要的。不过也必须看到，对罪犯来说，存在越隔离越不适应社会的一面。因此，泰戈尔监狱后来又提出了犯人再社会化问题。"再社会化"本来是对老年人而言的。老年人不可能参加很多社会活动，可是，老年人如果不"再学习"、不适当参加一些社会活动，也不利于养老。因此，社会学界早就提出"再社会化"。同理，把"再社会化"的概念移植到罪犯改造上来，不无道理。泰戈尔监狱对罪犯实行休假制度。"关"中有"不关"。据说，几年来休而不归的只有百分之零点几。在狱内要想着狱外。犯人自己会考虑，监狱管理人员也要帮犯人考虑，把犯人的再社会化计划得周密一点，才能让罪犯出狱后更容易适应社会。

第三，关于监狱社会工作。泰戈尔监狱里有个教堂。建教堂时的理念是：让罪犯与上帝在一起，有助于犯人的改造。但他们慢慢发现效果并不理想，人间的事还是要在人间解决。要帮助犯人回归社会，需要社会工作者的参与。泰戈尔监狱规定每15名犯人配备一名社会工作者。社会工作者是不开药方的医生，主要职责是心理疏导和心理治疗。这方面的成效倒很显著。因此，大胆地、大量地吸收既热心又有能力的社会工作者到监狱工作，同时让监狱工作者学一点社会学、心理学知识，对监狱管理和犯人改造是有好处的。

第四，关于监狱管理成本。泰戈尔监狱的管理并非无懈可击。别的监狱对泰戈尔监狱的转型，有的认同，有的不认同。泰戈尔的监狱管理员与犯人之比是1∶1.5，在每个犯人身上的各项花费平均每天达200欧元。

这两个标准都太高。不过,泰戈尔监狱认为应当算大账。有利于转变犯人的事,不要拒绝。真要是能把罪人变成好人,变成对社会有用的人,那给社会带来的效益也是不可估量的。

第五,关于"转型管理"。监狱的工作对象是罪犯。罪犯过去有罪不等于现在还在犯罪,更不等于以后永远会犯罪。监狱工作的出发点不只是让罪犯老实服刑,更重要的是把他从一个有害于社会的人变成有益于社会,至少是无害于社会的人。罪犯无不是从非罪犯转化而为罪犯的,罪犯同样可以由罪犯再转化为非罪犯。屡教不改者是有的,其责任不仅在不改者自己身上,也不可否认与我们的教育无方、教育少方有一定关系。因此,泰戈尔监狱提出"转型管理"的内涵包括五方面:重在狱内,兼顾狱外,为了狱外;重在当前(刑期),兼顾长远,为了长远;重在生存,兼顾发展,为了发展;监管与教育并重,寓监管于教育;罪人也是人,要给罪人以尊严,平等对待罪人。这些要点有的看起来越过了大墙,实际上,是大墙内应该做到、也能够做到的。监狱是犯人重新做人的新起点。当然,监狱本身就存在于社会中。所谓"社会隔离"只能是空间隔离,是相对的,在文化上是隔离不了的。中国监狱最头痛的是"二进宫":犯人在狱中表现不错,出狱后在社会上遭到歧视,生活无保障,心理不平衡,于是又重新犯罪。因此,监狱工作迫切要求社会相应地改变对犯人及其家属的态度和做法。融入从来都是双向的:人要融入社会,社会也要接纳人。大墙内外在"转型管理"上要同频共振。监狱要"转型管理",社会也要"转型管理"。大墙外不配合,大墙内的工作就难以取得成效。

邓伟志回国后,将自己在泰戈尔监狱的所见所闻,以及自己的所思所想写成材料,向国家司法部作了专题汇报。同时,他又从观察者的角度写了一篇介绍性的文章,发表在《中国社会报》上,受到了有关方面的欢迎。

走/近/邓/伟/志

第五章
邓氏三论 四多学者

学贯中西名教授,通今博古百科彰。
邓公三论层峰赏,伟志信箱黎庶狂。
著作等身谋报国,文章高眼永流芳。
智囊泰斗人皆敬,老骥嘶风气更昂。

——蓝成东

20世纪80年代以后,邓伟志先后以《家庭淡化问题》《淡化当官心理》《中国的学派为什么这么少》三篇论文在理论界引起广泛的影响和深入的争论。这三篇文章后来被学界称为"邓氏三论"。而因为其发表的文章多、发表的文章被转载的多、发表的文章中新观点多,发表的文章引起的争议也多,邓伟志又被称为"四多学者",甚至被香港媒体称作"思想界的男子汉"。"邓氏三论"也好,"四多学者"也罢,其中虽不无调侃之意,但也饱含着亲切之情,真实地反映了广大读者对邓伟志的关注和喜爱。

邓伟志曾写过一首打油诗:"理论山上一青松,立根原在马列中。千折百摧永强劲,管他东南西北风。"在理论沦为工具,或者说"识时务者"众多的氛围里,能够不随风倒,至少说在风来时倾斜度不大,或许这正是邓伟志广受尊重的原因之一吧。

一、家庭立学　时代之问

恩格斯说过,根据唯物主义观点,历史中的决定性因素,归根结底是直接生活的生产和再生产。但是,生产本身又有两种:一方面是生活资料即食物、衣服、住房以及为此所必需的工具的生产;另一方面是人类自身的生产,即种的繁衍。一定历史时代和一定地区内的人们生活于其下的社会制度,受着两种生产的制约:一方面受劳动的发展阶段的制约,另一方面受家庭的发展阶段的制约。从恩格斯的这段论述里,可以体会到家庭的重要作用和研究家庭社会学的必要。无论何种社会,都同样要受这"两种生产"的制约。特别是在中国这样传统上以"家族"为核心的社会里,家庭对一个人一生的影响是巨大的。这不仅表现为个人对家庭的依附,更多的则是表现在社会思维方式的成见和固化上。而固化就是僵化,有的则是异化,是不适应人类社会发展规律要求的。邓伟志在自己成长的过程中,对此感触颇深,曾有切肤之痛,尤其是在"文化大革命"中看到、听到一些家庭的遭遇,更是如鲠在喉,不吐不快。

在编写《人类的继往开来》一书时,邓伟志在华南和西南地区接触了许多民族,看到了很多各不相同的家庭形态。这使他感到,中国在家庭起源方面的活化石远远超过摩尔根写《古代社会》一书时所掌握的资料。作为一个中国人,他不写出一本超过摩尔根《古代社会》的书,愧对自己的祖国。这进一步坚定了他从研究人类起源转向研究家庭起源的念头。回上海后,他借阅了国内二十多个民族、全球几十个国家有关家庭状况的书籍,还查阅了二十四史中有关家庭的史料。

在那个思想禁锢的年代,搞学术的是不能"种自留地"的。邓伟志查资料只能是悄悄进行。他发现,自古以来,许多人的事业、前途受到家庭的影响很大。一些人因所谓家庭出身不好,无论自己如何努力,无论多么优秀,在升学、就业、入党、提拔等方面仍被打入另册,无法享受与其他人平等的待遇。他目睹一些在"文化大革命"初期鼓吹"血统论""唯成分论"的人不可一世,"文化大革命"中因父辈被打成"走资派"而一落千丈、吃尽苦头的高干子弟,在父辈平反复职后又趾高气扬、忘乎所以的不正常表现。这些都使邓伟志感到,如此的社会现状如不加以改变,如不能调适好,必将误人子弟,也会导致高干子弟再犯错误,最终不利于国家的和谐与发展。

出于这种考虑,邓伟志写了篇《家庭的淡化问题》发表在1980年9月28日的《文汇报》上。他认为,一个人的好坏优秀与否不应该完全归于家庭,而应该主要归于他自己的社会实践。父母与孩子之间不存在什么"老子英雄儿好汉,老子反动儿混蛋"的必然联系。无论父母有多么厉害,子女不应该将父母的地位成就作为向上爬的阶梯。反之,无论父母如何不好,甚至有罪,子女也不应该因此而受到牵连。他提出,国家要从体制上改革,在家庭这个问题上也要改革。两者是相辅相成的。此文一发表,立即引起了热烈的社会反响,一些报刊更是就此展开了讨论。

此时，正在于光远身边工作的邓伟志无意中还有一个意外收获，就是见到了未曾发表过的毛泽东和张闻天合作的《巩固家庭，变革家庭》一文的手迹和毛泽东给延安《解放日报》的一封信。他不禁感慨万千，似乎一下子找到了研究家庭问题的方向。在于光远的鼓励下，他又在1983年12月29日的《解放日报》上发表了《研究家庭学的理论指南——读毛泽东同志关于家庭问题的一封信》。在此之前，他还受邀在复旦大学分校社会学系正式开讲家庭社会学课程，编写家庭社会学教材，并结合回应社会上对他"家庭说"正反两个方面的争论意见，陆续发表了《西方的"家庭解体"》《家庭的起源》《科学与家庭》《家庭社会学在国外》《科学在向家庭观挑战》《略论"家规"》《试论父子关系》《再论父子关系》《谈谈家庭学的研究》，以及《再谈家庭的淡化问题》和《三谈家庭的淡化问题》等观点鲜明的文章，还陆续出版了《家庭问题种种》《婚姻史趣话》《唐前婚姻》《中国家庭的演变》《近代中国家庭的变革》《我的家庭观》《家庭的明天》等多种家庭社会学专著。其中，1985年上海人民出版社出版的《家庭面面观》一书被列为"上海振兴中华读书活动"推荐读物，并获得了优秀读物奖。

1984年，在中国第一本《家庭》杂志（原名《广东妇女》）主办的第一届全国家庭研讨会上，由邓伟志受命执笔起草的、可能是世界上第一份《家庭宣言》获大会一致通过。直到2022年初，他还在《学术界》发表了《家庭向何处去——谈家庭建设与社会建设》一文，从家庭的规模、结构、性质和道德四方面观察分析家庭的变化。邓伟志曾言："面对着上层'父荣子贵''夫荣妻贵'，乃至在传记、在历史评价中的'子荣父贵'现象，以及下层为了巴掌大的房子，为了几百块钱的遗产而虐待父母、打骂兄妹的现象，我真想写'四谈''五谈'……""巩固家庭，变革家庭"依然是21世纪中国家庭无法回避的问题，而这正是家庭社会学的使命。

所谓家庭社会学，是研究家庭制度的起源、演变，家庭内部的关系，家庭和社会的关系，家庭的结构、功能、演化及各种现代家庭问题的学科。从有感而发到系统研究，作为邓伟志最早涉及的社会学课题，邓伟志认为,家庭社会学旨在运用社会学的理论和方法,获得对家庭规律性的认识,从而为家庭的健康、幸福与和谐指明方向,进而增进社会系统的和谐、稳定与发展。

当然,运用不同的理论范式来研究家庭问题,会产生不同的解释。纵观家庭社会学的产生与发展,不同学术观点大多是因为研究角度差异而造成的,在理论范式上存在着几种流派,都应该受到鼓励。经邓伟志认真梳理,他认为,家庭社会学的主要理论有结构功能论、冲突论、符号互动论、交换论、发展论、家庭系统理论、社会支持理论等。他建议家庭社会学要注重研究解决家庭建设中遇到的三大难题:对国际化怎么看?对传统怎么继承?贫富差距加大后,如何弱化社会张力?对于人们极为关心的家庭的未来向何处去这一问题,邓伟志认为,这是时代之问,是给千家万户亮出的必答题,也是世界性的难题。

邓伟志认为,家庭学并非一门不学而通、无师自通的学问。家庭作为天字第一号的大舞台,世界上有多少人,"家庭舞台"上就有多少"演员"。国外有一大批独身主义者不想成家,不想成为"家庭舞台"上的"演员",但是他们自身不仅从家庭而来,而且依然生活在"一人之家"中。可见家庭是一切人无法回避表演的"舞台"。然而,各人在"舞台"上扮演的角色却大不相同。京剧舞台上的角色有生旦净末丑,而"家庭舞台"上的角色就远不止这几类了。在"家庭舞台"上当个一般的"演员"很容易,但要成为一个"好演员"就很不容易。戏剧舞台上的著名演员,未必能成为"家庭舞台"上的合格"演员";精明练达的好厂长,不一定能当个好家长;能指挥千军万马的将军,不一定能教育好自己的儿女。这说明家庭的内部运动有自己独特的规律,不下一番功夫,是难以把握治家艺术,当好"家庭舞台"上的"演员"的。现在,"家庭舞台"帷幕拉开了,其目的自然是为了把社会主义的精神文明落实到社会的细胞——家庭中来,有助于家庭的文明建设,有助于文明家庭的创立,有助于更好地教育子女,有助于把每个劳动者培养成为"家庭舞台"的文明"演员"。

邓伟志指出,家庭是生产力发展又不够发展的产物。私有制的出现催生了以血缘为主要纽带的家庭,而以家庭为生产单位的小农经济则从根本上固化了家庭意识。因此,家庭观念过浓是封建小农经济社会的特色。男耕女织,万事不求人,夫妻关系一定是很浓的。家中没有多少作为手的延长、脑的延长的机器,儿女便成了家中的主要劳动力和"生产工具",儿女也就自然而然地成了父母的私有财产,"多子多福"的生育观便应运而生。谁的家庭成员力量大,关系亲密,谁家的家境就相对好一些。在小农经济条件下,浓而又浓的家庭观一直居于统治地位。家庭关系成了适应小农生产力发展的主要生产关系。但是,在我国已进入社会主义社会后,即使是在社会主义初级阶段,随着生产社会化的无孔不入,日益密切的地域关系、业缘关系等各种社会关系冲击并淡化着血缘关系,那种陈旧的、浓而又浓的、把子女当作私有财产的家庭观已经远远不能适应生产、生活全面社会化的需要,不能适应当今的经济基础了。

邓伟志紧紧把握住世纪之交家庭功能在向社会转移,家庭结构正在变得多样,家庭道德、家庭法律也在不断推陈出新的现实,不断探索家庭关系、家庭观念发生的相应变化。这种变化是不依人的意志为转移的,不变也得变,反对变的人其实也在变,无非是在速度上有快慢之分罢了。他一针见血地指出:体制在改革,社会在转型,这些都正在强烈地作用于作为社会细胞的家庭。家庭在可以预见的未来将继续存在,在相当长的历史阶段中,家庭仍将作为人类最重要的一个社会机体发挥其功能,同时也应看到未来家庭的多元化趋势。

邓伟志说:"谁都有个家,在今天,谁都想把自己的家搞得现代一点。可是,存在于现代社会中的家庭未必都能成为现代家庭。动辄拳打脚踢搞家庭暴力的暴力家庭,绝不是现代家庭;散发着男尊女卑的封建气味的家庭,也称不上现代家庭。还有,中国有句名言:'贫穷不是社会主义'。不用说,贫穷的家庭也够不上现代家庭,即便在某些方面有现代气息,也算不上完整的现代家庭。"

究竟怎样的家庭才是现代家庭呢?带着这个问题,邓伟志利用庆祝《现代家庭》创刊十周年的机会,向《现代家庭》的孙小琪、马尚龙先生请教,随后又与在上海讲授家庭学的著名学者夏玲英、胡申生、李艳玲、徐新以及撰写过专著《家庭社会学》的徐榕一起探讨。大家很快形成了共识,一致认为,和谐是现代家庭最重要的一条标志。

家庭是以血缘为经,以姻缘为纬编织成的锦绣。其中姻缘具有可变性。姻缘一变,家庭便随之解体。虽说旧家庭的解体很可能意味着新家庭的诞生,可是在解体的过程中是有痛苦的。虽说新家庭会有新幸福,可是在新幸福到来之前的日子也是颇难熬的。因此,中国有句话:"家和万事兴。"这话虽有艺术夸张,但也不无道理。和,使人舒畅;和,给人力量。

"和"的基础在哪里?邓伟志认为,"和"的基础是人生观、世界观、价值观上的一致。那么人生观、世界观、价值观又在哪里?回答是:在文化之中。文化既是人生观、世界观、价值观的总和,又是陶冶人生观、世界观、价值观的大熔炉。因此,文化才是现代家庭区别于传统家庭的最大特点。

邓伟志还用拆字的方法形象地说明"家和"的内涵。他说,现在有人在解读"和"字的时候,只说"和"字边上有个吃饭的"口"。"民以食为天",吃饭诚然是重要的。因此,我们常说:"手中有粮,心中不慌。"可是,我们也不能不看到另外一面,如今很多手中有粮的人,心中照样很慌。如今有很多手中有大把大把钱的人,心中比没钱的人还要慌。我们也不能不看到,现在有些人口袋里鼓鼓的,可是脑袋里瘪瘪的,没有文化啊。"人总是要有点精神的。"当今,没有文化氛围的家庭是很难和谐起来的。有文化,尤其是有道德文化的家庭容易和睦。其实,把"和"字边上的"口"说成吃饭,是俏皮话,不是词源意义上的解释。"和"源于"龢"。很明显,这里有三个"口"。吃饭都是一个口,不需要三个口。"龢"字里的三个"口",不是吃饭用的,而是起于战国时期的编钟。就是说,在古人眼里听听音乐就是"和"。那"龢"字下面的"册"字呢?显然是书。也就是说,在古人眼里读读书就是"和"。朱熹说:"穷理之道,必在于读书。"只有读现代书,才能知现代理。因此,现代家庭应该是和谐和睦的家庭,而和谐的家庭应当是有文化的家庭,首先是学习型家庭。邓伟志预计,在未来的

第五章 邓氏三论 四多学者

为"推动中国家庭文明十大致敬人物"颁奖

家庭社会学研究中,学者们可能会侧重于家庭文化学、家庭哲学、男性学等几方面。

二、呼唤学派　带头争鸣

邓伟志在参与大百科全书工作期间,免不了与学者、学说、学派有所接触。在与学术界朋友接触的过程中,在向一些有真知灼见的学者讨教的过程中,不知怎么常把话题就扯到学说、学派问题上。大家认为,多年来,我国不论是自然科学界还是社会科学界,被称为学说、学派的太少。如果按人均计算,中国的学人、学说、学派更显得比许多国家少得多。邓伟志以为,学派少不是文化繁荣的兆头。如何才能引起大家的重视？思来想去,他感到自己有责任发点声音,促进中国学术的兴旺。费尽思索,几易其稿,邓伟志终于写成《中国的学派为什么这么少》,发表在1984年10月24日的《文汇报》上。

一石激起千层浪。文章发表后,没想到《文汇报》立即收到许多来信来稿,反响热烈,褒贬不一。于是,《文汇报》又先后发表了冯兰瑞、顾昕、羿江、叶向平、晓义、马勇等的相关文章,并同时在《文汇报》内刊《理论探讨》展开讨论。部分省的报刊也参加进来,就《中国的学派为什么这么少》展开讨论或发表综述。这些讨论,不论是赞成邓伟志观点的,还是反对邓伟志观点的,或者是部分赞成、部分反对的,都使邓伟志倍受鼓舞,并引起他进一步的思考。

在中国,"学派"一词最早出现于《明史》的记载:"阳明学派,以龙溪、心斋为得其宗。"但早在先秦,中国的学派已初露端倪,儒、墨、道、法、农、兵等各家均自成一派。此后,这种以出自同一师门且学术观点相同或相近为特征的"师承性学派",在中国历史上不乏其数。在近代,以某一地域,或某一民族,或某一问题为研究对象而形成具有特色学术传统的一些学术群体,也被称为"地域性学派"（包括院校性学派）,或"问题性学派"。邓伟志感到,总体上来看,学派的兴盛有赖于思想的活跃,思想的活跃有赖于社会环境的宽松。只有允许百家争鸣,学派才能百花齐放。

对于经历过多次政治运动的邓伟志来说,他深知坚持科学民主、允许百家争鸣、大胆解放思想的重要和必要。早在五四运动时期,在民主与科学的旗帜下,中国人民为探求富民强国道路,如饥似渴地学习人类已有的一切思想成果。支撑中国近百年发展的各种学科学派、各行各业大师级的领军人物,包括中国共产党在内的各个党派,几乎都是在那个时期产生的。中华人民共和国成立后,毛泽东继1951年为中国戏曲研究院成立题写"百花齐放,推陈出新",1953年就郭沫若和范文澜对中国历史分期问题的争论提出"百家争鸣"之后,1956年2月19日,毛泽东就一位在中国讲学的苏联学者谈到他不同意毛泽东对孙中山世界观的论点一事给陆定一等人的信中说:"我认为这种自由谈论,不应当去禁止。这是对学术思想的不同意见,什么人都可以谈论,无所谓损害威信。""如果国内对此类学术问题和任何领导人有不同意见,也不应加以禁止。如果企图禁止,那是完全错误的。"4月28日,毛泽东在政治局扩大会议上明确指出"艺术问题上的百花齐放,学术问题上的百家争鸣,我看应该成为我们的方针"。5月2日,毛泽东在最高国务会议上作总结,又讲了关于"百花齐放,百家争鸣"的问题。在"百家争鸣,百花齐放"方针指引下,人民积极性空前高涨,政治、经济、文化、科技等各个领域英雄辈出,推陈出新,在极短的时间里取得了骄人的成绩。

令邓伟志痛心的是,此后的反"右派"运动到"文化大革命"期间,"百家争鸣,百花齐放"的方针被背离、抛弃,一些学术问题被当作政治问题,被冠以资产阶级和修正主义进行批判,大批学者被打成"右派""反动学术权威",思想文化界禁区重重,万马齐喑,当然也就谈不上学派的发展和繁荣了。

中共十一届三中全会确立了实践是检验真理的唯一标准的方针,不扣帽子,不抓辫子,不打棍子,人们思想空前解放,大胆深刻反思,积极探索建设有中国特色社会主义的道路和方法,形成了生动活泼的政治局面和学术氛围。"邓氏三论"也正是在这个大背景下出现的。

在《中国的学派为什么这么少》一文中,邓伟志首先自问自答:"难道我们的学说、学派真的就那么少吗?当然不是。在天文学中,我们有自己的太阳系演化'学说';在地学中,仅对大地构造的看法,中国至少有五个'学派'(此处之所以打引号,是因为尚未公认);在哲学、经济学、史学中,客观存在着的学说、学派则更多。学者们所受教育不同,从事科学研究的环境不同、角度不同,各人抓住研究对象的侧面不同,采用的研究手段、方法不同,学者们个人的素质、品格不同,如此等等,都会带来不同学说、学派的不断产生。科学是运动的,发展的。科学在运动中,自然会出现参差不齐的学说、学派。各学科之间的互相渗透、交叉日益加剧。在各学科的相互作用过程中,也自然会有不同学说、学派的产生。"

既然如此,为什么又会有中国学派少的感觉呢?邓伟志指出,中国无学派,不是中国学者无创见,而是未被戴桂冠。对学说、学派采取不承认主义,理由无非是这么几条:一曰"前人说过"。但前人说过一句,与今人写出的一叠,不只有量的差异,更有质的区别。难道能因为《吕氏春秋》中讲过"日月之行"就认为哥白尼的《天体运行论》是马后炮吗?二曰"还不成熟"。其实,天下无成熟之学说。牛顿的学说算成熟了吧?同爱因斯坦广义相对论比一比呢?不用说不成熟的学说,就是有错误的学说,只要有自己的理论体系,只要能一以贯之,能在一定范围内自圆其说,就可以称为学说。弗洛伊德的精神分析学说荒谬之处少吗?可是我们还不是照样称其为学说,还不是在引用吗?有些人热心于对外国的一些凌乱学说加以介绍,哪怕它有严重缺陷也能宽容,这当然没什么不好,可为什么对自己同胞兄弟提出的新学科、新学说,哪怕是一个新概念,却要苛求呢?三曰"门户之见"。不听正确意见的门户之见固然要反对,可是,专家之所以是专家,就是因为他是一门学科的里手。他专一门,就得容许他从那一门里跑出来发言。局限性人皆有之。各门讲各门的,各户讲各户的,把千门万户综合起来,不就全面了吗?邓伟志认为,不愿或不敢扶植新学说、新学派,是在学术上搞庸俗平均主义。这也应当在改革之列。

就在报刊上对《中国的学派为什么这么少》展开讨论之时,邓伟志继续沿着这篇文章的思路，写了《从改善学术生态环境入手》，《学术生态学札记》之一、之二、之三等二十来篇相关文章，并与友人合写了《学派初探》一书，于1989年由重庆出版社出版。邓伟志坚信，由毛泽东制定的"百家争鸣，百花齐放"方针必须永远坚持。这种坚持应该是彻底的，即"学术无禁区"，就是为学术文化的发展创造一个宽松自由的生长环境。邓伟志指出，同农作物的生长需要有一个有利于农作物生长的良性生态环境一样，学术的发展如果没有一个良好的生态环境，要高产是不可能的，要优质也是不可能的。从中外的学术史、思想史、文化史来看，什么时候、什么地方的学术生态环境好，它们的学术就繁荣；什么时候、什么地方的学术生态环境不好，它们的学术就萧条。春秋战国时怎么会出现诸子百家的局面？文艺复兴运动中欧洲为什么会出现那么多灿烂的巨星？能与那个时候、那个地方的学术生态环境无关吗？按照列宁的说法，理论的思维总是那个时代的"历史的产物"。

1985年，邓伟志先后在《社会科学》第 6 期和《学术界动态》第 3 期发表了《马克思主义发展中的多样化问题》《论马克思主义的多样性》两文。他写道：

> "百家争鸣"作为文化科学事业的方针提出来，差不多有30年了。回想起1957年提出"百家争鸣"的时候，广大知识分子是何等的振奋啊！"百家争鸣"给人们带来的鼓舞不次于今天"创作自由""学术自由"给人们的鼓舞。最近一位管理论的领导同志对我说："学术自由"与"百家争鸣"是一个意思，提"百花齐放，百家争鸣"就可以了。我想，这话不是没有道理的。从字面上看，两个口号没多大区别。不过我又想，既然一样，今天人们为什么对"学术自由"的兴趣更大呢？为什么"学术自由"比"百家争鸣"更能唤起学术界的热情呢？
>
> 看来不能把这种心情简单地归于"喜新厌旧"，更主要的是30年来既无"百家"又少"争鸣"的状况教育了大家。当然，不能说没一

点"争鸣"。小争是有的,偶尔鸣一下的事也是有的。为什么大争不起来?是无话可说吗?不是。老实说,真想做学问的人,没有不想成家的,没有不想争鸣的。想争而不争,问题出在"怕"上,怕变成非马克思主义。从前,我们在讲"百家争鸣"的同时,反复强调归根结底只有两家,即:马克思主义一家,资产阶级一家。这,应该说是人们对"学术自由"更加关注的症结。

……

依我之见,马克思主义绝不是只有一家,马克思主义可以有许多家,马克思主义学说既具有统一性,又具有多样性,是统一性和多样性的统一。

马克思主义学说的多样性是由实践的多样性决定的……

马克思主义学说是要向前发展的。多样性是选择的前提,多样性是发展的深厚基础。线性的发展是脆弱的。从原有的多种学说向新的多种学说的发展是马克思主义发展的大趋势。自觉地承认各种马克思主义学说,积极扶植马克思主义的各种学说,就会少犯"一言堂"的错误,就会少犯"个人迷信"的错误,就会少犯"独此一家,别无分店"的孤立自己的错误。

虽然有人将邓伟志说的"马克思主义的多样性"歪曲成"马克思主义多元化",在社会上批判"资产阶级自由化"之际,认为也应当批判邓伟志。好在发表邓伟志文章的编辑部据理力争,证明"多样化"不同于"多元化",再加上运动重心的转向,才免去了邓伟志的一场灾难。

其实,马克思自己就说过,真理是不断变化的,是"思维对客体的永远的、没有止境的接近"。我们即使对自己手中富有具体性的真理坚信不疑,也要对人家手中的真理,或者说"道理",予以包容。千万不能把我们所掌握的真理绝对化,不要吹过头。真理是具体的,是在一定时间、地点、条件下适用的。离开了这个时间、地点、条件,则未必适用。如果时间、地点、条件迥然不同,那就肯定不能适用。一般而言,水的沸点是100℃,可是到了喜马拉雅山上,气压变了,不到100℃也能沸腾。任何地方的水都是往低处流的,可是虹吸现象就是水往高处流了。真理再往前多迈出一步,就会变成谬误。

2018年是改革开放40周年,邓伟志在《探索与争鸣》第9期上发表了《"改革学"刍议》一文,再次提出"新时代需要新作为,新作为需要新学科"的观点。他认为,改革要深化迫切需要用改革的理论来指导,这就意味着中国更加需要学科化的改革理论。中国40年改革开放的丰富实践,完全有条件、有可能从实践中提升出改革的理论。

邓伟志指出:"十一届三中全会之所以能够如此旗帜鲜明地号召改革开放,成为历史的转折,是因为在这之前,11月10日至12月13日成功地召开了长达一个多月的中央工作会议。工作会议开得生动活泼,民主气氛十分浓厚。与会者敢于批评会议主持人。很多发言有重大突破,富有拨乱反正的性质……在中央工作会议的闭幕会上邓小平发表了题为《解放思想,实事求是,团结一致向前看》的讲话。邓小平说:'一个党,一个国家,一个民族,如果一切从本本出发,思想僵化,迷信盛行,那它就不能前进,它的生机就停止了,就要亡党亡国。'文字尖锐泼辣,一针见血,是在为改革开放扫除障碍。十一届三中全会之所以结出改革的累累硕果,正是因为中央工作会议开得'繁花似锦'。"一言以蔽之,就是说"解放思想"是改革开放的前提。一切真心实意主张改革的人,一切真心实意赞成开放的人,都要有"改革家肚子里能开军舰"的宏大胸襟,尊重差异,包容多样,创新学科,允许学派,不打棍子,不扣帽子。如果罢黜百家,唯我独尊,搞一言堂,那只能是死水一潭。

三、治学为官　各取所长

在提出"学术生态"问题以后,邓伟志深深感到,在影响学说、学派发育的因素中,有一个权与学的关系。在中国历史上,有才华的人似乎只有在当不了官的时候才去做学问,"文王拘而演《周易》;仲尼厄而作《春秋》；屈原放逐,乃赋《离骚》；左丘失明,厥有《国语》；孙子膑脚,《兵法》修列；不韦迁蜀,世传《吕览》；韩非囚秦,《说难》《孤愤》……"当官有权有钱,做学问清苦贫寒,因此想当官、愿当官、争着当官,这在旧中国一点也不奇怪。但在以"为人民服务"为宗旨的新中国成立后,当官、谋官之心到底是强化了还是淡化了呢?虽然这个问题像是一道"哥德巴赫猜想",很难回答,但如果不要求定量分析,允许用模糊数学、模糊语言来解答,还是可以讲清楚的,那就是:实际上是强化了。当官在许多人心里仍然有很大的吸引力。当然,社会主义国家需要一批栋梁之材来管理。为人民而当官,当为人民之官,是官民的共同心愿。但如果想当官的人多了,做学问的人必然就少了。

为什么会有那么多人想当官?带着这个问题,邓伟志又写了篇《淡化"当官心理"——谈当官与做学问的函数关系》,发表于1985年6月27日的《文汇报》上,邓伟志写道:

> 在知识分子当中,想当官的人增多,是不利于全社会的知识化的。从全社会看,想当官的人多了,做学问的人就少;从个人看,做官与做学问之间有个函数关系,两者是成反比例的。我预测到提出这个函数关系会遭到非议,便做了点调查,让事实说话。不消说,我调查的不是活人,而是死人。在收入《简明社会科学辞典》的人物中,姓"马"的最多,共有26位。我发现其中没当过官或只当过三五年小文官的有20位;当过官但著作是在不当官时写的,有3位;一直当官且有学术成就的有3人,如创造"马锡五审判方式"的马锡五。可见,不当官而出学术成就的是多数,既当官又出学术成就的是少数。

正因为当官与做学问有冲突,所以在中国古代封建社会,也有许多文人选择不当官。邓伟志列举了古代文人不当官的五种情况:一是拒官型。这类人不愿当官,事实上也没当过大官。如东汉的郑玄,入太学后专门著述、教书。袁绍想称帝河北,派军队押郑玄出来当官,郑玄不肯,竟以布衣相见。二是辞官型。这类人当过官,但后来坚决挂冠,做学问。如明代的李贽,当过三年知府,主动辞官,住在庙里,手不释卷,笔不停挥,写出了《焚书》《藏书》等名著。又如清代文坛"性灵"派倡导者袁枚,当过知县,40岁时辞官,留下大量著作,开教女学生的先例。三是罢官型。本人并非不想当官,只因被罢了官,因祸得福,有时间做学问了。如"扬州八怪"之一的郑板桥,被罢官后,专心作画吟诗,成为著名画家、诗人、书法家。四是无官型。本人并非不想当官,只因没交上官运,当不上官。如隋代哲学家王通,上书隋炀帝,不被理睬,便隐居著书立说,培养了一大批"河汾门下"。五是官学交替型。这类人仕途曲折,时而为官,时而为学。为官时一般不学,为学时一般无官。像宋代的朱熹,三上三下,每次下时都有著作。尤其是晚年,下台后,他闭门著书,成为宋代理学的著名代表。

邓伟志认为,这些情况从不同侧面说明,当官与做学问是相斥的。文科如此,理工科更不用说。在搞文科的知识分子中,之所以还有少数人当了官以后仍有学术成就,那是因为社会科学以社会为研究对象,当官也是观察社会的窗口之一。不当新闻官,很难写出《官场现形记》;不是八旗,也很难写好清廷生活。但自然科学以自然界为研究对象,以自然界为实验室。自然科学家固然也离不开社会,但是大可不必弄个官儿当当。文理相通,是指理论和方法上相通,无论如何不是指把自己通向官场;文理一体,是指综合研究,而绝不是去交官运。古代中国如此,当代外国又如何?在美国,许多学者认为,做官意味着学术生命的终结,高位是学术的坟墓。当然,社会主义国家的干部,同古代封建地主之官,同美国资产阶级之官,在性质上、在职能上都是有根本区别的,不可混为一谈。但是做官与做学问的函数关系应该是一样的。

邓伟志认为,在知识分子比较缺乏的情况下,想当官的人增多,不是好事。要知道,作为管理众人之事的政治,也是一门专业,也是有学问的。古人云,用人如用器,各取所长。让一些治学有方、做官无术的学者当领导,不是用其所长,而是用其所短,是很可惜的。自己明明不具备管理的才能却偏偏想当官,是很愚蠢的。不过,这也不能只责怪个人,主要应该从体制上、从社会氛围上找原因。虽然为了改变外行领导内行的状况,提倡干部知识化、专业化是正确的,选拔一些有管理才能的知识分子当领导也是必要的。但是,现在的某些做法是在助长人们的当官心理。比方说,学者工资的上限低于干部工资的上限,促使一些人走求官之道。又比方说,做官,只要有人提拔,就可以平步青云;搞科研,即使是倾毕生精力,也未必有成。做官容易做学问难,这也是助长"当官心理"的原因。再比方说,社会上还有一种情况,不当官,特别是一些中青年知识分子,论文再好往往也没地方发表;当了官,论文即使不怎么样也有人捧。科研的课题选择权、人事安排权、资金支配权,并不在科学家手里,而在一些不搞科研的领导手里,以致科学家为了专业,也不得不去争个一官半职。因此,要在社会上淡化当官心理,除了个人要端正认识外,更重要的是必须清除助长当官心理的外因。在党中央关于尊重知识、尊重知识分子的政策落实到了社会的各个角落以后,人们的"重官心理"是会转变的,是可以逐渐淡化的。为此,邓伟志建议:

第一,官的产生应从"点将型"变为民主型。社会主义国家的各级各类干部应由选举产生。把选举权交给群众,而不是交给个人。现在不少单位的"群众推荐"只是一种摆设,群众对此是有意见的。

第二,官的职能应从家长型变为服务型。我们的各级领导都是为人民服务的,不应该有任何特权。当官没有了特权,人们的当官心理就淡了。干部真正做学者的后勤,学者没有了后顾之忧,也就不想夺后勤之"官"了。现在有些地方是前后方脱节。学者们要搞的课题,他不批,要交流的人,他不给,致使身在前线的学者不得不回头光顾后方,恨不得能集"司、政、后"于一身。

第三,为官的条件应从政治型变为知识型。现在任用干部,见海外关系就扔的情况少了,但是凭死档案用人的情况还是有的,"将门"多"虎子"的心理更是有的。今后选干部,在知识化、专业化方面,不能光看知识总量,还要看其知识结构。业务上内行是一方面,另一方面还要看其是否懂得管理科学、领导科学、组织心理学。这几门不及格,就不能当官。

第四,学者的科研工作应从被动型变为自主型。只有当学者们在从事学术研究中,不必仰仗行政部门"画圈"时,只有当学者有了课题选择权、人才交流权时,学者才不会弃学当官。

第五,知识分子应做领导的"外脑""思想库",不必统统去做官。做了官,就失去了学者的特色。

《淡化"当官心理"——谈当官与做学问的函数关系》一文发表后,《人民日报》《文摘报》《羊城晚报》《读者文摘》等相继转载,《工人日报》《光明日报》《四川日报》等还开展了讨论。赞扬的声音不小,但批评的声音更多。《团结报》在《新世说(五十八)》里还发了篇有关邓伟志的漫画。漫画上的文字写道:写过《淡化做官心理》的邓伟志,在选举民进中央副主席时,自己投了自己一票,所以如此,据邓氏后来接受记者采访时解释道:"我当候选人,乃代表们直接提名,这样干,系听从德(民主)同志之调遣也。"由于《团结报》虽是民革中央主办,却是当时中国各个民主党派唯一的中央级党报,是展示各民主党派工作成就和民主党派成员形象的重要窗口。因此,不少人看了漫画,以为是个信号,特意从各地写信到上海,打听邓伟志的处境。巧的是,漫画发表后六天,在民进二中全会的电视镜头里没有邓伟志,于是猜测也就越来越多。

对此,邓伟志自己倒是处之泰然。他以为,漫画嘛,就是要漫;不漫,就不成其为漫画了。尽管这幅漫画说明中的文字有出入,但也八九不离十,没太大毛病。邓伟志要郑重说明的是:"我不是官,当上副主席以后,仍不是官,仍在淡化当官心理。官,是指行政官员。不信吗?这次处以上考核,就没找到我。我为之庆幸。我没有行政级别,只有学术职称。学术职称不算官,自然不应享受官的待遇。比方说坐车,我所在单位副局以上的上下班有车子接送。我不是官,成天自由自在地骑自行车。民进通知我:为民进的事,可以叫车。但我很少叫。路近的,骑车;远一点的,坐公共汽车(因已拿自行车车贴,月票是自行解决的);很远的,才叫车。包括上车站,进机场,我一个人时,从不叫车。上月开完民进二中全会回上

1987年底,与民进领导合影

海,我就没叫车,自己悄悄上火车。当然,不叫车有时也会遇到麻烦。轿车进会场,门警不看通知,且有地方停车;自行车进会场,不仅车子要花钱停在大门外头,而且进门查得特严。不过也有好处。一散会,蚂蚁般的轿车,挤得水泄不通,开不出去。我们步行的,骑自行车的,早从夹缝中走远了。比方说看病,局级以上可享受高级待遇,我就没有,因为我不是官。听说,高知虽不如高干,但也有点儿特殊照顾:多花几块钱,可以不排队。可我不去享受。一是我没请上头给我办这证件;二是几年来,没生过病。有次感冒,向朋友讨几粒药,就过去了。再比方说装电话,所在单位里没职务,不能装;民进里有职务,但编制不在民进,也不能装。想想看,自费装电话的,能是官吗?再比如说住房。我的住房不算差,但那是在当副主席前,按高知待遇分的,与官不官毫不相干。自然,当上副主席也不是一点优惠也没有。在我的飞机票上常常盖有'重要旅客'的大印。'重要旅客'重要在哪里?我不懂。我有次亮出来试探,空中小姐说:'你怎么不买前舱?'我无言以答。所以我怀疑:盖'重要旅客'的人,同漫画作者一样,误以为民主党派的副主席都是官。其实,未必!高处何如低处好,万丈珠峰不长草。下去更比上去难,挺胸方能下得山。"

凡认识邓伟志的人都知道,他这里说的都是大实话。见过他名片的人都知道,上面写的是"读书人"。即使是参加国际学术会议,他递过去的名片上也只是署"中国社会学会副会长、中国妇女理论研究会副会长"。邓伟志的职务、级别虽然都不低,但经常与他打交道的人恐怕也很少有把他当成"官"对待的。相反,邓伟志之所以能够在学术上有如此成就,恐怕正与他不想当官,不愿当官,不以官为意,不以官为官有关。这也是他给自己"淡化当官心理"主张的一个实实在在、具体生动的注脚。

四、勇立潮头　永争第一

客观地说,"邓氏三论"尽管在表述的角度和技巧方面不乏新意,但就其主旨而言,实在算不上新鲜,从其言辞来看,更是算不得激烈。即使不论1957年许多被错打成"右派"的知识分子的种种诤言，不谈1966年遇罗克写的《出身论》，就是从中国共产党"为人民服务"的宗旨初心，从我们党建国初期制订的政策方针，从马克思、恩格斯、列宁、毛泽东等人的著述来看，《家庭淡化问题》《中国的学派为什么这么少》《淡化当官心理》所主张的观点，也不过只是对其中部分内容的复述，是完全在这个大框架之内的。

既然如此，那为什么"邓氏三论"会引起这么大的反响，引起这么大的争论呢？毋庸讳言，这完全是长期极"左"路线所造成的。反右派运动、"四清"运动、"文化大革命"等各种政治运动，背离了我们党的正确路线，桎梏了人们的思想，使许多人丧失了独立思考的能力，唯上，唯文件，既不愿客观地了解历史，更不能勇敢地直面现实，完全生活在虚拟的口号之中。有些人虽然也有所质疑，但因整个社会环境的制约，听不到任何不同的声音，也不清楚问题究竟出在哪里。少数人虽然明白，却是一朝被蛇咬，三年怕井绳，不敢或不能说出真相。在"文化大革命"刚刚结束不久的70年代末到80年代初，这种状况并没有完全改变。直到"实践是检验真理的唯一标准"大讨论之后，人们才开始挣脱精神上的枷锁。作为思想解放先行者之一的邓伟志，不过是那个说出了"皇帝的新衣"真相的小男孩。这是许多人从来不知道的事，这是许多人从来不敢想的事，这是许多人敢想却不敢说的事。虽然只是捅破了一层窗户纸，却是打开了另一个世界，不能不令人震撼，或惊叹、或欢呼、或迷惑、或恼怒……当然，小男孩说破"皇帝新衣"的真相是因为不谙世故的纯真，而邓伟志的"邓氏三论"却是历经磨难后的成熟，是深思熟虑后的选择。

"邓氏三论"的成功对邓伟志无疑是很大的鼓舞。他觉得，这是说真话，说实话，说大家想说而不会说、不能说、不敢说的话的结果，是创新思维的结果。这对他此后的学术之路应该说是有很大影响的。那就是勇立潮头，把研究的方向、研究的内容，把注意力更多地放到敏感的问题上。他认为，"敏感点"说白了无非是理论的难点，或者是学术上有争议的焦点，或者是因权威人士表过态而成了禁区的问题。这类敏感话题议不得吗?不见得。敏感之所以被称作"敏感",是因为社会正在从多角度对理论发出呼唤。可见,敏感是产生新观点的沃土,敏感点恰恰是大有作为的理论生长点。邓伟志指出:"古往今来有出息的学者无不是敏感型的人才。马克思不就是因为对人们习焉不察的商品有特殊的敏感性,才写出《资本论》的吗?恩格斯不就是对不值一驳的杜林的作品有特殊的敏感性,才写出不朽的《反杜林论》吗?'础润而雨,月晕而风',任何事物都是有征兆可寻,有端倪可察的。只有敏感的人才能寻到征兆,察到端倪。麻木的人、迟钝的人只知道拾人牙慧,仰人鼻息,是成不了大学者的。牙慧有细菌,鼻息有异味,不是什么好东西!相反的,站在理论最前沿,抓住敏感点,在'风起于青萍之末'时便不失时机地、不带框框地开展研究,得出的科学结论一定有突破性、原创性、永久性。"

1986年,邓伟志在《提高理论勇气,加强理论建设》一文中指出:"最近就有一股风,可以称作'查禁风'……查和禁,并非不可有。我并不赞成把'查'和'禁'从字典里淘汰。问题是查禁的面太大了,喊查禁的嗓门太高了,有点'运动式'。先查'黄色',结果把不黄当黄,把古典名画当黄,裸则黄;查了黄以后,接着又查'不健康',结果把健康当不健康。不健康的文章应进'文章病院',可是我们是让不健康的报刊进公安局、派出所。有些派出所的同志查报的积极性很高。不知有多少派出所没收过自己不了解的好报纸,甚至还没收过载有公安局长文章的好报纸。这不是笑话吗?""理论要繁荣,首要的是抓理论建设,而不是把理论斗争放在首位。把理论斗争放首位,所'诱发'出来的,一定是教条主义盛行,一定是帽子飞舞,一定是论苑凋零。所谓'文件不是理论',就是新不如旧,就是用传统理论去鉴别新鲜理论。因此,即使要斗、要查,也还有个'尺度'问题。今日之尺与秦代之尺是不一样长的。希望爱查的朋友们先要查一查自己手里的尺子是旧尺还是新尺?"

同年,在《批理论上的自由化可要慎重》一文中,邓伟志强调:"资产阶级自由化是一种政治概念,指的是反对党的领导,否定社会主义制度,走资本主义道路。确定这种性质的问题要取十分慎重的态度,切忌用这顶政治帽子在学术问题上乱套。不慎重地批判理论上的自由化是违背学术自身发展规律的。""我们说,在理论界批自由化可要慎重,就是要我们把注意力放在理论建设上,而不是放在贴标签式的理论批评上。一项理论建树的作用,远胜于一大堆并不高明的批判文章。就是要批判,在批判中也要有建设,批评为了建设。有建设,才有文化。别再只信奉'破字当头,立在其中'那一套了。我们说,在理论界批自由化可要慎重,就是要我们高度尊重知识、尊重知识分子。轻率地给知识分子的劳动成果扣上自由化的帽子,是最伤知识分子的心的。艺术和学术中的是非问题,应当通过艺术界、学术界的自由讨论去解决,而不应当采取简单化的方法。"

1988年,在《理论的使命在解放,理论亟待着解放》一文中,邓伟志说:"我快50岁了,我是搞社会科学的(以前搞过自然科学),我亲眼目睹过理论家们的沉与浮。我几乎可以讲出上海所有六七十岁以上的理论家的坎坷史。近十年,好多了。但是,也有余波……最近有人在讲理论界问题时,套用'夜郎自大',在对理论界提希望时,套用'增强危机感',我不同意。理论界需要的是'安全感'。我们越是强调经济收入上的危机感,越要在政治上给人更大的安全感。自然科学研究可以容许几十次、几百次、几千次失败,为什么不容许社会科学研究有几次失败?当然,我们对理论家的错误持宽容态度的事,也是有的。这表现在对少数领导理论工作的理论家身上。他们写过错误文章,作过错误的报告,可是,没事!他们照样批人家,训人家,他们不仅不脸红,而且批得特别凶,训得特别严。我说句难听的话,按'左'的一套,中国的理论家不能出全集。一出'全集',都要露馅。可是,不按'左'的一套,都可以出全集。从'全集'中,能看出理论家也是有血有肉有大便的人,能看出中国大地上的理论风云,能看出马克思主义认识论的真谛。理论需要选择,需要优化,而要优化,首先要多样化,要百家。没有各有特色的百家,理论不能发展。这是规律。理论从来都是解放人的。先进的理论无不是砸碎精神枷锁的武器。我认为要进一步解放一下解放人的理论,要进一步解放一下以研究解放人的理论为职业的伟大的理论工作者。"

第五章 邓氏三论 四多学者

1986年12月,邓伟志与巴金、谢晋等共十三人被评为上海市文化新闻人物。在呼唤百家争鸣、学术自由的同时,年富力强的邓伟志也进入了他学术创新的丰收期,提出了许多极有价值的社会学课题。先后写作了《建议办社会特区》(1985)、《对社会学的社会学探索》(1986)、《社会稳定的辩证法》(1991)、《农村社会学是分析农村的"解剖刀"》(1993)、《市场经济的若干社会功能》(1995)、《变革社会中的政治稳定》(1997)、《城市社会学与城市化》(2000)、《关于建立中国网络社会学的问题》(2001)、《破除迷信:推进政治文明》(2003)、《社会组织是政府的伙伴》(2005)、《保护自然与征服自然》(2008)、《经济啊！到应该等一等社会的时候了》(2009)、《用社会改革的理念引领社会建设》(2011)等著作或文章,也带来了更多的转载、更多的争议、更大的影响。

经历过残酷斗争和社会动荡的邓伟志对"和谐"二字格外敏感和亲切。2002年,在全国政协九届五次会议闭幕会上听过李瑞环的讲话后,邓伟志产生了强烈共鸣,特别是李瑞环所说"历史发展到今天,整个世界呈现出快速多变、复杂多样的特点,不同文明之间相互交融又相互激荡,不同利益之间相互依存又相互摩擦,人对自然的索取越来越多,人与自然的矛盾也越来越突出。和谐共存、协调共进的问题已经成为人类普遍关注的重大问题……应当看到,我国现阶段的各种社会矛盾多属于根本利益一致基础上的人民内部矛盾。解决人民内部矛盾,主要的大量的要靠协调工作。如果不重视协调,不善于协调,不能及时、有效地加以协调,就会影响改革发展稳定的大局。协调的思想在中华民族的文化遗产中占有重要的位置,'和衷共济''兼容并包''厚德载物''天人合一'等许多人所熟知的成语,都有和合、和谐、协调的含义。强调协调的作用,符合事物的客观规律,符合时代的发展潮流,也符合中华民族的优良传统",更使他获益良多。散会时,有记者问他有何感受,他边走边讲,就"和为贵"的内容滔滔不绝发了通议论。

想不到的是,记者将邓伟志的话整理成一篇"豆腐干文章",第二天一早就在一家大报上登了出来。更想不到的是,几天后的一个晚上,在邓伟志自己还只是听说而没有见到这篇短文具体写了些什么的情况下，就有好几个朋友接连打电话告诉他：那篇文章出大事了。说是在一次二十来家报社老总的通气会上，有领导念了阅评组的简报，点名批评那篇文章有政治倾向问题。自领导打招呼以后，好几家报社就对邓伟志"敬鬼神而远之"，不敢刊发他的文章了。

邓伟志把那篇文章找过来，看了又看，拿着"放大镜"左看右看，也没看出什么毛病。他也不想为难报社，于是重拾过去遇到风波时的做法，在投稿上实行"四个面向"：面向边疆，面向基层，面向小报，面向专业报。但他坚信，"和为贵"是正确的，是反不得的。脚板硬不怕穿小鞋，脚板硬能把小鞋撑成大鞋。他本来不想申辩，当得知这件事后面的背景，倒是决定申辩了。他将那一小块豆腐干文章复印在一张A4纸中间，用蝇头小楷密密麻麻在周围写了差不多两千字的申辩理由，大意是在说明文章观点与记者无关、如有错误由自己一人负责之后，继续大谈"和"的意义。为了让申辩能被更多的人看到，邓伟志将申辩通过传真发给了批评他的机关。但同样想不到的是，申辩发出以后，竟一直没有任何当事人再跟他谈过这件事。

2004年9月，中共十六届四中全会通过的《中共中央关于加强党的执政能力建设的决定》提出"构建社会主义和谐社会"，邓伟志大有"久旱逢甘霖，他乡遇故知"之感，雀跃三尺，浑身是劲，起早贪黑，披星戴月，又写了十几篇阐述和谐社会的文章。其中2005年1月3日发表在中央党校主办的《学习时报》上的长文《论"和谐社会"》被《新华文摘》转载。时任中共中央政治局常委、全国政协主席贾庆林看到后，邀请邓伟志赴京，为中共中央研究室和全国政协研究室讲解对和谐社会建设的认识。随后，又安排邓伟志在3月召开的全国两会上，作了和谐社会建设的专题发言。

作为经历过多次政治运动的邓伟志，既斗过人，也被别人斗过，更多的是看着别人斗别人，目睹过书记斗书记、局长斗部长的奇怪现象，看到过女儿斗父母、弟弟斗哥哥的凄惨情景。因此，邓伟志对"斗"字对立面

第五章　邓氏三论　四多学者

担任执行主编的"中国市场经济与社会发展"丛书荣获第十届中国图书奖。丛书中《市场经济的若干社会功能》一书为邓伟志著

的"和"字有特殊的憧憬,对宣传"和谐社会"有着自发的冲动。当然,他也知道,中央提出构建和谐社会,还远远不止是因为如此。更重要的,是要从根本上改变社会上存在的一些不和谐现象,突出表现在贫富之间差距过大、城乡之间差距过大、地区之间差距过大,甚至已经超过了警戒线。不改变这种发展的不合理、不平衡、不科学现象,就谈不上和谐,谈不上建设和谐社会。他思绪万千,甩开膀子挥笔疾书,在短短三四年时间内,就出版了《和谐社会笔记》(上海三联书店,2005)、《和谐社会散议》(上海人民出版社,2007),并与友人胡申生合编了《和谐文化导论》(上海大学出版社,2007),主编《和谐社会与公共政策》(同济大学出版社,2007)。此外,还先后发表了《辩证地推进和谐文化》《和谐社会是知识社会》《和谐社会是多元社会》《和谐社会是公平社会》《和谐社会不是"无差别境界"》《和谐社会是阶级斗争熄灭论吗?》《和谐社会的辩证法》《公平、和谐也能出效率》等文章。标题上挂着"和谐"二字的有十多篇,不含"和谐"二字、但实际是围绕和谐社会的有数十篇。

那么,什么是和谐社会呢?邓伟志认为,和谐社会应该包括两个方面:一方面是人与社会的和谐,另一方面是人与自然的和谐。人与自然的和谐需要以自然科学为指导,只有遵循自然规律,才能实现人与自然的和谐。人与社会的和谐则需要以社会科学为指导。社会科学是关于社会的知识,它所反映的是人与人之间、人与社会之间的相互关系,反映的是社会发展的规律。因此,只有运用社会科学,才能实现社会和谐。就人与社会的和谐来说,"和谐社会"与"小康社会"是一鸟两翅的关系。"小康社会"主要是指经济目标,而"和谐社会"主要是指除经济以外的社会目标,至少有如下四个方面。

第一,和谐社会是社会资源兼容共生的社会。社会资源有哪些?就是人口、民族、宗教、政党、阶级阶层,这些都是重要的社会资源。作为政府来说,应该给这些社会资源生存的空间,给予其兼容的、多元的机会。没有这一条,谈不上和谐社会。

第二,和谐社会是社会结构合理匀称的社会。什么是社会结构?结构就是比例,结构就是关系。社会结构,就是人口结构、地区结构、城乡结构、职业结构、阶级阶层结构。这些结构都应当是合理的、匀称的,有一定的比例,不失衡,不失范。以阶级阶层结构为例,一个社会什么样的阶级阶层结构最合理,全世界的共识是"橄榄型";什么样的结构最不稳定,那就是"哑铃型"。我国的贫困阶层人口太多,富裕阶层占的财富也太多,这就不合理。为什么会出现这样的差距?除了一些体制的原因以外,还与我们理论上的一些失误有关系,例如对待弱势群体的态度。弱势群体,古今中外的社会都有。这不单是指贫困群体,还包括生活在社会底层的人,他们上学难、看病难、表达诉求难、受人欺侮时讲理难、打官司更难。这几"难"并不完全取决于经济,也受制于其社会层次和沟通管道。但在我们的大小报刊上,却很少提到"弱势群体"这个词,很少为弱势群体发声。回避提弱势群体,对弱势群体采取不承认主义,结果是导致了弱势群体的扩大和贫富差距的扩大。这个问题值得我们思考。

第三,和谐社会是规范有序、目标一致的社会。目标不一致,南辕北辙,不可能构建和谐社会。在一致的目标下,还要规范有序。不以规矩,无以成方圆。有了规矩,才能成方圆,有了规矩,社会才能和谐。那么有哪些社会规范?至少有这么几个:一是法律,二是纪律,三是道德,四是宗教教规,五是风俗习惯。在这些社会规范中,第一位的是法律。法律是多数人意志的体现,即便出现了合法但不合理、不合情的现象,首先也要按照法律来办事。至于把宗教教规作为规范之一,是从世界范围讲的,这个问题在我国不突出。但从大量统计数字也可看出,信教者的犯罪率相对是比较低的。

第四,和谐社会是社会运筹得当的社会。所谓"社会运筹",或者说"社会整合",意思是指在调节社会不同群体的利益时,运作自如,运筹决胜。手段不仅多样,而且高明、灵活,互相衔接,互相配合,互相依存,相得益彰。有了合理的社会结构和社会规范,如果没有高明的社会运筹,或者目标不一致,社会仍然难以和谐,说不定会浪费社会资源,甚至会糟蹋了合理的社会结构,把本来合理的社会结构变得不合理。运筹得当,兼顾各方,兼容并包,各得其所,才能用尽可能低的社会成本,最大限度地发挥社会资源的作用,皆大欢喜。

晚年的邓伟志曾作诗两首,作为他六十年学术生涯的总结。谨敬录如下:

《七绝　治学甲子感吟之一》

学满寒窗六十年,涩麻咸痒尽尝全。
有心报国步履健,呐喊为民再领先。

《七绝　治学甲子感吟之二(新韵)》

学海遨游半百年,拣来顽石两三片。
瓦工泥匠焉能弃,垫作墙基亦芫然。

走／近／邓／伟／志

第六章
上下求索　志存高远

格物致知情寄远,生花妙笔谱春秋。
十年危境翰章献,四个起源规律求。
仰望星空成事业,俯从大地自风流。
百科首卷倾心血,赤子胸怀万世谋。
——蓝成东

邓伟志高中时的班主任蒋作钊老师是教物理的,他看到邓伟志不仅文科成绩好,而且理科成绩也很好,曾在高考前劝邓伟志报考大学的理工科。蒋作钊老师的夫人张玉秀是邓伟志的英语老师,她夸邓伟志气质好,可以当外交官,动员他填报属于文科的外交学院。对外交工作充满好奇和向往的邓伟志,第一志愿填了外交学院。谁知那时外交学院不招收应届高中生,邓伟志便被录取到了上海财经学院的文科专业。可能是"有无相生,难易相成"形成的机缘,20世纪70年代,邓伟志跨入了他青少年时期憧憬的自然科学领域,而且一干就是10多年。

一、生花妙笔　经天纬地

1966年5月,历时十年的"文化大革命"运动在全国范围展开。运动波及几乎所有领域,表现为"怀疑一切""打倒一切",在全国形成了大动乱局面。无限上纲的"革命大批判"使广大干部、知识分子受到迫害,使党、国家、人民遭到新中国成立以来最严重的挫折和损失。"文化大革命"的十年,也是新中国科学文化史上最困难的时期,广大知识分子和专业干部的业务被荒废,许多科研单位停止工作,有些甚至被解散。基础科学的理论研究被扣上"三脱离"(即脱离政治、脱离生产、脱离实际)的帽子,受到歧视和打击,整个科研事业的基础和队伍受到了严重的损害。据统计,在科学技术界,仅中国科学院直属单位、第七机械工业部的两个研究院和十七个省市,受诬陷迫害的科学技术人员就有53 000多人。我国1965年提出的"八年四弹"计划,时间超过两年,任务却连一半都没有完成。核武器的试验也沉寂多年。美国用各种侦察手段一直监视我国在这方面的进展。1974年秋,美国的新闻媒体说:中国的核试验自1971年就没有了活动。进入了低谷的国家科技事业亟待整顿和振兴。

1970年12月18日，在会见斯诺时，毛泽东说："科学上的发明我赞成，比如，达尔文、康德甚至还有你们美国的科学家，主要是那个研究原始社会的摩尔根，他的书马克思、恩格斯都非常欢迎，从此才知道有原始社会。"1971年春天，美籍华人物理学家杨振宁在参观北京大学和中国科学院物理研究所时，提出希望我们提倡一下基础物理的学习和研究，杨振宁的这个意见受到了毛泽东的称赞。为了推动科学技术的复苏，在一次内部讲话中，毛泽东发出了要研究天体起源、地球起源、生命起源、人类起源等"四个起源"的指示，使教育界、科技界的广大知识分子群情振奋。按照分工，京沪两地分别承担这几个课题的起草任务。上海的有关方面闻风而动，立即着手组建写作班子。

1971年的上海，在经历了五年"文化大革命"运动的狂风暴雨之后，派性斗争依然如故，这使上海的经济和社会秩序仍未恢复正常。邓伟志所在的机关也未能幸免，工作已基本停止。初夏的炎热伴随着高安路两旁法国梧桐上嘈杂的蝉鸣，使不愿介入派性斗争而无所事事的邓伟志坐在办公室里忧心忡忡。可能是否极泰来这一规律使然，一天上午，领导找他谈话，通知他马上到新工作岗位报到，任务是参与编撰有关天体、生命和人类起源的科普书籍，并告诉他这是一项十分重要的政治任务。听到这个消息，年轻的邓伟志不由得心花怒放。他敏感地意识到，这不仅是组织和领导对他的信任，也使他避开了没完没了、毫无意义的派性斗争，可以在新的工作领域重拾原本较为扎实的理工科基础知识，在自然科学的神秘天地中驰骋一番。几十年后，他深有感触地评价这次改行说："跨学科是交叉，是突破，是由此及彼，是出井观天。"他在欣喜之余暗下决心：在这个能施展才学的岗位上自己必须全力以赴，出色地完成工作任务。当天下午，邓伟志按时来到位于圆明园路的文汇报社六楼自然科学组报到。

在编译了一些自然科学书籍以后，邓伟志又接受了《自然辩证法杂志》的编辑出版任务。因为这个刊物是要报送毛泽东阅读的，所以印刷时用了至今在刊物正文中罕见的4号字。据毛泽东身边工作人员在《走进毛泽东的最后岁月》等书中回忆,毛泽东逝世时,一本《自然辩证法杂志》还放在枕边。当时,自然科学组组织复旦大学和同济大学的翻译工作者们共同协作,翻译了德国学者恩斯特·海克尔的《宇宙之谜》并报送毛泽东。毛泽东阅读后,立即作了批示。根据这个批示,在翻译人员集体讨论的基础上,由邓伟志执笔写出了《宇宙有没有"谜底"》一文,刊登在创刊后的第二期《自然辩证法杂志》上。

1971年夏天,美籍中国物理学家杨振宁到上海看望生病的父亲,因工作需要,邓伟志参加了两次杨振宁的学术报告会。其中一次是在徐汇区的一所学校教室里进行的,有三十多人参加,主持人是韩仰山。韩仰山是一位老干部,曾任中共上海市委联络部部长,他在这次主持过程中,将杨振宁尊称为"同道"。杨振宁在报告会上讲的题目是《美国物理学研究的新进展》。邓伟志对杨振宁的这次报告会印象深刻,他回忆说:"教室里有黑板,黑板前有一尊将近一米高的毛主席塑像。杨振宁风度翩翩,边讲边写边走动。他还几次拿出当时在上海只有电视台拥有、私人一般不会有的录像机,为大家录像。"

在准备着手起草撰写"四个起源"书籍的初期,经过邓伟志和其他专家的认真研讨,决定将都属于天文学范畴,与演化运动相关、规律内容相似的天体起源、地球起源合并编撰为一本书,书名定为《天体的来龙去脉》。专家们这个符合学术规律的建议得到了上级的批准,邓伟志也被指定担任主笔,编撰工作开始了。这时,邓伟志首先想到的是人类航天史上具有里程碑意义的事件,那就是三年前的1969年7月20日,美国宇航员阿姆斯特朗走出"阿波罗11号"飞船的登月舱,在月面停留了21小时又18分钟,成为人类踏上月球第一人。他清晰地记得在有关资料中报道说,当阿姆斯特朗站在月球回望地球时讲了一句令人回味无穷的话:"我不觉得自己像个巨人,我感到非常、非常渺小。"这个事件深深触动了邓伟志并使他清醒地认识到,加快发展我们国家的航天科技事业,绝不能缺少对天文学知识的科学普及工作,应该通过科普书籍把昼夜更替、四季变化、斗转星移等自然现象中的科学原理传播给公众。

领导任命邓伟志担任这个写作班子的负责人兼主笔，另外四位是朱新轩、金祖梦、何妙福、徐天芬，他们分别来自华东师范大学地理系和中国科学院上海天文台。他们几乎每天往来于图书馆和办公室之间，大家把那个时代所能找到的天文学专著和有关报纸杂志都找出来阅读、摘抄，还经常围绕《自然辩证法》《宇宙体系论》《天文学简史》《天文爱好者》《哥白尼》《宇宙之谜》等书刊上的理论、观点展开热烈的研讨。大家甚至还专门认真阅读了屈原的《天问》、柳宗元的《天对》。邓伟志在读了《天对》之后写道：柳宗元在文中"明确提出'元气'是天地的本源，把宇宙看成是物质的。他认为宇宙没有边际、没有中心、没有角落，这就是说宇宙是无限的"。为了集中精力编写书稿，邓伟志经常在晚上加班后就睡在办公室里。1973年的大年初二，想到书稿有一处要尽快研究修改，邓伟志和华师大的金祖梦教授放弃休假，冒着漫天飞舞的雪花，相约来到华师大丽娃河边一间只有七平方米的办公室加班。"一个民族有一群仰望星空的人，他们才有希望。"在枯燥单调的工作中，邓伟志他们时常用黑格尔的这句名言自勉。经过几个月的辛勤工作，1973年春天，《天体的来龙去脉》初稿完成了，他们将书稿送交有关领导和专家征询修改意见。

他们先是就近征求上海天文台老台长李珩的意见。说"就近"，还真就是近，李珩家离邓伟志家充其量只有两三百米。李珩是著名天文学家，曾任山东大学教授，历任中国科学院紫金山天文台青岛观象台、昆明凤凰山天文台和南京紫金山天文台研究员，20世纪50年代出任中国科学院上海天文台台长、中国天文学会副理事长兼上海天文学会理事长。李珩长期从事天文学教学和研究工作，著作等身。他曾主编《宇宙》《天文学报》，著有《造父变星统计研究》《红巨星的模型》《五个银河星团的照相研究》等专著，主要译著有《普通天体物理学》《宇宙体系论》《天文学简史》《大众天文学》等。邓伟志每次登门，李珩都很认真地、滔滔不绝地对他送来的提纲发表意见。由于对天文学研究的志同道合及对科学共有的敬畏之心，二人很快结成了无话不谈的忘年交。李珩的夫人罗玉君是华东师范大学教授、著名翻译家，被誉为"女翻译家中的佼佼者"，曾翻译过司汤达的《红与黑》、雨果的《海上劳工》、莫泊桑的《我们的心》等名著。她看到邓伟志对工作如此认真,很感动也很支持,对他每一次来家求教都热情有礼。李珩夫妇二人住一幢小楼,本来就有点寂寞,再加上他们在"文化大革命"中的处境,门可罗雀,寂寞感愈加雪上加霜。邓伟志有时带着女儿过来,罗玉君常常把邓伟志两三岁的女儿抱过去,逗她玩耍,使小楼多了一些生气和温馨。慢慢地,邓伟志知道了李珩的弟弟李璜是台湾中国青年党的主席。邓伟志还诚恳地劝李珩做做弟弟的工作,争取为海峡两岸的统一做出贡献。

张钰哲也是我国著名的天文学家、中国科学院院士。1978年8月,国际小行星中心为表彰他在天文学研究中的卓越贡献,将第2051号小行星命名为"张(Chang)"。张钰哲不仅重视天文学研究工作,而且长期积极倡导和支持天文学科普事业。他有着深厚的爱国情怀,1926年从美国芝加哥大学天文学系毕业后毅然回国从事天文工作。1978年3月18日,张钰哲参加全国科学大会开幕式,当他听邓小平讲到知识分子"已经是工人阶级自己的一部分"时,激动得热泪盈眶。1973年,张钰哲是中国科学院紫金山天文台台长,因为他又是中国近代天文学的奠基人,邓伟志等人决定登门拜访。来到南京张钰哲家,不善言谈的张钰哲边让夫人为上海来的客人们泡茶,边认真听完了邓伟志对《天体的来龙去脉》框架的介绍。对这本科普作品,张钰哲给予了十分肯定的评价。他说,这本书以唯物辩证法为指导,较通俗地阐述了天体起源和演化问题,论述了宇宙的无限性,介绍了恒星的生死转化过程及太阳系的诞生和发展,阐明了地球上多姿多彩的地质形态和成因,是一本很好的天文学科普作品。张钰哲还说,特别值得赞扬的是,邓伟志们虽然年轻,但在书的编撰过程中还注意把我国的历史人文知识在书的有关内容中加以叙述,使科普书籍的可读性大大增加,实在是难能可贵。他随手翻开书稿说,作品中这段就是人文知识与科学知识很好融合的例证:"我们知道,最后一个冰期的气温比现在低七八度……两千多年前的黄河北岸一带,竹子很多。例如,在今天的河南省北部的淇水湾头,就曾经有过青葱的竹林。古人看到这里的翠竹在微风中婆娑起舞,写下了'瞻彼淇奥,绿竹猗猗'的诗句(《诗经·卫风》)。"张钰哲还对书中一些充满哲学思辨的论述给予了赞扬,如"宇宙间的一切事物总是可以认识的。透过了事物的现象,人们总会找到现象背后的本质……人们的自然观和社会观,从来是有联系的"。听了张钰哲的这番话,邓伟志很受鼓舞,认为这是对他们编撰工作最好的褒奖。

回到上海,邓伟志等人在对书稿再一次进行修改的同时,还讨论定下了用"余恒泰"的笔名作为作者署名。所谓"余恒泰",就是在宇宙、恒星、太阳系三个天文学专用名词中各取一个字组成的谐音。经过领导和专家的审阅、修改,书终于定稿,并在《自然辩证法杂志》上连载。1974年3月,《天体的来龙去脉》一书由上海人民出版社正式出版发行,在全国自然科学界引起很大反响,赢得了不少好评。

《天体的来龙去脉》编撰任务完成后,本该写生命起源,恰巧这时邓伟志的老领导陶家祥"解放"了,邓伟志建议由毕业于圣约翰大学生物系的陶家祥来主编该书。邓伟志自己则马上调转方向,着手编撰《人类的继往开来》。他们循着第一本书编撰的经验之路,冒酷暑、顶严寒,进出图书馆、访问科学家、参观实验室,认真撰写,反复推敲,严谨论证。在这段艰难探寻的实践中,邓伟志对科学家们耐得住寂寞、守得住清贫、攀得上高峰的坚强意志感同身受。他后来把这个时期的所思所想汇聚成一句话:"我深切地认识到:不学点自然科学,便很难学好社会科学。"

1976年初,在书的初稿送审之际,当时主持中国科学院工作的胡耀邦看到了这本书,对此予以肯定,并派中科院古脊椎动物与古人类研究所的几位专家到上海与邓伟志等人交流研讨。当从北京来的著名人类学家吴汝康见到邓伟志时,吃惊地说:"我原来以为你是位老专家呢,真没想到这么年轻!"

为了使写作班子对原始人类的生存状态有更加系统的感性认识,有关领导决定让邓伟志带队南下考察。南下,也正好合乎邓伟志等三位作者逃避在上海"批判邓小平浪潮"的意愿。1976年4月,邓伟志等用一个多月时间,考察了广西的柳江巨猿、贵州的黔西观音洞、云南的元谋和禄

1976年，在广西柳江10万年前原始人类居住的山洞前（后排中间为邓伟志）

1976年，在贵州猿人洞（左一为邓伟志）

丰等旧石器时代遗址。他在考察云南禄丰后写道："禄丰虽说在昆明的北边，但气温比昆明高，才入五月，已听到了阵阵蝉鸣。'今朝蝉忽鸣，能令万感生。'祖国辽阔的疆域如此气象万千，而大自然的历史，更是沧桑多变……正是地壳不断变化和生物的内部矛盾运动，才促进了生物界的不断更新。""了解人类在史前时期对人类起源问题的认识情况之所以困难，还因为历史不能重演，我们无法观摩……人、猿同类论是人类起源认识上的一大进步。"

在考察中，他们巧遇贾兰坡一行。贾兰坡是我国著名考古学家、第四纪地质学家、中科院学部委员，曾任中科院古生物研究所周口店工作站站长。在中国科学院，他是位没有大学文凭的院士。为了祖国的考古事业，他的足迹遍布全国，一生著作等身。他的研究，对于中国史前文化的建构研究具有划时代的意义和贡献，同时也奠定了他在古人类学、旧石器时代考古学界的大师级地位。他一生诲人不倦，桃李芬芳，为培养中国的考古人才付出了巨大心血。邓伟志抓住这个宝贵的机会，向贾兰坡请教了大量的考古知识。贾兰坡与邓伟志等边攀爬陡峭的山峰，边向他们讲解。他甚至讲到了自己在1931年春为了赶时间，在没有其他交通工具的情况下向老乡租了头毛驴，骑着驴赶赴周口店。这次仅仅一天的巧遇，使邓伟志收获颇丰。临别时，贾兰坡与杨钟健教授邀邓伟志在考古现场合影留念。这张照片，邓伟志一直珍藏着。

五一节，他们来到了贵阳。在省委招待所，邓伟志竟巧遇田映萱大姐。田映萱是邓伟志在中共中央华东局工作时的领导，也是时任贵州省委书记李葆华的妻子。田映萱不顾当时正在批斗"邓小平在贵州代理人李葆华"的严峻政治形势，仍然热情接待了邓伟志。她询问他们此行来黔的工作安排，并问到上海一些老同事的情况。临别时，田映萱还送给邓伟志等几张票，她说："过几天是苗族的节日四月八，你们去考察一下，可能有助于研究苗族历史和民俗甚至人类学。"

四月八节又称"亚努节"，源于苗族的祭祀活动。5月6日下午，邓伟志等来到南明河畔。从贵阳市周边各地赶来的苗族同胞身着节日服装聚

第六章　上下求索　志存高远

在庐山与贾兰坡(前排左二)、杨钟健(前排左三)的合影(前排左四为邓伟志)

集在这里,他们对歌、跳舞、吹洞箫和姊妹箫,相互品尝彼此带来的食品,其乐融融。欢庆活动一直持续到深夜。

观摩了苗族同胞的四月八活动,邓伟志联想到云贵高原这些旧石器时代遗址中原始文化的薪火相传和人类对自然环境强大的适应能力,从而丰富了写作的原始素材。回到上海,他们结合考察的收获,对书稿再一次进行了修改。例如,他把倾听苗族乐手洞箫演奏的感想写入了《人类的继往开来》中:"用乐器演奏的乐曲也是一种语言";又如,他受苗族同胞在篝火旁载歌载舞的启发,在《人类的继往开来》第四章第一节中增加写道:"在社会化动物转变为社会化的人以后,社会化的水平产生了质的飞跃。这就是人与人之间在劳动中结成了全新的社会关系。"

邓伟志在谈到这一段时间工作的体会时认为:人类不能把自己估计过高,这就要求人类只能心悦诚服地尊重自然规律,老老实实地按自然规律办事,融入自然而不能做违反自然规律的傻事。经过一年多的辛勤工作,1976年9月,《人类的继往开来》一书也由上海人民出版社出版发行。

二、仰屋著书　百废俱兴

粉碎"四人帮"是"文化大革命"结束的标志,全国百废待兴,百业待举,党中央决定尽快筹备召开全国科学大会。因大会筹备工作的主要任务由国家科委承担,必须选调一批具有一定科学素养的"笔杆子"充实大会筹备工作队伍。1977年的春节过后,刚从《红旗》杂志写批判"四人帮"文章回上海不久的邓伟志,又接到借调他到国家科委研究室工作的通知。到国家科委研究室报到后,他被安排在时任国家科委副主任的著名经济学家于光远直接领导下工作。

于光远早年毕业于清华大学物理系,学识渊博,文理兼通,被誉为"百科全书式的学者"。他不仅勤于思考而且长于行动,不仅善于宣传而且勇于创新。他勤奋学习,终身笔耕不辍,甚至到九十多岁还坚持写文章。他充满哲理的"勤、正、坦、深、创、韧、情、喜"的人生信念和理论联系实际的工作作风,对年轻的邓伟志产生了深刻的影响。邓伟志评价于光远时由衷地赞扬道:"于光远同志是一直走在前面的思想者,直到他年届耄耋时,还能坐着推车走在前,令我们后辈敬仰。"

邓伟志所在的国家科委研究室和中国科学院《自然辩证法研究》编辑部,在友谊宾馆主楼西边的一座三层灰色小楼办公。这里曾是柬埔寨西哈努克亲王在华期间居所,还曾是科学会堂。此时,中科院应用数学所也设在这里。因为大家在一个食堂吃饭,邓伟志经常能遇到华罗庚,时间一长,两人就熟悉了。邓伟志初中时就知道华罗庚的名字,没想到在这里相遇了。华罗庚的平易近人,给邓伟志留下了深刻的印象。一天,邓伟志同华罗庚说,自己大学三年级时,认真读过他刊登在《中国青年》上讲运筹学的文章,对指导自己如何充分利用时间很有用。华罗庚听了,就问邓伟志如何才能充分利用一天的时间,邓伟志迅速答道:把一天变成25、26个小时使用。华罗庚对他的回答不断点头,表示满意。二人边谈边走,来到邓伟志的办公室。华罗庚看到邓伟志是临时睡在办公桌上的,立刻把自己午休的床借给了邓伟志。邓伟志在感动之余,抓紧时间办理了床的领用手续。几天后,邓伟志把华罗庚的床还给了他。

1978年3月18日,全国科学大会在北京隆重召开。大会期间,邓伟志参与大会简报编辑工作,负责采访在友谊宾馆开会的科学家们。他先后采访了天文学家张钰哲、数学家华罗庚和陈景润、地球环境科学家刘东生、中医眼科学家唐由之、核物理专家陈佳洱、妇产科专家林巧稚等与会科学家。全国科学大会之后,邓伟志受国家科委领导委派,先后到三门峡调查黄河的治理,到中国科技大学了解少年班的情况,到庐山参加全国地质学会第四纪冰川研讨会和全国针灸学会研讨会。虽然马不停蹄十分辛苦,但却让他对我国的科技状况有了进一步深入的了解,这使他对科技工作更加热爱。他在这个时期的一篇文章中感慨地写道:"只有在实践中不畏劳苦,不断攀登新的高峰,才能使我们的认识日益符合唯物辩证法,从而使我国的社会主义科学事业在唯物辩证法的指导下胜利前进。"

1978年11月,国务院决定编辑出版《中国大百科全书》,首倡之一的姜椿芳被任命为总编辑。姜椿芳是我国当代著名翻译家,赵朴初评价他是"百科全书事业奠基人"。姜椿芳认为,我国的科技、经济、文化、教育在"文化大革命"中被破坏得面目全非,我们有责任有义务抓紧时间编辑出版代表中国学术成就的《中国大百科全书》。200多年前狄德罗在法国能做的事,我们现在一定能做得更好。狄德罗是18世纪法国启蒙思想家、哲学家、作家,他是著名的《百科全书》的组织者、主编,这部书揭开了欧洲现代文明的序幕,把人类从封建宗教桎梏中解放出来。恩格斯曾经对狄德罗作过这样的评价:"如果说,有谁为了真理和正义的热忱而献出了整个生命,那么,例如狄德罗就是这样的人。""文化大革命"结束后,全国人民积极投入"四个现代化"建设,迫切需要"极大地提高整个中华民族的科学文化水平",中国需要科学更需要启蒙。因此,编辑可填补我国空白的《中国大百科全书》这样一部大型工具书,不仅是势在必行,而且在当时的中国是一项前无古人的巨大复杂的系统工程。姜椿芳和副总编兼中国大百科全书出版社党委书记阎明复深知这项工作的难度,他们认为"有非常之功,必待非常之人",必须依靠整个知识界尤其是国内外各学科一流专家的参与。为了挖掘人才,他们以求贤若渴的迫切心情北上南下、走访考察,费尽周折,终于把于光远、钱学森、贝时璋、张友渔、周培源、赵朴初、季羡林、华罗庚、吴阶平、苏步青、茅盾、夏衍、巴金等一大批中国最优秀的专家汇聚到《中国大百科全书》编委会中。邓伟志也在这时被选调进入了编辑队伍。

  1978年,上海市人大尚未正式恢复,中国大百科全书出版社上海分社的社址就暂时设在上海市人大办公大楼。11月30日,邓伟志开始到中国大百科全书出版社上海分社工作。分社领导安排,"半落实政策"的王元化担任百科编辑部文学组的负责人,年届不惑的邓伟志担任百科编辑部自然科学组的负责人。根据《中国大百科全书》编辑工作计划安排,上海分社要负责首卷《天文学》卷的编辑任务,这对邓伟志来说是轻车熟路。在长期的研究和写作中,邓伟志已形成了治学严谨、百折不挠的性格特质。他率领组里的编辑们到上海天文台、图书馆、档案馆查阅资料,废寝忘食,夙夜不懈。在辛苦劳累的工作中,邓伟志时常用著名天文学家哥白尼在《天体运行论》中说的话勉励自己:"天文学研究宇宙的旋转,天体的运行、大小和距离,研究宇宙的全貌,这些都是最美好、最有意义的。"因此,研究天文学可获得美的享受。邓伟志体悟到,科学可以像观察清晨的日出一样简单,也可以像鉴定新的化学元素一样复杂,必须要经过持之以恒的努力才能登上科学高峰。他在这个时期写的一篇文章中引用了马克思的一段话作为自己克服困难、不断前进的动力:"在科学上面是没有平坦的大路可走的,只有那在崎岖小路的攀登上不畏劳苦的人,有希望到达光辉的顶点。"

就这样,邓伟志等经过近半年的辛勤工作,到1979年4月,一千多个天文学条目初步拟定。为了使条目定义准确无误,他们把条目初稿分送部分天文学专家审阅修改。这些专家收到条目初稿后,都以高度的责任感认真审阅。北京天文台著名天文学家王绶琯把《天文学》卷内容框架用令人折服的图解方法加以形象化解析,可使人一目了然,便于普及。南京大学天文学系主任、著名天文学家戴文赛收到条目初稿时正卧病在床,他以一丝不苟的科学态度靠在病床上认真审阅这些条目,终因病情太重,于1979年4月30日逝世。工作人员在整理戴文赛遗物时,发现《中国大百科全书·天文学》卷条目初稿还放在他病床旁的小桌上。这些对邓伟志等编辑人员是一个强大的动力,鞭策他们以加倍的勤奋和努力投入到认真修改的工作中。1979年5月,《天文学》卷第一次"定条目,议样条"会议在苏州东山的雕花楼举行,姜椿芳专程从北京赶来参会。在这次会议上,金常政、林盛然、邓伟志等在陈遵妫、曲钦岳、方励之等一大批天文学家指导下,对条目反复进行论证、推敲。接着,又遵照一位政治局委员"请最合适的人写最合适条目"的指示精神,用了近三个月时间撰稿。

8月1日,邓伟志带着《天文学》卷条目初稿来到位于车公庄2号的中共北京市委党校报到,参加《中国大百科全书》编委会,与专家一起对该卷初稿进行研讨论证。阎明复热情地接待了邓伟志,不仅把他送到宿舍,还亲手为他铺好床。阎明复是一位有丰富经历、有专业水平的领导。他在中共中央办公厅工作时,曾为毛泽东、周恩来、刘少奇、邓小平、陈云、彭真等领导人做了17年俄语翻译。因为有了共同在中国大百科全书出版社工作的经历,他与邓伟志一直保持联系。1986年,时任中共中央书记处书记、中央统战部部长的阎明复到上海开会,还专门约邓伟志谈心。在北京的一个多月里,邓伟志既是编辑,也是条目撰稿人,没有人愿意写的条目,他就自己写。他几乎每天都是白天听取专家们的意见,晚上修改书稿到下半夜。长时间的连续劳累,邓伟志病倒了,他感到全身骨关节疼痛。阎明复知道后,立刻联系了北京医院专家李主任(她是李公朴先生的女儿)为他治疗。在人民出版社出版的《阎明复回忆录》中生动地讲述了这段故事。三十多年后,中国科学院院士、天文学家叶叔华听说邓伟志的这段经历,感慨地对邓伟志说:"天文学有助于拓宽一个人的世界观、宇宙观。宇宙如此浩瀚,人只是沧海一粟。每一个人作为独立的存在,都应该珍惜自己短暂且唯一的生命,像你这样,在有限的时间和空间里尽可能地去做一些有意义、有价值的事情。"邓伟志谈到在中国大百科全书出版社上海分社的工作经历时这样说:"十年大百科是我同一流学者联系最为频繁的十年,也是学科意识不断增强的十年。"

曾与邓伟志一起在大百科工作过的陈贤德,在2021年写了一篇题为《思想界的真汉子》的文章。陈贤德写道:"1980年初,我奉调至中国大百科全书出版社上海分社年鉴编辑部,正式与长我四岁的邓伟志大哥在同一屋檐下办公。我们同事的那几年,邓大哥是好大哥,更是好领导。记得1982年底,我赴京组稿,三岁的儿子高烧发病,邓大哥知悉后,买了蛋糕上门探望。1983年8月,上海40摄氏度的高温天气,单位下午放假。刚在青岛与教育部领导完成中国首部教育年鉴审稿的我,带着两大皮箱300万字的文稿刚靠码头,就见到站在单位小车边的邓大哥满头大汗对我招手。此情此景,此生难忘。"

功夫不负有心人,经过近两年的艰苦努力,1980年12月,篇幅达650页的《中国大百科全书·天文学》卷正式出版了。这是《中国大百科全书》的首卷,共收条目1 208个,154万字。该卷收入的中国天文学学术

第六章　上下求索　志存高远

与中国大百科全书出版社老领导石磊（中）、钟国豪（左）合影

资料极为丰富,有许多是首次发表。在介绍天文学知识时,注重引用资料和数据的时效性、准确性、权威性,深入浅出,简明易懂,体现了实用性强的特点。到1993年,涉及66个学科共74卷的《中国大百科全书》全部出齐。邓伟志是参加这部百科全书编辑工作的两万名专家学者之一,他为这部屹立于世界百科之林的《中国大百科全书》书写了浓墨重彩的一笔。

三、尊重科学　探寻真相

1979年,著名科学家、中国科学院院士钱学森选定气功及人体科学作为重振中国人在世界科学界地位的一个项目。随后不久,这项研究工作就逐渐推广到有关科研机构和一部分重点高校。由于当时宣传导向的偏差,人体科学研究几乎都聚焦到人体特异功能研究上,使一些热衷于搞伪科学的人认为有机可乘,他们各显神通,把特异功能表演从研究机构扩展到了机关、学校、工厂、社区,造成了较大的社会影响。当然,对于这一现象,科技界也见仁见智,分为正反两个阵营。邓伟志作为一个学者,对此没有置之度外。这时,他正在中国大百科全书出版社上海分社工作,常往来于京沪之间,与科技界交往密切。应一些专家的邀请,他利用业余时间参加了一部分测试活动。

1979年夏天,邓伟志在北京工作时正巧住在王强、王斌姐妹家斜对门,这对姐妹是当年全国耳朵认字的冠军。邓伟志是近水楼台先得月,先后五次看过她们的表演。当发现王氏姐妹每次表演必须要有偷看的机会才能成功时,邓伟志在表演结束后与她们进行了交流,指出了其作弊行为。他在《耳朵、腋下"认"字目击记》一文中写道:"八、九、十三个月,我在北京五次观看了王某两姊妹耳朵、腋下认字表演,每次试验十个字上下。五次中,有两次是同来自全国各地的同志一起看的,有三次是我为撇开干扰,单独与姊、或妹、或两姊妹接触的。五次的观感颇不一样,有个否定—肯定—否定的曲折过程。总的印象是:不看不相信,一看就相信,多看又不信……总之我认为,她们认得出,恰恰是运用了眼睛的功能;认不出,是因为很难施展眼睛的功能。"这篇文章在1980年1月7日的《文汇报》刊登后,一石激起千层浪,引起了社会上一阵不小的争论。一些简报上刊登了相反观点的文章,邓伟志还收到了恐吓信、匿名信。这时的邓伟志想到了为捍卫科学和真理而勇于献身的先驱们,想起了古训"士不可以不弘毅,任重而道远"。他认为"争论最忌情绪化,情绪化是阉割事实和真理的刀子",冷静而义无反顾地继续前行。1980年秋季的一天,邓伟志再一次对她们表演的耳朵认字进行测试时,她们知道邓伟志不相信而不愿表演。邓伟志只好对她们说:如你们今天认字成功了,那就证明我错了,我愿意登报检讨。听到邓伟志这么说,王氏姐妹觉得再没有推脱的理由,只好硬着头皮表演。邓伟志拿出自己事先制作的信封让她们当众辨认,在完全无法偷看的条件下,足足半个小时,王氏姐妹对信封里的字都不能辨认出来。

1981年8月26日下午,"全国人体特异功能研究会筹委会"在上海科学会堂组织了一次人体特异功能表演,到会观众有一百多人,邓伟志也应邀到会。为了探究真相,他在到会前与几个科技工作者在玻璃试管内放入一张写了字的纸条,再点燃酒精喷灯把玻璃试管口封死,然后他带着这个测试玻璃试管来到会场。在两个表演者几次演示之后,邓伟志向主持人提出让表演者辨认他带来的玻璃试管里的字。主持人接过玻璃试管一看,眉头马上皱了起来,并立刻用了一个缓兵之计。他说表演内容多,让邓伟志他们稍等。但是直到表演结束,也没有安排两个表演者辨认玻璃试管内的字。临分手时,这位主持人向邓伟志要了这个玻璃试管,说是让两个表演者回去辨认,有结果就及时告知。半个月后,邓伟志在《自然》杂志社遇到了这位主持人,他只与邓伟志寒暄几句就匆匆离开,对是否测试了玻璃试管只字不提。但邓伟志对此已心中有数,知道那两个表演者肯定无法辨认出玻璃试管中的字,这位主持人对此结果已无法自圆其说,只好溜之大吉。经过两年多的测试实践和研究,邓伟志对人体特异功能的是非曲直在心里已有了自己的定论。

1981年10月9日，国家科委研究室在北京召开人体特异功能问题座谈会，同时成立了人体特异功能问题调查研究联络组，创办《人体特异功能问题调查研究资料》。于光远此时还在兼任中国大百科全书总编委常务副主任，他提议把邓伟志从中国大百科全书出版社上海分社借调到他身边作为此刊负责人。谈到这段时间的工作感受，邓伟志说："在那段日日夜夜里，我领略了于光远同志'抓住真理，所向披靡'的大无畏气概……他一边编写一期又一期《人体特异功能调查研究资料》，一边写出了厚厚一本《反'人体特异功能'论》。从实践到理论，从历史到现实，从科学到政治，旁征博引，文风犀利。这是国内第一部系统批判人体特异功能的著作，对捍卫科学的纯洁性起了很好的作用。"

　　经过两年多研究探讨尤其是多次参与亲自动手的测试活动，这时的邓伟志坚信古人"至人不相，达人不卜""妖由人兴"的教诲，认为"意念致动是绝对不可能存在的"。他还认为，有一些被测试者被发现在测试中用了魔术手段作假，有相当一部分耳朵认字的测试方法是不科学的，而方法的不科学是为了掩盖事实上的反科学。科学测试包含双盲测试和大量重复测试。双盲测试是指在有对照组的条件下，能否完成相同测试；大量重复测试是指在相同情况下，重复得出结果。邓伟志看到，凡是参加科学测试的人体特异功能者，都不能达到特异功能效果。这证明特异功能现象的不稳定，难以任意重复。尤其在对特异功能进行严格的考察和实验时，考察、实验条件越严格，特异功能的可重复性越低，演示成功的可能性越小。邓伟志认为，任何人对人体科学的研究都应当沿着唯物主义轨道前进。他看到不少科学家踊跃参加人体特异功能研究工作，他们各抒己见，在测试结果的论证方面分为泾渭分明的两个阵营。他十分敬重爱因斯坦，并把爱因斯坦的一句名言当作自己的座右铭之一："我要做的只是以我微薄的力量为真理和正义服务，即使不为人喜欢也在所不惜。"朱晓东是复旦大学分校历史系79级的学生，他精心收藏的一张1981年学校安排的学术讲座表上，有一个讲座题目是"灵学"，主讲人是邓伟志。当时，邓伟志在复旦大学分校任兼职教授，他在这个讲座中，把自己掌握的人体特异功能研究情况客观地讲给同学们听,受到同学们的欢迎。1982年,邓伟志在这个讲座提纲的基础上,写了《灵学在中国》一文。在这篇文章中他指出:"不管中国的灵学家们如何辩解,他们还是不得不承认了一些过去不肯承认的毛病,如'作假'、'失实'等。这说明灵学在退却。"

十多年后的1998年3月,邓伟志应无神论研究会之邀到北京南池子一个单位观看"与宇宙人对话"表演。于光远、龚育之、何祚庥、郭正谊、林自新等二三十位专家和记者在场。表演的"特异人"是一个三十多岁的女士,她向大家说她是用腹部同宇宙人对话的,大家可通过她向宇宙人提问。在场的一位教授通过她问"宇宙人":"你吃饭了吗?"这时大家听到这个女士身上发出了谁也不懂的"嗡哼哼"的声音。声音一停,女士马上翻译:"宇宙人说吃过了。"之后这种方式的对话句子越来越长。大约半个小时后,同"宇宙人"的对话结束了。这个表演者离开后,大家展开了讨论。表演主持者司马南对大家说,声音是从藏在嘴里的一个小小喇叭里发出来的,根本与腹部无关,她的所谓翻译纯粹是信口开河,"宇宙人"与地球人一样的吃饭时间和生活方式,完全是无稽之谈。大家都认为司马南说得很对。可就是这么一个简单的骗术,却使那个女士在当地、在京城成了通天的"神人"。邓伟志后来在文章中写道:"伪科学同我们开玩笑。可在这玩笑面前,我们怎么也幽默不起来。科学的威力逼得骗子们披上科学的外衣,把伪科学捧为高新科技。"在这十多年的测试和考察过程中,他特意寻找阅读了大量科普书籍,从中获得知识力量。他很爱读美国著名科普作家卡尔·萨根的作品,把卡尔·萨根的名言也牢记心中:"对于从事科学普及的人来说,巨大的挑战是如何向人们说清楚科学发现的真实而又曲折坎坷的历史和人们对科学的误解,以及科学的实践者偶尔表现出来的决不改变航向的执着的顽强精神。"邓伟志在一篇文章中曾一针见血地写道:"科学是在与迷信的斗争中产生和发展的。从一定意义上讲,一部科学史就是驱神打鬼史。"

凭着自己长期在科技界工作的知识积累、思辨方法以及在学术研讨中形成的开诚布公、直抒胸臆的职业道德,邓伟志在20世纪80年代的几年时间里奋笔疾书,写了《耳朵、腋下"认字"记》《如何破"耳朵认字"——访魔术师》《在玻璃瓶子面前》《要唯物地研究人体科学》等十多篇文风犀利的文章,表明自己的观点。针对科学家的两个阵营,他在一篇文章中写道:"对大多数科学家来说,他们在本专业内是巨人,出了本专业便可能是矮子。碰到本专业以外的伪科学,也难免上当受骗。"他甚至不惜用重锤击鼓以达警醒公众的效果,他写道:"科学家相信并宣扬伪科学是伪科学得以泛滥的原因之一","作为一个探求科学的人,要善于拂去假象,善于去伪存真,向人们揭示科学的真理。当然假象也是事实,也要尊重这一事实","特异功能不是社会主义的绿叶"。当然,邓伟志的这番执着探寻,深深触痛了站在争论对立面的一些专家权威甚至著名的科学家。有一位邓伟志很崇敬、身居高位的科学家兼领导甚至因此放弃了准备调用邓伟志的打算。对此,邓伟志坦然面对,他用"吾爱吾师,吾犹爱真理",勉励自己继续坚持。

1999年之后,尽管各高校已不再参与人体特异功能的研究工作,但这场争论仍时断时续地跨入了新世纪,持续至今。对此,邓伟志用一句话来作评价:"科学必须真实,真实是科学的起点。"他在一篇文章中还引用了中国科学院院士、著名生理学家张香桐对人体特异功能研究的结论:"看来,闹剧到了该收场的时候了。"

四、科学普及　入木三分

邓伟志曾在一篇文章中写道:"人们都以鸿沟来比喻那些不可逾越的事物,就连象棋盘上也标有楚河(即鸿沟)字样。其实,鸿沟并非不可逾越……科学无禁区,征途无鸿沟。"他认为,即使浩瀚宇宙中将牛郎星和织女星隔开的"鸿沟"——银河,人类总有一天也可以逾越。这一番充满浪漫的遐想当然也是来源于他高水平的科学素养和人文素养,他要说明的是从事科学研究和传播工作一定要具备勇跨鸿沟的精神。无独有偶,美国著名科普作家艾萨克·阿西莫夫也曾经表达过类似的观点:"只要科

第六章　上下求索　志存高远

用汉王笔在电脑上写作

学家担负起交流的责任,把自己那一行的东西尽可能简单地多做解释,而非科学家也乐意洗耳恭听,那两者之间的鸿沟或许便能就此消除。"

为了消除科学与公众之间的鸿沟,邓伟志不仅在科技界努力工作了十多年,而且在离开科技界后仍然满怀热情地兼顾科学普及工作。他曾任两届上海市科协委员、两届上海市未来研究会会长、科普作家协会理事,是原闸北区的科学顾问,还经常担任各类科技活动的评委,在他浩如烟海的作品中科普类文章随处可见。例如,在2008年出版的六卷本《邓伟志文集》收录的数百篇文章中,科普类文章就有四十多篇。

邓伟志根据自己在科技界工作的经历深刻体会到,自然科学研究客观世界,是解决"是什么""为什么"的问题,而一个优秀的传播者是科技界和公众之间的中介,是公众理解科学的桥梁,他应是具有科学素养且文理兼通的专门人才。爱因斯坦就说过这样形象而又深刻的话:物理给我知识,艺术给我想象力。邓伟志认为,"我们要攀登到科学高峰,也必须有广泛的基础知识"。在科普创作时,作者首先必须对要写的内容融会贯通,然后把比较深奥的科学道理用形象生动的例子和深入浅出的通俗语言来加以说明,这样才容易被公众接受。在邓伟志长期交往的好友中,来自科技界的朋友人数众多,钱学森、钱伟长、钱三强、林巧稚、何祚庥、华罗庚、苏步青、谈家桢、谷超豪、蔡希陶、郭正谊、叶叔华、谈祥柏、李珩、王应睐、蒋锡夔、姚鹏、卢鹤绂、沈铭贤、纪树立、卞毓麟等科学家都在他的朋友圈中。邓伟志不失时机地抓住与他们接触的每一次机会,向他们请教,了解科技新动向或学习科学原理,不断提升自己的科学素养。正是基于这样长期的认真学习、不断积累,邓伟志的科普类文章才能深入浅出、谈古论今、文理交融、旁征博引、诙谐幽默,达到了自出机杼、雅俗共赏、晓畅易懂、妙趣横生的境界,可读性极强,受众颇广。

针对社会上极为缺乏科学方法普及读物的情况,2004年4月,上海市闸北区科委策划,邀请华东师范大学、东华大学、上海大学和上海科学普及出版社的有关专家、教授认真酝酿,成立了编辑委员会,决定编辑出版《科学方法100问》。编辑委员会全体人员一致认为,普及科学方法的意义在于它可以把人的思维引导到符合客观实际的轨道,使人的力量和自然的力量结合起来造福人类。因此,这本书应该把内容丰富、理论完整、原理深奥的科学方法用问答的方式和通俗易懂的解释向公众推介。上海大学校长助理翟启杰、华东师范大学王顺义、东华大学陈敬全三位教授承担了协调指导、执笔起草、严格审查的任务。他们带着几个研究生付出了近半年的努力,完成了书稿。这是国内第一本有关科学方法的普及读物。全国政协副主席钱伟长兼任当时的上海大学校长,他在审阅了这本书稿的主要内容后表示满意,并欣然同意担任该书的科学顾问。这对参与《科学方法100问》策划和编辑出版工作的全体人员是一个莫大的鼓舞。这时,大家觉得应该请一位兼通文理的知名学者为这本书作序,这样才能更好地发挥本书的科普作用。经过认真讨论,大家一致同意请邓伟志为本书作序。

9月下旬,杨力敏、陈列代表闸北区科委登门拜访邓伟志,向他介绍了书稿编辑出版的前因后果并诚恳地请其为书作序。邓伟志认真地听了情况介绍,翻阅了书稿提纲,面带微笑地告诉两位来客:自己是闸北区的科学顾问,这个任务是他的分内工作,请给他几天时间,一定完成任务。他还以深邃而准确的阐述说出了自己对科学方法的认识:科学方法从本质上说,是认识世界、改造世界过程中所应遵循的理论、原则、方法和手段,咱们平时的工作中几乎每时每刻都离不开它,如科学的调查研究的方法、科学的制定方案的方法、科学决策的方法、科学的实施和管理的方法、创造性思维方法等。2004年国庆节过后不久,邓伟志打电话告诉闸北区科委,序言写好了。他在序言中条分缕析地写道:"客观世界的多样性决定了科学方法的多样性,客观世界的统一性决定了科学方法的统一性,客观世界的层次性决定了科学方法的层次性……可以说,由理性的科学方法所创造的客观知识世界已经发展到没有任何一个人能脱离它而生存的境地……还要强调的是,任何人要掌握和应用科学方法去解决实际问题,首先必须要有实事求是的科学态度,没有这种科学态度,科学方法就不可能被掌握和应用。"他在序言中给予《科学方法100问》以热情的赞扬:"我相信这本书一定会有效地起到向人们倡导科学方法的作用,对进一步提高公众的科学文化素质、促进和谐社会的创建大有裨益。"同时,他肯定地说:"相信大家读了这本书之后,对科学方法会有一个较清楚的认识。"是啊,人们都希望能从这本书中学到更多的科学方法,使自己在社会实践中的方法会比困难多。2005年1月,《科学方法100问》由上海科学普及出版社正式出版发行,受到社会公众的欢迎,全国各大图书馆都收藏了这本科普作品以备公众借阅参考。

邓伟志始终认为,一个国家没有热爱科学、关注科技、具有较高科学素养水平的庞大公众群体,就不可能形成创新性人才辈出的大好局面。他在《金牌和银牌》这篇文章中说:"科普是科学发明、发现和创造的延伸。延伸也是延深……从社会影响的角度讲,科研将永远是'银牌',只有在转化为社会生产力,实现其自身价值以后,才能是'金牌'。变'银牌'为'金牌'的首要一步是科普。"邓伟志还认为,科学是神奇的,它是人类发现世界、探知万物包括了解我们自己的最好途径。因此,真实,不仅是科学的生命,也是科学家的生命,同样也是科学普及的生命。科学具有巨大的开化力、无限的解放力和伟大的趋同力,它们不仅是科学的革命性及其生命力的源泉,而且以其理性成就了人性的完善。这就提示科学工作者,对公众开展科学普及,不仅是普及客观的科学知识,更为重要的是弘扬求实的科学精神、宣传睿智的科学思想、倡导理性的科学方法,这样才能全面提高公众的科学素养水平。对此,他以一些科学家为例,在《还我"唯物"》一文中写道:"为什么有些科学家也会疑神弄鬼?因为这些科学家只专一行,在其科学知识尚未升华为哲学高度时,完全可能是伟大的科学家,渺小的哲学家。再就是科学家也难免有思想空虚的时候。"显然,邓伟志在这里说的"尚未升华为哲学高度""思想空虚"就是指缺乏科学精神、科学思想、科学方法。所以,理论物理学家、粒子物理学家、中国科学院院士周光召强调:"唯有科学知识得以普及、科学精神深入人心,我们的社会才算真正走入了科学时代,科技才能真正推动各个方面的现代化。"

第六章　上下求索　志存高远

2006年3月14日,与沈文庆院士议自然科学社会科学联盟

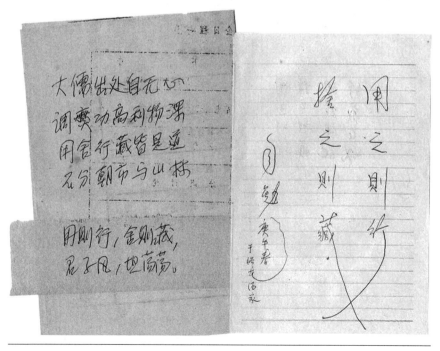

与全国科普协会会长叶自善谈用舍

邓伟志在多篇科普作品和杂文中不仅向公众传播了涉及众多学科的科学知识,而且还反复阐释:科学精神是开启民智、彰显理性的先锋,它可使人充满着生机,充满着最高尚、最纯洁的生命力,给人以崇高的精神情操,提高人们对各种伪科学的辨别能力;科学思想是在各种特殊科学认识和研究方法的基础上提炼出来的,能够发现和解释其他同类或更多事物的合理观念和推断法则,它对进一步的、更广泛的科学研究和社会实践具有导向作用;科学方法是科学家共同体在长期科研过程中总结升华的,用于认识世界、改造世界应遵循的理论、原则、方法,它是可以有效保证人们取得创造成果的重要手段。他说:"在提高人的素质里面,少不了科学素质这一条。科学素质又不完全是用文化来显示的。科学素质既包涵科学知识,更包涵科学精神。国家的科学水平不等于公民的科学素质。"

当然,邓伟志自己首先就是科学思维的受益者,这在他几十年的研究、教学、写作中始终都得到了遵循。2021年5月,他在《文化交融是时代使然,是科学》一文中,就引用了网络科技、量子理论、信息科学、地质学等自然科学领域的知识,生动形象,入木三分。因此,他在一篇文章中深有感触地写道:"直到今天我仍然饱尝了搞自然科学的甜头。"他就是这样在传播科学的过程中使自己的思维不断升华,并把升华了的思维有效地运用到了社会活动、杂文创作、社会学研究和教学实践之中。

第七章
诲人不倦 薪尽火传

率马以期薪火传,复兴群学哲人肩。
王中慧眼识英杰,伟志奇才是大贤。
开课名流今世论,奉邀国士百科编。
门墙桃李遍寰宇,远望攀登向顶巅。
——蓝成东

邓伟志退休前是上海大学社会学院教授、博士生导师。可是，学富五车的邓伟志在1978年之前，从未上过讲台，当初来到这个令其大显身手的岗位，却并非出于他本意，而是应了"物之生也，若骤若驰，无动而不变，无时而不移"这句古话。这里还有一段故事可讲。

一、率马以骥　兼职复旦

社会学是系统地研究社会行为与人类群体的社会科学，起源于19世纪三四十年代，是从社会哲学演化出来的一门现代学科。它研究的范围广泛，包括了由微观层级的社会行动或人际互动，到宏观层级的社会系统或结构。社会学自1903年严复翻译斯宾塞的《群学肄言》传入中国，到1949年新中国成立，全国已有二十多所大学开办了社会学系。1952年，中国仿照苏联模式进行高校院系调整时，社会学学科被取消，社会学的一切课程被取消，社会学的理论研究也停止了，原来从事社会学教学与研究的学者不得不改行转业。直到1979年3月，邓小平在党的理论工作务虚会上说："政治学、法学、社会学以及世界政治的研究，我们过去多年忽视了，现在也需要赶快补课……现在也应该承认社会科学的研究工作（就可比的方面说）比外国落后了。"毫无疑问，这对作为一门关怀现实和应用性很强的学科来说，社会学迎来了一个极其难得的大好机遇。从此，中国社会学学科开始了恢复、重建的历程，社会学专业的研究和教学逐步发展起来。到21世纪，命运多舛的社会学已枝繁叶茂。截至2006年，全国已有72所高校设置了社会学本科专业。

1978年，邓伟志在中国大百科全书出版社上海分社出色地完成了《天文学》卷编辑任务后，领导决定让他和谢寿光在副总编石磊带领下，组织编写《社会学》卷。这样，他就有了经常访问费孝通、雷洁琼等著名社会学家的机会,使自己的社会学知识逐渐丰富起来。到1979年后,邓伟志以触类旁通的能力和入木三分的辨析写了多篇有关社会学研究的文章。在这些文章中,《家庭的淡化问题》产生的社会影响较大,文章在《文汇报》发表后,邓伟志收到了一百多封来信,这些来信对文章中的观点有褒有贬。赞扬的,热情洋溢;反对的,言辞激烈。对此,邓伟志认为:"没有争议的著作称不上著作。要'著',必然会有争议。思想的火花要在撞击中产生,文章有人撞击就说明不是无病呻吟。我以有人撞击我为乐,以有人批评我为荣……当然,对批评要分析,择其善者而从之,不善则不从。"

1980年3月,经上海市高教局批准,复旦大学分校恢复社会学专业,建立了社会学系。这是我国重建社会学以后全国高校中第一个社会学系,系主任是事业心很强的袁缉辉,第一批师生是从政治系分出来的。说起袁缉辉,是个有很多故事的人。他是李鸿章的后代,本不姓袁,过继给了袁世凯的后代才改姓袁。由此可知,他与美籍中国科学家袁家骝(袁世凯次子袁克文的儿子)和被称为"东方居里夫人"的吴健雄是亲戚关系。"文革"前,有关方面动员他与袁、吴夫妇通信,"文革"中他因此被诬为"里通外国"。袁缉辉到社会学系后,为了确保教学和研究工作尽快正常展开,在复旦大学分校校长王中带领下,一班人忙里忙外,为社会学系招兵买马。王中原名单勋,山东省高密市人,新闻学者。1935年他考入山东大学外文系,1936年参加中华民族解放先锋队,从事抗日救亡运动,1938年入党。他曾任《鲁中日报》总编辑、新华社山东总分社编辑部主任。1949年5月到上海后,历任中国人民解放军上海市军事管制委员会新闻出版室股长,华东新闻学院教务长、复旦大学新闻系主任。20世纪50年代,他担任复旦大学副教务长时,苏步青任教务长,二人在一间办公室办公。苏步青后来回忆二人共事经历时,认为身为老干部的王中从没有官腔,忠厚待人,两人意气相投,友谊日益加深。苏步青年过半百之时,还在王中的引领下加入了中国共产党。1979年,王中主持创建复旦大学分校,被聘为我国首批博士生导师之一。他坚持真理、不断反思、脚踏实地、细致入微的学术风格和人格魅力始终体现在工作中,给人以深刻的影响。

当王中在报刊上读到邓伟志《家庭的淡化问题》一文后,就对他进行了初步考察并得出结论:邓伟志是社会学专业难得的必用之才。1980年冬季的一天,邓伟志接到一张邀请函,是王中校长请他到复旦大学分校举办一次关于家庭社会学的讲座。回忆这件事时,邓伟志充满感情地写道:"一听'王中'这大名,我马上忆想起1957年'反右'时,报上连篇累牍地对他大揭大批的文章,便肃然起敬。对别人的邀请我可以拒绝,对'大右派'王中的吩咐不能有半点怠慢。"为了圆满完成讲座任务,邓伟志有空就从人民广场附近的办公室步行到市图书馆查阅资料、起草讲稿。举办讲座这一天,复旦大学分校的大会议室里座无虚席、掌声不断,大家都被邓伟志精彩的演讲吸引住了。王中深知,请诸葛亮出山必须刘备亲力亲为方可。正巧,王中与中国大百科全书出版社上海分社社长陈虞孙是多年的战友,他们二人都是老报人、杂文大家,情谊深厚。讲座后几天,王中同袁缉辉等人来到大百科上海分社办公室,表达了商调邓伟志到复旦大学分校任教之事。谁知陈虞孙听后,幽默地婉拒了老友:"你看我的讨饭篮里就那么几个窝窝头,你怎忍心再拿走一个。"王中眼看商调不成,就退而求其次,对陈虞孙说:"你总不能让我空手回去吧?你不同意调出邓伟志,那你得同意邓伟志到我那里兼课。你总得卖我这个老面子。"对王中的这个要求,陈虞孙同意了。就这样,1981年2月,邓伟志跟着王中走上了复旦大学分校社会学系的讲台。

20世纪80年代初,全国恢复社会学专业的高校寥寥无几,师资不足,缺乏系统教材。复旦大学分校的社会学教师,都是从经济、历史等专业改行过来的。邓伟志在复旦大学分校社会学系是给78级和79级的本科生上课。开始他想开设"科学社会学",这样自己轻车熟路。可是系里从学科设置的全局考虑,决定由他讲授"家庭社会学"。从此,邓伟志开始从事高校社会学教学和研究,成为全国高校首位开设"家庭社会学"课程的教授。

开课伊始,课堂上就有人向他提问:"你是怎么想起提出家庭淡化这个问题的?"邓伟志直截了当地说出了他提出问题的出发点:"'文革'初期,不少高干子弟大谈'老子英雄儿好汉,老子反动儿浑蛋',先是害了千百万出身不好的'黑五类'。各大、中学校的红卫兵头头几乎全由高干子弟包了,他们批斗殴打老师,干了许多不该干的事。当'文革'把矛头对准所谓'走资派'时,又有数不清的高干子弟惨遭打压,有些年龄还不满18岁的也被关押。现在'文革'结束了,老干部'解放'了,有些高干子弟又趾高气扬、盛气凌人起来。我担心物极必反,所以写出淡化家庭的文章,劝人们不要依家庭论子女高低,子女也不要仗家庭去指手画脚。"话没说完,台下掌声雷动。

邓伟志讲课不是满堂灌,而是很注重课堂讨论,注意启发学生的独立思维,鼓励学生敢讲真话。纪硕鸣、蓝成东、李建勇、华达明、孙嘉明、郑超然、黄小勇、张钟汝、陆绯云、卫青、陆建等都是思维活跃、学习认真的同学,给邓伟志留下很深的印象。沈志义和孙自俊两个学生曾在课堂上反对过邓伟志的观点,邓伟志认真听完他们的观点后分析,他们的观点虽然还有问题,但他们的逻辑推理是正确的。于是他本着鼓励思考、求同存异、教学相长的态度,给他们都打了满分。学生们都说邓老师是个谦谦君子,做到了"学以聚之,问以辨之,宽以居之,仁以行之"。

因为没有现成的大学社会学教材,邓伟志根据教学计划安排,一边讲课一边动手编写教材。他说:"教材是学生成长的阶梯,教材是激发学生学习热情的酵母","教材的编写只有起点,没有终点。"所以,他编写教材十分认真,尽可能做到精益求精。他编的教材写好后,由学校打印装订成蓝皮讲义发给学生们。这十二章讲义内容不仅受到学生们的欢迎,也得到主流媒体的赞扬,教材被多所学校采用。1982年3月16日《解放日报》刊文写道:"邓伟志的'家庭社会学'这一课,过去我国还没有人开过,观点和材料都是他本人研究的新成果。学生很爱听,还常和他一起讨论。"这些教材中有大量国内外家庭研究的材料,邓伟志都是取自在中国大百科全书出版社上海分社担任编辑时积累的素材。给学生上课时,他不时地拿出自己的工作笔记本和卡片参考,给学生们留下了深刻的

第七章 诲人不倦 薪尽火传

复旦分校为开阔学生眼界活跃思想
广泛邀请校外专家学者上讲台

本报讯 复旦大学分校充分利用上海地区文化发达的优势，广泛邀请社会各方面不同学术观点的专家、学者和有专长的同志到校讲课，文科教学搞得生气勃勃。

复旦大学分校除了主要依靠自己的师资力量承担教学任务以外，还邀请复旦大学、华东师大、上海师院等高等院校的教师，上海社科院的研究人员，还有诗人、作家、电影导演、记者、司法工作者、图书馆、博物馆的专家等到该校讲课，几年来，到该校兼课、作报告的约有三百人次。来自各方面的同志带来了新鲜的学术见解和取自实际生活的生动丰富的教学内容。

他们这样做，有利于师生开阔眼界，活跃思想。历史系每两周一次的史学讲座，有目的地邀请与历史统编教材观点不同的同志来讲课。他们邀请周谷城教授介绍他本人独到的学术观点；请上海师院叶书宗老师讲他对布哈林研究的新见解，这些讲座开拓了学生的思路。有的学生听了谭其骧教授的《历史地理的回顾和展望》讲座后受到启发，写出了《上海地名考》的文章。政法系请市法学会的同志专门来介绍当前法学中十二个有争论的问题，围绕这些问题，学生写出了一批有质量的论文。

外来教师还为复旦分校开出了不少新课程。中国大百科全书出版社上海分社邓伟志的"家庭社会学"这一课，过去我国还没有人开过，观点和材料都是他本人研究的新成果，学生很爱听，还常和他一起讨论。他们还请市公安干警学校一位当过多年刑侦队员的教师来上"刑事侦察学"，请市博物馆馆长沈之瑜上"博物馆概论"，请复旦大学教师上"人口社会学"等等。这些课程对复旦分校发展应用文科，赶上社会科学新潮流，办出分校特色起了促进作用。

（本报记者 吴迪华）

"三叉戟"试飞福州成功
沪榕穗间将开辟大型机航班

本报讯 三月十一日上午九点五十四分，民航上海管理……中小型飞机。从去年十二月至今年二月，对义序机场跑道进……

文汇报 1982.3.18.

1982年3月18日《文汇报》宣传复旦分校，提到邓伟志的"家庭社会学"课程印象。

当时,邓伟志家住淮海中路近华山路口,到位于西江湾路的学校,骑自行车要八十分钟,但他风雨无阻从未迟到。结束了79级的课,接着他分别为社会学系80级、81级的学生开课,还按照学校的安排,到法律系、历史系、中文系举办讲座。由于邓伟志是兼职,有时会因本职工作有重要任务而不能按课程表来校上课,就需要学校教务处和系里配合临时调课。当时社会学系的书记胡申生对此不仅给予充分理解,而且跑上跑下,不厌其烦地反复协调有关老师。老师们对邓伟志的工作状态也很认可,积极配合大力支持,确保了邓伟志编辑、教学两不误。邓伟志对此感动不已,他赞扬这些领导和同事说:"抛头露面的是我,埋头苦干的是他们。"胡申生是著名社会学者、上海市高校思想政治理论课名师工作室"胡申生工作室"负责人,他为人开朗爽直、知识渊博、才思敏捷。胡申生1975年就认识了邓伟志,多年来两人在工作和学术上合作密切,关系融洽,无话不谈,而且始终是"重神交而贵道合",合作与友谊的缘分跨越世纪持续至今。

善歌者使人继其声。几十年来,邓伟志的学生们在各自工作岗位上大都做出了出色的成绩。但最令邓伟志欣慰的是,学生们不论做什么工作,都很注意运用社会学的观点,运用社会学的方法,运用社会学的知识,社会学在引导他们做一个大写的社会人,做一个成功的社会人。为了弥补师资的不足,复旦大学分校领导决定在第一届社会学系的学生中选出部分品学兼优的学生给大学一年级新生上课。陆绯云当时是大学三年级学生,她也被选出来给新生上课。她说:"邓老师是教我家庭社会学的老师。当我被选出来去教新生家庭社会学时,与邓老师就有了师承关系和同事关系。邓老师以循循善诱的方法教我备课,给我鼓励,使我迅速打消了顾虑,勇敢而顺利地登上了讲台。"也许是邓伟志的敬业精神对她的影响,陆绯云大学毕业时与另外五位同学一起被留校当了老师。后来,陆绯云在香港中文大学取得哲学博士学位,又去台湾辅仁大学做了社会学专业博士后,21世纪初被聘为上海财经大学人文学院社会学系教授。如今,她已经在大学的社会学教学岗位上工作了四十年了。孙嘉明是复旦大学社会发展与公共政策学院社会学专业教授、博士生导师,他回忆当年在复旦大学分校社会学系学习时说,邓老师对学生和蔼可亲、有问必答,讲课内容也十分丰富,"包括古代文献中有关婚姻家庭的论述,中国先秦时期的《诗经》,雅典人和荷马的史诗对家庭的描绘等。他的'家庭社会学'课程还介绍了达尔文的《物种起源》,瑞士人类学家巴霍芬的《母权论》,英国人种学家麦克伦南的《原始婚姻》,美国人类学家摩尔根的《古代社会》等……邓老师结合这些名著,分析了家庭制度、家庭结构、家庭功能、家庭关系、家庭角色、家庭观念、家庭演化等,对我们社会学专业的学生很有启发"。提到邓伟志对他在学习方法上的指导,孙嘉明更是心存感激。他毕业后被分配到复旦大学任教,在其早年的学术生涯阶段还未使用电脑,他按照邓老师教授的方法,做了大量的卡片和剪报用于教学和研究,使他受益颇丰。2015年7月,原复旦大学分校81级同学组织了一次毕业三十年返校活动,虽然邓伟志因出差外地未能参加,到会的师生仍频频谈到他、赞扬他。

在复旦大学分校社会学系兼课期间,邓伟志既是善做学问的学者,又是诲人不倦的教授。他边研究边教学,两年间,发表了数十篇有关家庭社会学的文章,他的专著《家庭问题种种》在1983年问世,这本书也成了中国重建社会学后的第一本家庭社会学著作,是家庭社会学学科恢复后最早的一部理论色彩较浓的社会学专著。

二、升堂入室　就职上大

上海大学是1922年10月23日由国共两党合作创办的。1923年,在李大钊的推荐下,共产党人邓中夏任总务长,瞿秋白任教务长兼社会学系主任。孙中山曾兼任校董,李大钊等曾来校演讲。其中,李大钊从1923年4月到11月来上海大学演讲了五次。上海大学的成立,标志着中国共产党创办并实际领导的第一所高等学府的诞生。为纪念上海大学建校100周年,中共上海大学党委书记成旦红、上海大学校长刘昌胜在一篇合写的文章中说:"上海大学,发轫于闸北弄堂,迁播于租界僻巷,校舍简陋湫隘,办学经费拮据,又屡遭反动势力迫害,但在中国共产党和国民党左派以及进步人士的共同努力下,屡仆屡起,不屈不挠,使上海大学声誉日隆,红色学府名声不胫而走,吸引四方热血青年奔赴求学。在艰难办学的五年时间里,老上海大学为中国革命和建设培养了一大批杰出人才,在当时就赢得'武有黄埔,文有上大'之美誉。"1927年蒋介石发动"四一二"政变,对此,上海大学师生组织了多次游行示威,进行了坚定勇敢、前赴后继的斗争。1927年5月,上海大学被国民党政府强行关闭。1983年5月,教育部决定重新设立上海大学。1994年5月,上海工业大学、上海科学技术大学、上海大学、上海科技高等专科学校合并组建为新的上海大学,首任校长是钱伟长。

1925年秋,邓伟志的父亲邓果白由党组织介绍进入上海大学社会学系学习。社会学系是当时上海大学最大的系,该系以学习马克思主义的基本理论为主。邓果白在这里系统地接受了马克思主义理论,受到恽代英、萧楚女、蔡和森等早期中国共产党领导人和马克思主义理论家的直接教诲,并在上海大学读书期间,经沈毅、戴盆天介绍加入了中国共产党。在上海大学,邓果白还根据党组织的安排,到工人集中的杨树浦地区工人夜校为工人们上课,启发工人们的阶级觉悟。后来,就像上海大学许多共产党员一样,邓果白在学校只学习了一年,就再一次服从党组织的安排,离开了上海大学。他先是到毛泽东担任所长的武昌中央农民运动讲习所学习,继而参加北伐,任宣传鼓动员,从此走上了一条职业革命家的道路。

20世纪60年代末,邓伟志和母亲来到上海市陕西北路南阳路(原西摩路南阳路)一带,瞻仰了上海大学遗址。母亲命邓伟志对着上海大学遗址方向鞠躬。这既是对已经逝世的父亲邓果白表示深深的怀念,也是向上海大学这所红色学府致敬。如今,在上海大学"溯园"的校友墙上,邓果白的名字镶嵌于其中,成为邓果白在上海大学学习生活的见证。对父亲的母校,邓伟志充满了敬意,他曾自豪地说:"在中国最早研究和介绍《共产党宣言》的李大钊也曾在上海大学开讲座,可见上海大学也是中国宣传《共产党宣言》的重要阵地之一。"

1996年,邓伟志还在上海社会科学院工作,但这一年他与上海大学结缘,不仅因为1981年他曾应聘任教复旦大学分校社会学系(复旦大学分校后来并入上海大学,为该校文学院),还缘于他一位"举贤不避亲"的老朋友胡申生引荐。

当时,上海大学领导为提高社会学系学科水平,正在到处寻觅学术方面具有全国影响的大家担任该系系主任,但在校内却暂时找不到合适人选。时任上海大学社会学系党总支书记兼该系常务副主任的胡申生教授也为此事心急如焚。突然,他想到了老朋友:邓伟志不就是担任社会学系主任的最佳人选吗。可是他一转念,对邓伟志是否愿来上海大学社会学系"低就"又没有把握。胡申生回忆此事时写道:"当时邓伟志名满天下,在政治地位上,担任民进中央副主席、全国政协委员;在学术地位上,著作等身,新论迭出,是南北公认的社会学大家。像这样的一尊'菩萨'能到上海大学来吗?"

1996年初夏的一天,邓伟志应邀到上海大学开会。散会后,胡申生代表校方送邓伟志回家。在车上,胡申生怀着试一试的心态,直截了当地向邓伟志提出了中肯之请。没想到邓伟志毫不迟疑地果断回答了一个字:"好!"胡申生把担心上海社科院不放他的顾虑一说出口,邓伟志胸有成竹地说:"这你就别管了,明天你就向学校领导汇报吧。"第二天,胡申生向校领导汇报了此事。上海大学领导对邓伟志的加盟当然求之不得,但对邓伟志没有向学校提任何附加条件有些半信半疑,因为当时盛行人才引进附加房子、票子、位子的做法司空见惯。上海大学党委书记、常务副校长方明伦教授为此专门派人找到胡申生,认真向他询问邓伟志是否真的没有提任何条件,胡申生给予了肯定的回答。几天后,方明伦又亲自找到胡申生核实。这个消息使得校领导们在喜出望外之余心生钦佩之情。

1996年暑期的一天,上海大学副校长杨德广和上海大学文学院书记吴圣苓奉校长钱伟长之命,冒着近40度的高温来到邓伟志家,邀请邓伟志到上海大学社会学系任教。人生乐在相知心。对上海大学领导的真情

与上海大学领导、同事合影

实意,邓伟志深受感动。不久,邓伟志就到上海大学履新,正式成为上海大学的一名教授,担任了社会学系系主任。

在上海大学师生的印象中,邓伟志一方面待人温文谦和,另一方面在学生学业、学术研究及教学工作上要求严格。他对师生们开展专业思想教育时一针见血地说:"社会学大门口,对联应当是'追求发财莫进来,要想当官走别路。'"他在一次开学典礼上推心置腹地对学生们说:"我们教学相长,愿我们的师生情谊与日俱增,愿我们手拉手在攀登科学高峰的道路上勇往直前……在两三年的研究生生活中,要力求学到比较丰富的科学知识,力求具备崇高的科学精神,力求掌握有效的科学方法。"他对自己带的研究生特别强调要提高两种素质:一是求新意识,二是写作能力。针对一些学生还不太适应大学的学习方法的状况,他耐心地引导说:"学生的任务是学习,而要学习好则离不开讨论。有分歧是正常的,没有分歧则是不正常的。有分歧就少不了讨论。讨论是思维共振,讨论是观点互补,讨论是认识的扩散和延长……不论是研究生还是本科生,都已具备了讨论的条件,甚至也有了与老师商榷的资格。"

可能是因为邓伟志小时候在波折危险、坎坷困顿的生活与学习环境中曾经受到数不清的师长无微不至的呵护、亲切和蔼的教诲的缘故,他把这种爱通过自己的教师身份毫无二致地传导到学生们的心上。他在《师爱说》一文中写道:"做文章讲究'情动而辞发',教育人也必先使之'情'动而后才能'解惑'。师生之间一旦建立起了真挚的感情,一旦架起了友谊之桥,科学知识便可以从这座桥上输送到学生的脑海里,思想政治工作也可以从这座桥上送到学生心坎上。那么,这座感情之桥从何而来?它主要是来源于教师对学生的热爱。师爱,是感情之桥的基石。"杨雄曾是上海社会科学院社会学研究所所长,他在上海大学就学时也是邓伟志众多的博士生之一。他回忆邓伟志时说,学生们心中的邓老师如太阳般温暖、春风般和煦,而他的治学态度又非常严谨;工作中的邓老师,知识渊博而又非常勤奋。的确,"善为师者,既美其道,又慎其行。"2021年7月11日,邓伟志怀着对青年一代的浓浓深情,在上海大学社会学院毕业典礼上发

2007年11月,与参加"社会学新视野"学术研讨会的上海大学社会学系师生合影

与上海大学社会学系硕士、博士生合影

表了感人至深的祝词,他形象而深刻地对毕业生们说:"社会学院毕业生手中的社会均衡论、社会有机论是建设橄榄型社会结构的脚手架,社会学院毕业生手中有解开社会问题的万能钥匙。百年未有之大变局有待于社会学院的毕业生用社会变迁理论去识变、应变,即使是瞬息万变,在社会学人那里也都能制变、达变……"这番推心置腹的精彩祝词,赢得了当时在座的师生们热烈的掌声。

如果说,上海大学社会学系在其大踏步地迈进全国重点学科的过程中,曾经有几个重要里程碑的话,那么邓伟志来到上海大学担任社会学系系主任就是其中的一个。因为他的到来和主持工作,使上海大学社会学系的办学、科研和社会影响都上了一个新的台阶。多年来社会学系一直承担国家级、市级的重大科研项目,而邓伟志在科研工作方面总是身先士卒起着表率作用。上海大学社会学院每半年统计一次科研成果,邓伟志多年来一直排在前几名。在邓伟志看来,上海大学社会学系作为新中国本土社会学的发祥地,对当今的社会学研究者来说,重要的是应从中国当前的社会现实出发,有的放矢地研究,创建中国社会学派。邓伟志到上海大学就职不久,全国政协副主席、上海大学校长钱伟长就约他作了一次长谈。钱伟长在这次长谈中海阔天空引经据典,深深感染了邓伟志。邓伟志后来回忆说:"我提出建立'上海大学社会学派'的建议,也是在这次长谈中获得启发和感悟的。"后来,他写了《赞"上海大学社会学学派"》的文章对这个构想作了进一步论证,予以充分肯定。同时,他在社会学系的教学和科研中,把这个构想转化为自己的行动和同事们的共识。19世纪末,由芝加哥大学社会学系创立的社会学派"芝加哥学派"闻名遐迩。邓伟志到芝加哥大学讲学时,又近距离地对芝加哥学派作了深入的观察和细致的研究。他认为,上海大学社会学院应该也有条件创建"上大社会学派",方法之一是用课题带学派、促学说。他鼓励大家说,上海大学的社会学研究成果一定会"走进世界学术之林,并且成为其中的一棵参天大树"。当时的上海大学社会学系还办了一所一刊——社会学研究所和学术刊物《社会》,有力地推动了社会学的学术研究。对此,邓伟志不无自豪地说："上大的社会学是社会学的三角洲。无'系'无后继,无'所'无提高,无'刊'无文苑……系、所、刊有分有合,方能独树一帜,各显神通;合则形成巨大合力,形成拳头。系、所、刊要亮'上大牌'。"

2021年5月,邓伟志在上海大学社会学院的演讲中,把上海大学社会学人的精神归纳为四点:一是艰苦奋斗的精神,二是专心致学的精神,三是传播马列主义为党的创建立功的精神,四是创新精神。他向社会学院的新老同事们提出了中肯的建议:"今后应当在扶贫、养老、社保、医疗等方面继续坚持'社会以人为本,人以社会为本'的'互本论',实现稳中求进、进中求稳,变'稳'字当头为'进'字当头。'稳'字当头是静态平衡,'进'字当头是动态平衡,要在前进中不断建立新的平衡。"

作为上海大学社会学系原书记的胡申生,在工作中与邓伟志相互补台、配合默契,他在一篇文章中写道:"我现在回想起来,邓伟志之所以能不计条件待遇,慨然应允到上海大学任教,其中一个重要的原因,就是他的父亲邓果白是从这所学校走出来的,浓浓的上海大学情结,使他义无反顾地步武令尊,踵事增华,加入上海大学的行列。邓伟志在上海大学,为学校的发展做出了诸多贡献。"

上海大学经济学院兼职教授(金融专业硕士生导师)、上海大学人才学院人生导师、中国日报中文国际网专栏作家陈新光清楚地记得,2012年5月23日上午,在华东理工大学文科学研究院三楼会议室组织了三位博士研究生博士毕业答辩专场,他是其中之一。而作为他博士毕业答辩委员会主席的就是邓伟志。答辩进行顺利,当邓伟志代表答辩委员会宣读完决议书,在建议华东理工大学学位委员会授予陈新光等三位学生博士学位并表示祝贺之后,又专门为他说了一段话:"这里我特别要说的是,陈新光同学读博时已经54周岁,在四年学习中能取得优良成绩,如期申请博士毕业论文答辩实属不易。今天,答辩委员会投票表决结果一致同意授予58周岁的陈新光法学博士学位,这是迄今止在国内获得博士学位年龄最大的学生之一,也是我见到的,靠潜心求学探索、靠勤奋刻苦学习获得博士学位的在职领导干部。"这些话陈新光至今镌刻在心、催他自新。

第七章 诲人不倦 薪尽火传

2019年3月21日,荣休仪式合影

作为一位学者,陈新光一直铭记着邓伟志教授的名言"读书就是站在前人、巨人的肩膀上向前看做学问"。他激励自己要向邓伟志那样"我的研究是没有主线的,祖国的需要就是我的专业",活到老、学到老,为实现中华民族伟大复兴贡献自己的智慧和力量。

2019年3月21日,春分来临,上海大学校园樱花烂漫春意盎然,邓伟志荣休仪式在乐乎楼思源厅隆重举行。中共上海市委统战部、民进上海市委、中国社会学学会等都派有关领导与上海大学的领导和师生代表一起参加了仪式。与会者对著作等身并为上海大学社会学系成立、上海的社会学发展和中国社会学的重建、发展、繁荣都做出了杰出贡献的邓伟志教授,表达了深深的敬意。上海大学党委副书记徐旭在仪式上希望社会学院全体师生,要以邓伟志教授的治学精神为榜样,立足社会、创新理论,不断提升上海大学社会学专业在国内外的影响。大家一致祝愿邓伟志在荣休以后开启人生新的壮丽征程。

三、陶熔鼓铸　受聘诸校

邓伟志在复旦大学分校和上海大学社会学系教学科研成果丰硕,因此,不少机关单位、企业、学校、社会组织经常邀请他办讲座、当评委、指导课题、兼任职务。更有一些高校对他是"不曾识面早相知",华东师范大学、同济大学、武汉大学、中山大学以及福建、江苏、云南、河南、黑龙江等省的部分高校都聘请他担任客座教授。在全国,除了新疆、西藏外,他都去讲过学。二十多年来,俄、美、日、英、德、荷、瑞典、匈牙利等国的大学也都邀请邓伟志去讲学。只要与工作没有明显的冲突,他都能如约而至完成任务。多年来,邓伟志始终保持着对青年人的尊重、爱护和倾力扶持培养的极大热情。他自比"落叶",坚持要用落叶肥田。他在一篇文章中幽默地自勉:"你是有机肥料,远不是化肥所能比拟,相信你'化作春泥更护花'。"所以,他在所到之处大受欢迎。

张雄是上海财经大学人文学院原院长,经济哲学教授、博士生导师,现任全国经济哲学研究会会长。作为邓伟志的安徽老乡,张雄的祖籍桐城市,是闻名遐迩的六尺巷故事发生地。据说清康熙年间,担任文华殿大学士兼礼部尚书的张英接到家人来信,要求他出面干预与邻居吴家因宅基地产生的矛盾。张英阅信后提笔写道:"千里修书只为墙,让他三尺又何妨?万里长城今犹在,不见当年秦始皇。"家人接信后,主动将院墙后退三尺。吴家感其义,也将院墙退后三尺。"六尺巷"由此得名,这个典故也成为彰显中华民族和睦礼让美德的象征。而张雄正是桐城张氏家族的后人。2004年清明,张雄陪其父回桐城扫墓时,接受时任中共安庆市委常委兼桐城市委书记董宏业的建议,特从桐城带了一抔家乡的土回上海,以表永续先祖高风亮节之志。

有家学渊源,又有在军队院校和解放军总政治部机关工作的经历,张雄具有开朗干练、雷厉风行、雅人深致的特质。他深知,要把高校的专业办成一流水平,就不能坐井观天,必须要借助一些外力来取长补短,这样才能较好地实施"君子学以聚之,问以辨之"的治学、教学之法。在他主政上海财经大学人文学院时,向国内外聘请了六位客座教授,邓伟志就是其中的一位。2003年秋季,上海财经大学人文学院招收了第一届社会学专业的硕士研究生。学院边抓硕士研究生的教学,边加强社会学系建设工作,外聘有社会影响、专业水平高的教授,就成为其中重要工作之一。这时,陆绯云向张雄推荐了邓伟志。上海财经大学是邓伟志的母校,他曾深情地说:"我是从母校的怀抱里走向新时代的。没有母校过去的教育培养,就没有我的今天。"所以,他对母校有求必应。

张雄院长聘请邓伟志为社会学系名誉主任和人文学院学术指导委员会专家,邓伟志经常来校讲课、参加学术评审和咨询。多年来,每到新学年开学之初,他都按学校要求,到校为社会学系新生上第一课,对学生们进行专业启蒙教育。当张雄向他征求办好社会学系的意见时,邓伟志不遗余力地出谋划策。他建议不能仅仅抓教学,还要重视科研,建议成立"社会与经济发展研究中心",以便促进科研工作。张雄及其他领导积极采纳了这个建议,上海财经大学人文学院的社会与经济发展研究中心很

与上海财经大学张雄教授(前排左)等合影

快成立了,并且一直正常运作至今。邓伟志在指导学科建设时反复告诉上海财经大学的师生们,社会学特别重视调查研究,重视调查研究的长期性和深入性,强调一手调查、一手数据。他亲自策划和参与上海财经大学师生们的社会学调查工作,认真指导师生们总结调查研究的成果,浦东新区、崇明区的城乡社区都留下了他的足迹。邓伟志还建议上海财经大学人文学院社会学系每年要选一个城市社会学主题,开展深入研究,并能够成文结集。在他的策划下,上海财经大学人文学院成立了一个由张雄为主编、陆绯云为执行主编、邓伟志等教授为编委的编委会,每年出版一本《上海暨长三角城市社会发展报告》,有力地促进了社会学的学科建设。陆绯云作为上海财经大学人文学院社会学系副主任,在谈到邓伟志时总是充满敬意:"邓老师给社会学系师生们最深刻的印象是勤奋、真诚,不遗余力地提携培养年轻人。他睿智、幽默、知识渊博,对社会学研究不仅透彻,而且极具前瞻性,值得我们认真学习。"

2022年初,全国经济哲学研究会和中国社会科学院哲学研究所计划4月在上海财经大学举办第二届中国马克思主义经济哲学论坛(后因故延期)。作为承办单位之一的上海财经大学人文学院哲学系特邀请邓伟志作为嘉宾到时参会,并请他站在社会学家的角度上,针对论坛的主题作指导性演讲。论坛组织者认为,数字化生存世界的到来,人类逐渐进入了21世纪历史发展的文明新形态,从而导致了生产方式、生活方式、价值观念和人们社会交往模式的迅速改变,给当代中国马克思主义经济哲学提出了一系列深刻的问题。因此,这次论坛的主题定为"数字化生存世界与当代马克思主义哲学追问"。1月接到张雄教授的邀请后,邓伟志就以一贯严谨的治学态度准备演讲稿,即使春节期间,他也在翻阅有关资料,认真构思,以其深厚的专业学养和触类旁通的思辨能力,起草了题为《元宇宙的社会学之问》的演讲稿。他写道:"元宇宙是数字时代进入新阶段的标志。元宇宙让虚拟世界更美丽,让现实世界有更多的享受,人们的生活更加舒适,购物、消费更加简便……但是也要看到,元宇宙同任何事物一样,有利必有弊,有机遇必有人投机、钻空子……凡事预则立。建议在元宇宙兴起之初,就着手研究、讨论立法问题。有人钻空子,我们就要用法律和道德两个规范堵空子,从而推动元宇宙健康发展。"邓伟志在7月25日上午的论坛上发表了这个演讲,引起了来自六个省市线上线下一百多位参会专家的热烈反响。

张雄在回忆与邓伟志共同工作的一篇短文中写道:"邓伟志先生给我印象最深刻的是其为人谦和、憨态可掬,重感情,多微笑。其实,真正令人敬佩的是他的满腹经纶,擅长社会学哲学思考,见微知著,普通的常识能被他犀利的笔触追问到事物的本真存在。他的散文、杂文为什么有名?因为有思想的穿透力。黑格尔说,熟知未必真知。我所了解的邓伟志先生,擅长把人们熟知的日常生活现象和知识,解析出深刻的哲理和通俗易懂的'本质'话语。他的社会学拳头产品是社会学的微观叙事,如家庭结构的社会变迁、社区文化的社会认知。"

四、绝伦逸群　致力创新

社会学是社会科学的基础学科之一,它系统地研究社会行为与人类群体,在研究题材上或研究法则上均有相当的广泛性,其传统研究对象包括社会分层、社会阶级、社会宗教、社会法律等,而采取的模式则包括定性和定量的研究方法。中国特色社会学理论的基本课题,就是要研究怎样整合中国人民的磅礴力量。整合社会力量,必须坚持共建共治共享的基本原则。共建共治共享,意味着全体人民共同建设、共同治理、共同享有社会发展进步的成果。社会学认为,激发全体中国人民的活力和拥有良好的秩序,是实现全面建成小康社会的两个基本条件。可以说,社会热点就是社会学的聚焦点。对此,邓伟志进一步论述道:"社会学理论同各种理论一样,都是来源于实践,都是从大量社会现象中抽象出来的,广泛的社会实践是社会学理论的发祥地……社会学理论化为社会实践的服务中,不是随波逐流,而是居高临下,起指导作用的。社会学理论在接受社会实践的检验中,不是任人摆布,而是在检验中接受批判和自我批判,在

第七章 诲人不倦 薪尽火传

检验中逐步完善和不断发展。"

学者当自树其帜。社会学有170多个分支学科，具有丰富社会阅历和广博知识的邓伟志边倾力抓好教学和管理，边对纷繁复杂的社会学条分缕析，选择了其中13个分支进行研究。邓伟志说，在高校工作"三十多年来，我实行的是'三边政策'：边学、边教、边写"。他重点研究的这13个分支是：科学社会学、家庭社会学、妇女学、城市社会学、农村社会学、贫困社会学、教育社会学、犯罪社会学、法社会学、网络社会学、性社会学、社会学学说史、外国社会学。邓伟志认为，理论与实践应该统一。社会实践是社会学理论的富矿，实践中有许多课题有待研究，社会学专家应该重视走出书斋、深入社会的实践。因为社会学历来重视社会问题的研究，所以社会学研究者就应当有担当，始终以为社会问题的解决提供合理建议为己任。

妇女学是家庭社会学的姊妹学科，是邓伟志研究社会学的一个分支。妇女学作为一个学科在中国建立，还有一个不得不讲的故事。1981年底，于光远在整理他那堆积如山的资料时，发现了毛泽东、张闻天为延安《解放日报》合写而未发表的有关家庭问题的社论底稿手迹。这个消息不仅引起党史界的关注，而且也引起了全国妇联的极大兴趣，来北京史家胡同于光远家中欣赏这件珍贵文物的人络绎不绝。一天，邓伟志帮助于光远接待全国妇联研究室主任侯狄时，他根据自己长时间的研究思考和编辑大百科全书而逐渐树立起的学科意识，借机向侯狄建议建立一门"妇女学"。作为妇女工作理论家的侯狄敏感地意识到建立这个学科的必要性和可能性，她立即表态赞成并鼓励邓伟志尽快把这个想法写出来。邓伟志在繁忙的工作中思考着、准备着、书写着，一篇《妇女问题浅议》在1982年11月26日的《解放日报》上发表了，但这篇文章只是笼统地提出"加倍重视妇女学研究"，没有充分展开论述妇女学。1983年，邓伟志因大百科全书编辑工作到北京，在一个研讨会上遇到侯狄。她再一次催促邓伟志把较完整论述妇女学的文章写出来。邓伟志对自己的理论研究向来是有"精之又精，习与性成"的严格要求，经过一番努力，他终于向侯狄交出

1986年岁末,参加《社会学报》迎新茶话会

了题为《完善和发展妇女学问题》一文。文章第一部分讲妇女学建立的必要和可能，第二部分讲妇女学研究的八个方面，形成了基本理论框架，第三部分讲中国妇女学的三个特色。侯狄十分重视这篇文章，不仅把它刊登在她主编的《妇女工作》1984年第9期上，而且还加了一个颇有号召力的编者按。回忆这件事时，邓伟志说："这是鼓励和鞭策，同时也说明侯狄是妇女学的催生婆和向导。妇女学后来的蓬勃发展，应当说，与这个高屋建瓴的按语有直接关系。"

1992年，中国妇女出版社出版的由北京市妇联编写的《中国妇女理论研究十年》一书中写道："中国大百科全书出版社上海分社的邓伟志率先提出妇女学这一概念。他在1984年第9期《妇女工作》刊登的《完善和发展妇女学问题》一文中认为妇女学在中国应运而生已迫在眉睫。有一个'妇女学'招牌与没有'妇女学'的招牌大不一样，有了一个招牌或者说形式，就或多或少地会促进人们从'学'的角度去思考研究，而没有'妇女学'的形式，人们可能压根儿就不从'学'的角度去想问题，也不会自觉地去充实其内容。我国有自'五四'以来的妇女运动经验，特别是有社会主义建设时期妇女工作的宝贵经验，这些经验有的已上升为理论，而大量的是有待于上升为理论，有待于组成一个完整的科学体系。妇女学是妇女运动前进的产物和要求。"由此可知，中国妇女学的建立并非仅仅邓伟志一人之意，而是民之所愿、学之所需，但他确实是顺天应人为建立妇女学作了第一次推动。而邓伟志遵循自己"立身之道，唯谦与学"的价值理念，谦虚地说："潜心于研究妇女学的，绝不是我一个。发明权或引进权是属于一个群体的。"他在2016年第3期《云南民族大学学报》上刊文说："上世纪八十年代初，主持《妇女工作》杂志的老一辈妇女理论工作者侯狄同志，提出并赞成用'妇女学'，指出要重视妇女问题的社会调查和理论研究，以逐步改变妇女研究理论落后于妇女工作实践的局面。多年后妇女学的发展证明了这一点。"

邓伟志认为，妇女学是一门分支众多的交叉学科、边缘学科，应引起大家的重视，普天同"研"，普天同"学"，使妇女学为妇女成才创造最佳

1998年,在上海大学妇女研究中心成立大会上

的生态环境。妇女学作为一门揭示妇女运动规律、论证妇女解放道路、阐明妇女身心健康的学科，应该是妇女理论与妇女实践相结合的综合性社会学科，它包括妇女心理学、妇女伦理学、妇女法学、妇女管理学、妇女文学、妇女美学、妇女人格学、妇女家政学等。由此可见，妇女学是妇女工作的指导与理论基础，只有解放思想、不拘一格，才能搞好妇女学研究。邓伟志是学者，但他深谙"论学则观其身"的道理，因此他在提出妇女学理论概念后，大踏步地迈入了妇女工作的实践中。他担任了1999年成立的第一届中国妇女研究会的常务理事，在2004年第二届中国妇女研究会上，他被选为副会长。他广泛接触社会各方面人士，深入社区、学校、企事业单位，在调查中获得第一手材料加以理性分析，再上升成为理论来指导妇女工作的实践。进入21世纪，邓伟志为妇女学研究标定方向：中国的妇女学研究将进一步走向学科化、本土化和国际化，妇女学的研究必将从单一性走向多元化，在中国学术界和教育界由边缘走向主流。

邓伟志丰富了中国城市社会学的研究和实践。城市社会学是以城市的区位、社会结构、社会组织、生活方式、社会心理、社会问题和社会发展规律等作为主要研究对象的一门学科。社会学家认为，城市是社会的载体，是一种社会现象，是社会变迁的产物。从社会发展的角度去审视，现代文明的进程主要是城市文明的进程。城市社会学是随着城市的产生而产生，随着城市的发展而发展的。在城市化水平高的国度里，应当高度重视城市社会学的研究和普及，在城市化水平低的国度里，更应当高度重视城市社会学的研究和普及。邓伟志认为，城市社会学是研究城市社会的学科，应关注现今城市较为普遍存在的"较多的社会冲突、较多的社会失范、较大的社会冷漠"。在认真研究了国际上城市社会学的各个学派后，邓伟志提出了自己的见解：国际上的这些城市社会学学说、学派都有值得我们借鉴之处，可是都不能照搬照套到中国。中国的社会学家应当在吸收各家之长的基础上，破除迷信、解放思想，创建中国的城市社会学。

城市问题是城市社会学研究的内容之一。多年来，随着城市中各种问题的日益突出,越来越多的社会学学者对它进行了深入研究,在原因探讨、解决对策方面都提出了一些理论观点,取得了极其丰富的研究成果,如"两手失衡论""社会转型论""社会运行论""必然代价论""市场失灵论"等。作为社会学家,邓伟志在对城市问题研究分析后认为,城市问题有广义和狭义之分。广义的"城市问题"概念是中性的,其中不涉及任何价值判断和感情色彩,它包括所有与城市有关的话题和议题,如城市人口、城市家庭婚姻、城市政策及城市文化等,当然也包括诸如贫困失业、城市犯罪等消极现象。而狭义的"城市问题"则含有主观上的价值评判成分,它是指城市在其生存、发展过程中出现的一些失调、冲突现象和特定的障碍、难题。邓伟志进一步分析说:"广义上的'城市问题'概念强调的是'城市',与其相对应的概念是农村问题或别的什么方面的问题,而狭义的'城市问题'所强调的是'问题',是指那些存在于城市中的、需要去解决和改变的各种不利情况。"总之,当人与人、人与自然环境的关系处于协调状态时,城市社会呈现和谐与顺利发展状态;反之,则呈现动荡或发展受阻的状态。轻度的失调对城市生活的影响微不足道,不构成城市问题;严重失调则对城市发展及城市生活产生重大的影响,就会构成城市问题。

  城市环境是城市社会学研究的一个重要内容。社会学家认为,城市是一个有机体。城市的发展是一个生态过程,大体上可以归纳为浓缩和离散,集中和分散,隔离、侵入与接替等几个互为联系、互有差别的区位过程。邓伟志认为,城市环境既包括自然环境,也包括人文环境。明确了城市环境的二元结构,就很容易想象出:城市环境问题是一个社会问题,首先是社会与自然的关系,其次是在处理与自然的关系时引发出的社会内部的各种矛盾和关系。因为城市化进程的加快、城市化比例的提高、城市人口的增加,城市中的越轨、冲突、失范甚至犯罪现象增多,所以,城市环境建设就显得迫在眉睫了。因此,邓伟志认为,只有达到社会资源兼容共生、社会结构合理匀称、社会规范先进有序、社会运筹得当而灵活的标准,才是合格的城市环境。这就启示我们,城市环境建设必须着眼满足市民对生活的多样化、品质化需求,引领民生相关的产品,提升商贸、旅游等服务水平,推进养老、医疗、文化、教育等基本公共服务标准化建设,使发展成果更多、更公平地惠及市民。在这里,邓伟志还特别强调了要加强城市环境道德意识,他说:"对这些矛盾和关系无疑地要用法律来规范,但是大量的矛盾和关系不能用法律,而是要用道德来规范。这就是说,在处理环境问题上,要讲究'环境道德',要建立'环境道德体系'……当务之急是提高环境道德意识。"

社会组织是城市社会学要研究的又一个重要内容。城市社会组织是当代城市政治生活的重要组成部分。城市社会组织十分复杂,大体可分为经济类、行政类、文化类、政治类、社区类、家庭类及其他类型的社会组织。这些社会组织构成许多不同的网络系统,它们相互影响、相互制约,共同推动城市社会的发展。城市社会组织的运行具有较强的"社会嵌入性"特点,社会价值思潮的牵引拉力、组织的聚合内力、按章程管理的推力构成其运作机制的三要素。城市社会组织是一个开放的系统,就每一个社会组织来说,它不仅自身要与周围环境进行物质、成员、信息的交换,而且还根据与其他组织的关系,组成不同的组织体系,在更大的范围和更高的水平上与外界环境进行各种形式的交换。邓伟志认为,城市社会组织是政府的伙伴和助手,是政府的人才库、智囊团。它在社会生活中发挥了为经济建设和改革开放服务的作用,充当党和政府同各自联系的成员之间的桥梁作用,团结和联系国内外各界民间组织和人士的纽带作用。邓伟志还认为,要治理好社会,一靠政府,二靠市场,三靠社会组织。因此,社会组织又被称为"第三部门"。当然,社会组织也要注意加强自身建设,要"去行政化、去矮化、去拜物教"。政府与社会组织之间多数都是互补的关系。城市社会组织能使政府的运作成本降低,因为"有了社会组织,政府就不再是'万能政府'了。少一'能'就少一笔开支。有了发达的社会组织,政府就不再是'直接政府'了。流程缩短,环节减少,开支自然下降"。因此,城市的政府,一要努力培育社会组织的成长,二要充分发挥社会组织的作用。

城市社会学研究的另一个重要内容是社区文化。社区文化说到底是观念文化，先进的社区文化是先进观念的总汇和积淀。邓伟志在分析城市社区文化特点时指出："社区是一个共生系统，不论原来有多么大的差异，来到同一社区后，受地理条件的制约，共同性必然会增多。共同的生活天地、共同的消费场所、共同的社会秩序和共同的福利事业，决定了社会成员的必然趋同。"而"在社区建设的丰富内容中，社区文化是属于深层次的建设，高层次的建设，也是高难度的建设……社区文化是社区文明的内核。社区文化有助于丰富精神生活、陶冶居民情操、开发居民潜能、增进居民交往、提高居民素质、促进经济繁荣，这正是社区建设的一个重要方面"。他还提出，发展社区文化要刷新社区文化的理念，要力求人性化、平衡化、多元化。

君子以行言。邓伟志带着城市社区文化建设丰厚的研究成果深入到社区，参加社区文化建设实践。2004年，他同胡申生和上海财经大学人文学院院长张雄教授共同率领一个研究团队，来到上海市浦东新区塘桥街道。他们与街道党工委、办事处密切合作，展开了深入细致的调查。他们在塘桥社区原来较好的社区文化工作基础上，进行了较系统的理论指导，提出了进一步改善和加强的建议。经过一年的运行实践，塘桥街道的社区文化蓬勃发展，异彩纷呈，"普及基础文化，活跃群众文化，引进高雅文化，打造品牌文化"，社区居民、社区单位和社区社会组织参与社区文化建设的积极性被充分调动起来。在这次实践工作告一段落时，2006年1月17日的《人民日报》刊登了邓伟志、张雄合写的文章《以先进文化引领和谐社区建设——上海市浦东新区塘桥街道社区文化建设的实践与启示》。文章中说：社区是城市经济和社会生活的基本单元，社区和谐是社会和谐的基础，而社会主义先进文化则是和谐社区建设的精神支撑和有效载体。近年来，上海市浦东新区塘桥街道党工委、办事处，适应社会发展和居民需求的变化，提出"文化立社区、温馨在塘桥"的理念，全方位打造社区文化，注重"规划、环境、载体、活动"建设，探索出以提升文化"软实力"来推动和谐社区建设的途径。

第七章　诲人不倦　薪尽火传

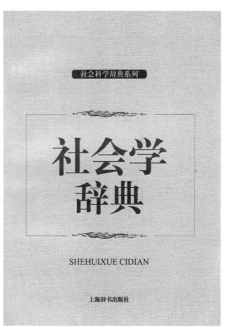

主编的《大辞海·社会学卷》、《社会学辞典》封面

十五年来，塘桥街道社区文化建设工作遵循着当年这一理论指导，在新时代坚持大胆实践、不断创新，不断增强社区文化对年轻人的吸引力，进一步加大公共文化服务的覆盖面，践行"人民城市"理念，提升社区文化建设的规范化、精细化水平。2020年11月26日，人民网刊登了题为《新时代文明实践的"塘桥样本"》的文章，介绍了塘桥在社区文化建设方面前后十五年接续拼搏奋斗的最新成果。

邓伟志投入大量精力研究农村社会学。邓伟志虽然生活在城市，但作为长期关注中国"三农"问题的社会学家，他为有些农村土地荒芜没有人管而寝食不安。他认为"农村社会学是分析农村的解剖刀"。中国是个农业大国，不了解农村就不了解中国，就不了解中国社会。他从农村社会学的角度建议：一是村民自治应当迅速推广、普遍实行，在推广过程中要充分注意扩大民主，增强自觉性，提高村民自治制度效率；二是加强对农村基层干部的培训、提高，要教育干部了解农民、懂得农民、代表农民，为农民谋利益；三是要给"三农"再加"一农"，就是加上"农学"，而农学是大农学，包括农业科技、农民理论、农村理论；四是要重视用多种方式全面提高农村人口的综合素质，综合素质的低下，已成为制约农村经济、社会、文化和民主发展的主要因素；五是要完善农村集体土地产权制度，这是农民长效致富的机制、体制与法制保障，是社会主义新农村建设的政治经济基础，在这方面要注意充分发挥农民作为运作主体的作用；六是要大力保护农村的土地生态环境。农村土地资源是国家经济社会发展的重要物质基础，它为人们提供基本的物质生产和生活资料，"人类社会的最终发展目标应该是建立人与土地、人与自然和谐共处的现代协调型循环社会"。邓伟志在有关农村社会学的论述中强调："农村是传统与现代的交锋最广泛的、最全面的场所，是社会学最理想的观察、研究前哨……'三农'问题的研究都是农村社会学所承担的任务：比较中国农村不同区域的经济、社会发展差异，寻找适合不同区域发展的理想模式，分析影响农村商品经济发展的社会文化因素，探索中国农村城市化的道路，准确把握农民心态，制定出合乎实际的农村政策，探讨处于变革之中的农村存在的各种问题的解决方案。"

邓伟志极为关注贫困社会学。在多年的调查研究工作中,邓伟志到过城市社区居民的住宅,去过农村老乡的家园,到访过西南边陲热带雨林里的傣家竹楼,进入到西北黄土高原的窑洞中。芸芸众生无不给他留下深刻的印象,也为他的贫困社会学研究提供了丰富的素材。他在《和谐社会十二条》中的第一条就是"缩小贫富差距",可见这在他看来是一个十分重要的问题。在研究中,他深入分析了西方贫困社会学的各种理论,如贫困的恶性循环理论、低水平均衡陷阱理论、贫困有利理论、二元劳动力市场理论、福利制度贫困理论、三 M 理论、权利贫困理论等。他认为,这些国外理论有成熟的,有幼稚的,有正确的,有错误的,"我们要站在马克思主义中国化的最新成果的高度,结合中国的实际,择其善者而从之,其不善则不从……只要在实践上坚持走自己的路,在理论上就有创新的土壤和气候,就有可能攀上理论高峰"。

也许是因为邓伟志少小时期过苦日子的缘故,他特别关注社会的贫困问题。他先后写过几十篇提倡共同富裕、为脱贫呐喊助力的文章,如《论乞丐》,因此有人称他是"穷人社会学家"。大家都知道"第三次分配"是北京大学教授厉以宁提出来的,殊不知邓伟志也为老朋友厉以宁帮过忙。在北京正式成立中华慈善基金会前夕,有关方面对基金会的名称争论不休,有人认为应该挂"中华社会主义慈善基金会"的牌子。这时,厉以宁打电话给邓伟志,同他讨论这个问题,邓伟志谈了自己的看法。为此邓伟志写了一篇论述中国出现两极分化的文章,并借出差北京的机会,把文章初稿带给厉以宁,请他指教,文章在1994年初刊出。在北京对此问题纷争不定时,上海却率先在1994年5月成立了慈善基金会,作为上海慈善基金会常务理事的邓伟志,很快把这个消息告诉了厉以宁。厉以宁特别高兴,在写诗祝贺邓伟志的同时,正式提出了"第三次分配"的概念。

邓伟志是位乐善好施之人,二十多年来,他多次向基金会捐款。基金会的工作人员认为,邓伟志每次的捐款数虽不及一些大老板捐款数的零头,但从他的工资收入看,比重不算低,其扶危济困、乐善好施之情由此可见一斑。2004年1月,邓伟志被评为上海市第一届"慈善之星"。

由于邓伟志较准确了解了国内外的贫困状况,便着力提倡民生社会学、贫困社会学、贫困文化学的研究,反复强调社会平衡论、社会张力论、社会矛盾论以及保障和改善民生的社会学研究。而"民生"是具有中国特色的社会学概念。在近年的社会学研究中,民生的领域越来越具体和明确,包括教育、就业、收入分配、社会福利与社会保障、住房、医疗健康、养老、扶贫、基层社会治理等。他在《谈谈社会建设》中指出:"关注民生、聚焦民生是对中华传统文化的继承和发展。古人说'天视自我民视,天听自我民听',将民与至高无上的天相联系,民心代表天意。战国时期,孟子提出了'民为贵'的思想,'民为贵,社稷次之,君为轻'……我们要坐而论,起而行才是。"他认为,人类的文明史就是一部处理穷与富的历史。穷与富的矛盾处理得好,国泰民安,欣欣向荣;处理得不好,危机四伏,民怨沸腾。国家在解决贫富矛盾中的宏观调控作用是不容忽视的,国家要依法提高所得税、遗产税、利息税等税种的税率,完善第三次分配的激励体系和保障体系,尽快把基尼系数从社会警戒线上降下来。邓伟志特别关注第三次分配在缩小贫富差距过程中的作用,引用汉代疏广的名言"贤而多财,则损其志;愚而多财,则益其过"来论证乐善好施的慈善之行,他认为"慈善事业发展下去,会改变传统的遗产继承制,会淡化家族制度。随着慈善精神的弘扬,会改变人与人的关系,促进平等、友爱的人与人的关系的早日形成,会改变生产关系"。

在长期研究贫困社会学的实践中,邓伟志多次撰文论述社会弱势群体问题。弱势群体是指创造财富、聚敛财富能力较弱,就业竞争能力、基本生活能力较差的人群。包括残疾人、下岗失业人群、城镇贫困人群、部分老年人、少数遭受灾祸的人群。他呼吁,从完善法律手段、行政手段、道德手段甚至宗教手段入手,他坚信,通过全社会的共同努力,中国的弱势群体一定会从弱到强。"君子见几而作,不俟终日",这是古人对具有见微知著能力的人的称颂,这个称颂对邓伟志恰如其分。他在研究贫困社会学时,以敏锐的目光透视社会的每一个角落,甚至认真研究了乞丐这个不太引人注目的社会群体。他认为,能不能善待乞丐也是一个国家的形象问题,"人,不分贵人、贱人都是人,不论穷人、富人都是立国之本"。在《如何对待乞丐》一文中,他充分赞扬了我国对乞丐由收容遣送改为社会救助的好政策,对乞丐问题的处理又郑重提出了具有可操作性的六个建议,他再一次强调:"开足马力推动经济与社会的同步发展,这才是治本。"

邓伟志还敏锐地跟进网络社会学的进展。网络是人类发展史上具有里程碑意义的重要发明,它依靠计算机科学和信息科学的高度集成,把信息传输、接收、共享归并到由网络构成的虚拟平台,通过这个平台迅速把各个点、面、体的信息联系到一起,从而实现这些资源的共享。二十多年来,我国网络的发展势头迅猛,各级政府对网络的投资不断扩大,信息业已成为国民经济发展的第一支柱产业,电子政务已普遍应用于政府各部门;各类企事业单位的信息化已广泛普及,电子商务、网络直销、网络会议、网络教育、远程医疗推广迅速,有力地促进了经济和社会的发展步伐;家庭及公民个人上网的普及率接近100%,网上购物、在线服务已成为人们日常生活中不可缺少的内容。网络的广泛应用,促进了社会发展,缩小了城乡差距、东西部差距,政府政务在网络上公开使透明度增强,社会参与国家管理事务的程度提高,人民群众投身社区建设和管理的热情高涨;促进了科技进步,为科技创新提供了强有力支持,为经济发展提供了保障;促进了经济全球化,提高了劳动生产率,有效调整了生产关系,改变了人们的生存方式,而经济全球化又促进了世界经济的稳定和持续发展。

通过对这些情况的研究,邓伟志敏锐地意识到虚拟网络平台对现实社会产生的巨大挑战。他在《关于建立中国网络社会学的问题》一文中写道:随着网民的大幅度增加和网络的快速普及,"网络的社会化已形成,网络的应用几乎囊括了整个社会体系,各种网络社会现象引起社会的普遍重视"。他进一步分析:网络的超时空性,突破了人类文明史上交往的时空限制,并使这种交往方式具有平等性、交互性、普遍性和无限性等特点；网络的多样性和虚拟性特点，将产生更多的虚拟社会组织，原来垂直、中心的社会结构被打破，代替的是扁平的、多元的社会结构；自媒体的普及使用，使传统媒体的传播途径、传播方法受到冲击，人们接受信息来源的渠道发生了巨大的变化。因此，一定要重视网络社会学研究。

邓伟志认为，网络社会学可初步定义为："网络社会学是一门研究在特定的网络社会生存方式下的社会团体和个人（网民）以及家庭、社区、政府、企业等机构、组织的社会生活（活动）的发展、变化规律的科学。"对于网络社会的形成，邓伟志认为古训"平则虑险，安则虑危"是对人们的有益提示。他指出：网络的迅速发展会引发一系列诸如网络安全、网络犯罪、网络精神疾患等社会问题。他在《网络与社会》一文中说："同万事万物都有二重性一样，网络自然也有负面效应。面对网络的负面，也不要因噎废食，而是要积极推进，引导网络社会健康发展。"

对邓伟志在社会学研究和教学上的丰硕成果，中国社会学会第十届理事会会长李友梅教授评价说：成就足以表明，邓伟志是一位在海内外都有影响的知名学者，他有很高的社会责任感，他的学术生涯常在！

第八章
杂而有文　微而知著

针砭时弊品非非，究理求真健笔挥。
著作等身成学富，文章高眼顺风飞。
空谈误国难消乱，实践为民不得违。
匕首投枪弥可贵，匡扶社稷是依归。
　　　　　　　　——蓝成东

邓伟志不仅是一位社会学家,还是一位著名的杂文作家,而且他是中国杂文界颇有名气的"新三家村"作者之一。

邓伟志的杂文是现实生活的真实反映,可又不是生活的翻版,它们源于生活、高于生活,凝聚着作者对生活的认识和感受,成为映照时代的一面忠实的镜子,成为不少读者生活的教材。后来被选为上海市作家协会散文杂文报告文学委员会主任的邓伟志,把杂文的兴盛与否比喻为衡量社会文明的示波器。他充满感情地期待:"20世纪的中国是杂文的发祥地。进入21世纪以后,只要我们上下左右都能够重视杂文,扶植杂文,不同风格的杂文便会层出不穷,不同流派的杂文将风起云涌。杂文的发祥地一定会成为杂文大国、杂文强国。"

邓伟志认为:"立事者不离道德,调弦者不离宫商",对社会现象善则推动之,恶则反抗之,弱则激励之,强则抗衡之。以形象思维为主的文艺作品要讲理性,以逻辑思维为主的理论著作也要讲感性。所以,杂文"既要以理服人,也要以情动人。既要有抽象思维的逻辑力量,也要有形象思维的感染力量"。邓伟志认为:"针砭时弊,评骘是非,是杂文与生俱来的本性。杂文的这一本性决定了杂文寿命的长期性……杂文是诊治社会病的'彩超'。"他觉得自己"写起来最顺手的是杂文","是想把理论散文化,有利于传播"。他自我评价说:"写杂文是我的副业,我是在社会学教学与研究之余写杂文的。不过,我一直认为这副业是正业的延伸和扩散,是正业的一种生动活泼的表达方式……我喜欢杂文的短小、灵敏,在针砭时弊时的刺刀见红。"

一、推往验今　回肠荡气

现在大多数年轻的读者可能都不知道,1961年10月,中共北京市委主办的《前线》半月刊创办了一个杂文专栏"三家村札记",专栏由三位作者自选题目,轮流撰写,文章署名"吴南星",这是从三位作者姓名或笔名中各取一字合成的笔名。三位作者中,邓拓(笔名马南邨)是中共北京市委书记、中国新闻工作者协会主席、中国科学院学部委员;吴晗是北京市副市长、中国民主同盟中央副主席、全国政协常委、中国科学院学部委员;廖沫沙(笔名繁星)是中共北京市委委员、市委统战部部长。这三位作者不仅都是有声望的现职党政领导,而且都有很高的理论文化素养,是文史兼通的饱学之士。这三位作者分别撰写的"三家村札记",在宣传党和国家的政策、歌颂新生事物、传播文史科学知识的同时,也有对社会不良风气和现象的针砭。这些杂文在思想性、政策性、知识性、艺术性方面都达到了很高的水平,给人们以启发和教益,受到广大读者的欢迎。1964年7月,"三家村札记"被迫停发。随后,邓拓的杂文集《燕山夜话》、吴晗的新编历史剧《海瑞罢官》、廖沫沙的剧评《有鬼无害论》被诬为"反党反社会主义的大毒草","三家村"被戴上篡党夺权"文艺黑线""反革命集团"的帽子。1966年5月,这三位作者及他们的杂文被诬蔑为"三家村黑店""三家村反党集团",他们被批斗、关押,邓拓、吴晗先后含冤去世。中共十一届三中全会之后的1979年8月,经中共中央批准,中共北京市委决定,为所谓"三家村反党集团"案彻底平反。同年,人民文学出版社出版了《三家村札记》。1994年,中国民主促进会中央委员会主办的《民主》杂志创办了杂文专栏"新三家村"。"新三家村"名为"三家",实为四家,即三位作家舒展、邵燕祥、邓伟志和画家方成。名"三"实"四"而仍不更名,完全是为了纪念、继承和发扬20世纪60年代的"三家村"精神。因是创办于新的历史时期,又增加了当年"三家村札记"没有的漫画插图,所以冠以"新"字。

当年"三家村札记"只存在三年,三位作者共发表了67篇杂文就被迫搁笔;而"新三家村"从1994年到2001年的八年连续刊出了约90期,到2002年四位作者结集出版,共收录已发表的杂文250篇,图160余幅。当年的"三家村札记"在历经15年磨难之后才得以出版,而"新三家村"

在写作过程中的2002年就以《新三家村札记》的书名结集问世。由此可见,新时代中国特色社会主义民主政治充分体现了人民意志、保障了人民权益、激发了人民创造活力,成功地发扬了学术民主、艺术民主,很好地提升了文学艺术的原创力,有力地推动了文化创新。

曾任全国政协常委、民进中央副主席的楚庄在担任《民主》杂志社社长时,见证了"新三家村"的创作和发展。他评价说:"我以为'新三家村'就总体说是以书生报国之情而出的赤子肝胆之言,因而言之有情,言之有物,言而及义,言而无忌。这或许可称为'新三家村精神'。从不同的角度、不同的尺度看,'新三家村'的某些篇章或某些段落或某些词句可能是刺耳、逆耳的危言,但也大都是盛世危言。正因为是盛世,才愿发危言,敢出危言,能容危言,喜闻危言。盛世出危言,危言促盛世!"

邓伟志不仅在"新三家村札记"专栏上发表杂文,还与蒋文杰、何满子一起在《上海滩》上合办了"沪渎三家村"杂文专栏,与李伦新、胡锦华在《大众卫生报》上合办了"三人谈",还在《新民周刊》《社会观察》《东方城乡报》《民进申城月报》《上海大学》等报刊上办过杂谈、评论一类的专栏,并在这些专栏上发表了为数不少的杂文。他后来结集出版了《我就是我》《人比雀儿累》《邓伟志杂文集》等几本杂文集,但他的大部分杂文都收编在2013年出版的22卷《邓伟志全集》中。《邓伟志全集》在2013年之后又续编了三卷,现在共25卷。这套全集不仅如实地记录了他从事社会学研究、文化研究、自然科学研究和参与社会活动的风雨历程,也向读者生动展现了一位有良知的社会学家、大学教授、杂文作家、社会活动家六十多年对国家、对社会、对人生、对教育、对世界孜孜不倦的思考和探索,汇聚了他杂文创作的丰硕成果。

讽刺是杂文的一种艺术特色。对社会上的不良风气和丑恶现象,邓伟志从不袖手旁观。他不仅及时地进行口头批评,还用耐人咀嚼的杂文予以深入剖析或辛辣讽刺的评议。针对1958年湖北省一个农村基层干部弄虚作假大搞"浮夸"的事例,邓伟志写了一篇《三万六千斤有多重?》的杂文。文章说,这个干部因创下了"早稻亩产三万六千九百斤"的历

《我就是我》《邓伟志杂文集》《新三家村札记·邓伟志卷》

第八章　杂而有文　微而知著

在《上海滩》"沪渎三家村"专栏发表文章

史记录而得诨号"三万六"。对这个记录,既有人验收又有人检查,还有《人民日报》刊文宣传。邓伟志在文章中说:"三万六千斤有多重?其重量绝不止于度量衡上,而在于数字出干部,具有重要的政治意义。这位'三万六',日后平步青云,又是升官,又是当全国先进。可惜当时没人评地球奖,要评,他也够格……可历史往往会出现'惊人的相似'(马克思语)。只要到田头跑跑,基层转转,就不难听到有人把'比较级'吹成'最高级',把灰色的吹成白色的,或者是倒吹为黑色的,变'一分为二'为'说一不二'。有的还随着'物价指数'的上升,从以万为单位地吹,改为以亿为单位地吹。"这段幽默的评说,让人在哂笑之后引申触类,进而对自己周围或明或暗的形式主义、浮夸作风类比审视,加强监督,开展批评。

1994年1月5日,邓伟志出差去广州,在飞机上起草了杂文《雷锋下江南》,在文章中虚构了记者身份的"我"采访从东北去江南执行任务的"雷锋"。两人一路遇到了三件事:一是"雷锋"在路上伸手帮助不慎掉落行李的男青年,为他捡起掉落的行李,男青年却把他当作了小偷;二是"雷锋"看到一位手提两个拎包的老妇人身后跟着哭闹的小孩子,便主动抱起孩子跟上她,没想到老妇人大喊起来,把他当作了人贩子;三是"雷锋"在宾馆房间接到两个色情服务电话,决定向市长反映社会治安问题,市长敷衍说第二天请他们到五星级宾馆吃饭。"雷锋"对此无可奈何地说:"我不明白,如今人们的思维怎么都喜欢逆向式?"在文章最后,邓伟志意味深长地指出:"男青年、老妇人、市长的思维方式无不是现实的反映。如此严酷的现实,尤其需要活雷锋。活雷锋也尤其需要从如此严酷的现实出发,把人们扭曲了的心态再扭过来,把全民族的素质一步一步地往高里提。"本文以虚构人物的手法叙述了三个小故事,引人入胜,深刻隽永,揭示了社会上人与人之间疏离的关系和相互戒备的心理状态。掩卷沉思,作者的用心可谓良苦,此文的内涵可谓高远。作者以揭露的深邃给人以启迪,以鞭挞的严正给人以警醒。这篇文章用社会的负面现象启示人们,当社会成员互不信任时,人的道德感会消失殆尽,人际关系会冷若冰霜,会使人们对社会产生怀疑和失望。文章最后告诫人们"临义而思利,则义必不果",所以仍然要在全社会大力弘扬"雷锋精神",像雷锋那样无私无欲、百折不挠地"把有限的生命投入到无限的为人民服务之中"去,这样才能使人与人之间建立起互信互帮的良好关系。

对社会上大权在握者、腰缠万贯者的不良行为进行批评、斗争,是需要勇气和力量的,是弥足珍贵的。正义的声音、勇敢的批评抵制,是净化社会环境的需要,是维护社会公平的需要,是促进社会发展与进步的需要。能对社会不良现象和行为进行批评的人,是善良的人、诚实的人、正直的人,是有家国情怀和责任担当的人,而邓伟志就是这样的人。他在杂文《说"导"》中,尖锐地批评了因私事使用开导车和公车、赴庙宇进香的车队模仿开导车招摇过市这两种不良现象。文章指出,使用开导车这个公共资源办私事,是以"权"令人让道;浩浩荡荡的进香车队行进中影响交通秩序,是以"教"令人让道。两者在功能上有异曲同工之妙。这种现象引起了邓伟志的感慨,他写道:"权力,一旦失去监督,会无异于宗教,甚至于还不如宗教。不是吗?假如不给进香车让道,至多是舆论谴责;假如不给开导车让道,即使是不给违纪的开导车让道,都将导致一场大祸……毛泽东从西柏坡到北京,有开导车吗?没有!毛泽东从北京香山到颐和园、到中南海,有开导车吗?没有,绝对没有。"为了革除社会弊端、推动社会前进,邓伟志就是这样直面社会,发现问题、提出问题、指出弊端、仗义执言的。在他的笔下,高尚与卑劣、美好与丑陋、真诚与伪饰错综交织,近在咫尺,令人一目了然。文章最后,邓伟志坦诚地说:"对醉心于坐开导车的人,也得开导开导、引导引导才好。"

在邓伟志这些具有辛辣讽刺意味的杂文中,读者体会到的首先是幽默,然后才是令人深思的内涵。幽默产生于现实主义,他的杂文几乎都是取材于现实社会,所以文中常常妙语连珠,有"我在评价大事时,却犯过比诗人更大的错误",有"我劝国人都能拿起剪刀来剪形式主义",也有"常言道:'学问千秋功,为官一时红'。由此推断,官、学的比价起码是

'1∶1 000'",还有"希望能从猪身上借点精神,调整我们的'升降观'",更有"什么剪彩喽,奠基喽,少了你那一剪刀,人家就开不了业啦?少了你那一锹土,人家的大楼就造不起来啦?"幽默是一种对生活、对社会的看法,是一种心理状态,是人生的一部分。邓伟志在杂文《怎样说话》中指出:"说话时,能'幽'它一'默',效果会好得多……不要小看幽默的博人一笑的作用。一笑就缩短了人与人的距离,为人们增添了快乐……但愿我们用幽默挑起的嘴角,挑出一个理解、谅解、和睦、融洽的人际关系出来。"邓伟志杂文中的幽默把风趣与语言技巧巧妙地结合起来,揭示出事物的本质特点,让人在笑声中明辨是非。

恩格斯在《致敏·考茨基》一文中说:"倾向应从场面和情节中自然而然地流露出来,而不应当特别把它指点出来。"这当然是一种个性的表现,能反映出作者的开朗、自信和智慧,是一种高雅的创作活动和绝美的思维方式。法国17世纪著名的哲学家、数学家、散文家布莱士·帕斯卡说过:"思想形成人的伟大……我们全部的尊严就在于思想。"思想者在用幽默的方式表述批评的内容时,可以使被批评者的不快、不安和抵触情绪在会心的笑声中很快消除,从而更加理性地有尊严地接受批评。对此,邓伟志说:"幽默的性情并非人人都有,它与人的个性水乳交融、难解难分。幽默情调不是主观的戏笑,而是内心的表露。幽默尤与人的思维品质水乳交融,幽默感与思维的灵活性相伴随……幽默感还与思维的广阔性相伴随。"谈到对社会不良现象的批评,他认为,一个不能接受批评、不能进行自我批评的社会,绝对不是一个可以改善不良、改进不利、改正不端的社会,也必定是个固步自封、夜郎自大、坐井观天、自吹自擂、不思进取的社会。

当然,邓伟志不仅在杂文创作中、在对社会现象的评说中运用幽默技巧,在日常活动中,他讲话时的"包袱"也层出不穷。2000年4月下旬的一天,他到希腊斯佩察岛访问时巧遇当地出现了罕见大雾,随行的翻译小伙子开玩笑地对他们一行人说:"这大雾是不是你们带来的?"邓伟志回答说:"我历来主张提高透明度。"

二、负重致远　以往鉴今

邓伟志在杂文《从黄土低坡走来》中写道:"多年来,一直在机关工作,知道许多直系领导、旁系领导的上台下台,亲眼看到许多学科带头人'涨潮''落潮'的具体细节,也感受了人间的冷暖与酸甜。有过消极情绪,也有过积极情绪,更多是想化消极为积极。"文章告诉人们,在生活的道路上,确实是"路漫漫其修远兮",每个人的人生都不会是一帆风顺的,总是常常有坎坷,时时有挫折。在面对这些坎坷、挫折甚至失败时,能始终葆有变好变强的信念,把这一切都转化为前进的动力,是人生的一种态度、一种优雅、一种品质、一种能力。我们每个人的命运都掌握在自己手中,人生的精彩与否由我们自己决定。泰戈尔说:"世界以痛吻我,我要报之以歌。"邓伟志在他的多篇杂文中表达过类似观点,如《"三同"今昔谈》《由吴祖光想到袁成兰》《河北有个胡开明》《重在"不拘一格"》《从此"石久"想到彼"石久"》等。

针对独生子女增多、生活条件优越导致孩子们抗挫折能力弱的现象,邓伟志写了杂文《多让孩子吃点精神钙片》。他在文章中分析,由于家长的娇惯、教育的偏失,独生子女普遍存在心理上、性格上的温室效应、童车效应、大人效应、女性效应,而"温室效应、童车效应、大人效应、女性效应加起来,带给孩子的是一个'软'。软得生活不能自理,软得不敢见义勇为,软得一遇困难就哭,就自杀。精神上的软骨病是许多孩子的流行病"。青少年是国家的未来和民族的希望,他们应该是能吃苦、有理想、有担当、有朝气的一代,而青少年精神上的软骨病是与国家的期望和要求相悖的。著名文学家冰心曾说:"成功的花儿,人们只惊羡它现时的明艳,却不知道它当初的芽,浸透了奋斗的泪泉,洒遍了牺牲的血泪。"在这方面,苏轼做出了很好的榜样。他的一生仕途坎坷,屡遭贬谪,未能充分施展他的政治才干。在他43岁时还遭遇了"乌台诗案",险遭不测,晚年更是被一贬再贬,直到荒远的海南。多少人在遭贬谪后郁郁而终,难有作为。然而苏轼却用他独有的人生态度对待这些不幸,只要环境允许,他仍然一心为百姓做实事，尽力有所作为。他甚至在缺食少粮的窘困状况下，可以在山肴野蔌的难以下咽时，写出"人间有味是清欢"的诗句。苏轼用应对苦难的乐观精神和积极态度，用他的盖世才华和主动作为，温暖了他任职和贬谪之地百姓们的心，留下了大量的传世之作和感人故事。

当然，坚强刚毅、自信自立的人不是天生的，需要教育工作者、家长和社会各界共同配合，为青少年的健康成长创造条件。对此，邓伟志在文章中说，为了增强孩子骨头的硬度，我们必须给孩子吃"劳动牌"的钙片，必须给孩子吃"饥饿牌"的钙片，必须给孩子吃"苦心牌"的钙片。只有这样，孩子才能健康成长为可担大任的有用之才。文章最后，邓伟志强调说："苦与乐是互相渗透、互相转化的。为了让孩子在成人之后能够化苦为乐，就要让孩子趁早过一点乐中有苦的生活。现在有些国家搞'乡村留学'，搞'挫折教育''逆境教育'，其目的也是提高孩子'骨头'的硬度。鲁迅讲，孤儿最勇敢。意思是说，幼时少了父爱、母爱的，大了可能无所畏惧。让孩子吃点苦，仿佛'虐'，实则是似虐之爱，是爱的艺术。"他在这里向社会、向家长、向青少年忠告：苦难，是成功之路上进步的阶梯。人生在世，总会有几番起落；前进路上，挫折和失败在所难免。挫折和顺利，失败和成功，都是完整人生不可缺少的组成部分，它们之间相反相成，互相转化。

邓伟志认为"欲论人者，必先自论"。他的一生可以说是经历坎坷、风尘仆仆，可自描自写并能启迪他人之处为数不少，但在他多篇自论的文章中，最令人感动、扣人心扉的却是《面对死亡》和《来往于生死之间》这两篇杂文。

《面对死亡》记述了1998年6月4日他突发急性心肌梗塞入院抢救的经过及当时的所思所想。邓伟志写道："我知道心肌梗塞与死亡的关系。因此，在急诊室检查的过程中我做好了死亡的准备。首先，我想到的是在工作上有什么交代，我所担负的各项工作都是按照上级的统一部署去做的，我个人一无独见，二无独到，三无独创，想想，也没有多少可以留下的遗言，同事们可以做得比我更好。再想想家属，我的遗嘱早就写好，并且已经发表多年,目的是让社会监督家属执行我不开追悼会、不留骨灰的嘱托。现在女儿就在抢救室拉着我的手,我想我也没必要再多说什么了,只对她说了句'千万别告诉你奶奶,她已经九十多岁了'。再想想写作,我知道我原来打算花十年、二十年写两部书的愿望也将化为泡影,这多少有些遗憾,多少有些留恋,我不想离开温暖的人间。"感人心者,莫先乎情。从这段充满感情、催人泪下的叙述中,看到了身处生死关头时,他作为大学教授、社会学家、杂文作家、丈夫、儿子和父亲的担当。接着,他又写道:"在临死之前,我还能做些什么呢?在急诊室我想起了一位先烈的名言:'面对死亡,我放声大笑。'我很想放声大笑,可我已经没有力气笑出来了。我想我面对着死亡应该微笑。在这有限的时间里所能献出的,只能是微笑……于是我忍着痛苦含笑于手术台,把微笑送给隔着玻璃看我手术的亲友们,让他们对我的最后一笑留下一个深刻的印象。"当然,这次支架手术十分成功,梗塞的心脏血管被打通了。写到这里,三句话不离社会的邓伟志笔锋一转,把话题引申开来。他说:"打通了,标志着风险意识的胜利,标志着求新观念的成功……我转而又想:当今大量的社会病是否也需要社会的导管去疏导、去治疗呢?"

而《来往于生死之间》则是记述了邓伟志做心脏支架手术之后半年的1999年1月初,他在东方医院做心脏搭桥手术的经过与感受。与前一个手术相比,心脏搭桥的危险性显然更大。所以邓伟志在文章中说:"搭桥的死亡率为1%,可对我来讲,则是1/2。"再一次面对生死,他仍是坦然处之,在病房里从容不迫地做了两件事:一是修改了原有的遗嘱,内容由五条增加到八条,包括"不开追悼会,不搞遗体告别,不留骨灰"等;二是在1月7日手术前,写了一首诗:"热血洒东方,四桥达三江,妙手定回春,掏心著文章。"在手术台上,医生给他做了血液的体外循环之后,才开始做心脏搭桥手术。邓伟志对这个过程幽默地描述说:"在货真价实地死了几个小时以后,东方医院医生把'掏心'的'文章'做完了,于是我又恢复了呼吸,心脏也恢复了跳动。呃!活了!既没升天堂,也没下地狱,我还是我。既没重于泰山,也没轻如鸿毛,更没有陆游那种'死去元知万事

2000年3月,病中在维也纳

空'的感觉。万事万物并没有因为我的死去而变空。我只觉得死而复生的我仿佛是泰山脚下的一块小石头。我想：我这块石头什么时候能用来为乡村小学修理教室,该多好！我想,我这块石头什么时候能用来加固长江大堤,该多好……"

半年左右历经两次心脏手术,可以说大多数人很难遇到,遇到的人大多数也难以像邓伟志那样笑对凶险的病痛,并在生死关头想到的是国家、事业和他人。在面对生命危险的时刻,是一个人表现出真实自我的时刻,是最大程度认清自我和整个世界的时刻。英国作家萨克雷有句名言："生活是面镜子,你对它笑,它就对你笑；你对它哭,它也对你哭。"显然,邓伟志是一位心情豁达、乐观的人。他在人生最艰难、最痛苦的阶段,仍然能够看到生活中光明的一面,从而用积极的态度战胜病痛、战胜困难、战胜自己。

2000年8月的一天,邓伟志借在成都讲学的机会,专程去拜访成都大学中文系的钟树梁教授。钟教授是位诗人,他所著《中国古声韵学要籍评析》《中国历代女才人评析》《杜甫研究丛稿》等,在学术界很有影响。钟树梁向邓伟志赠送了专为他创作的三首《望江南》词,并在前面写道："读邓伟志同志《面对死亡》一文,深受感动。既钦其心胸旷达,尤贺其履险如夷,更祝其功丰寿永,遂写此调三首。皆以文中'打通了'三字为起句。"回忆此事,邓伟志感动地写道："我在接钟老词时,向他深深三鞠躬。我一定不忘他的勉励。"

邓伟志认为,恐惧本质来源于一个人对自身虚弱的感知,当我们对自己要应对的事物能力不足或缺乏时,恐惧便会油然而生。对待人的死亡,他认为这是人类生活中无法回避的一种客观事实,由于它的特殊性质以及它同人们生活的密切联系,历来受到人们的关注。因此,生死意识是人类精神世界的重要组成部分。"不亡以待尽",这是庄子的生死观。显然,人的发展层次越高,就越是会以较为淡漠、宽松的心境对待死亡,认识死亡,正所谓"有生者不讳死"。因为他们已经充分认识到,生命每向前进一步,同时也就是向死亡前进了一步。人类既然可以做到"愉快地同自

2000年8月,看望成都大学钟树梁教授

己的过去诀别"(马克思语),为什么不能豁达而轻松地同自己走到尽头的生命诀别呢?荀子说:"生,人之始也;死,人之终也。终始俱善,人道毕矣。"正因如此,邓伟志在另一篇杂文中写道:"生与死在哲学上具有同等的价值。结果意味着花的死亡……人死观是人生观的一部分。严格地说,应当叫生死观。现在中国正放的电视剧《三国演义》,在序曲中有这么一段话,'担当生前事,何计身后评'。这话不全面。我们在'担当生前事'时也'应'计身后评,或者说,'更'计身后评。身后与生前要一以贯之,不给人民添麻烦。一个人做一件好事并不难,难的是一辈子做好事,难的是死后也做好事。"邓伟志在这里说的"死后也做好事",不只是一写了之,而是做了身体力行的准备。他用遗嘱方式向家人作了交代:"遗体献给医科大学","最好是'网葬',把我贮存在电脑里,这样可以少占耕地,中国人的人均耕地实在太少了。"他在遗嘱中仍不忘幽默,反映了他对死亡这一自然现象的达观态度。

可以说,作为对死亡应当抱有的态度,邓伟志为人们作出了一个榜样。他在杂文中反复启示人们:心态虽然不是人生的全部,但却左右了全部的人生,它决定了我们内心是否平静和快乐。心态积极,就会拥有积极的人生,就有可能把人生中的危机转危为安。在这两次心脏手术过程中,邓伟志以科学态度和乐观心境很好地配合了医生的高超医疗技术,他闯过了难关并应验了达尔文的一句话:"幸运喜欢照顾勇敢的人。"

三、别有天地　神人共悦

"锁在金笼为人鸣,不及林间自在啼。"作为著名的社会学家,邓伟志力主学者、作家要放下身段,广泛接触社会。他在这方面身体力行,做出了榜样。在深入社区的过程中,他总是以机敏睿智的眼光透视社会,并把所见所闻、所思所想在杂文中呈现出来,对广大人民群众在全面建成社会主义现代化强国道路上的巨大贡献,大声地鼓与呼。《出路在于年轻化——写在告别年轻时代的前夕》《"特"字的引力——海南归来有感》

《后进赶先进的聪明学》《有线电视的无限力量》《春风已改旧时装》《嘉兴的二比一》等,就是这方面的代表作。

深圳原为广东省宝安县,它曾经有着六千七百多年人类活动史和一千七百多年的郡县史。深圳毗邻香港,交通便利,气候温和,风景优美,在利用外资发展经济方面具有得天独厚的条件。1980年8月26日,全国人大常委会批准在深圳设置经济特区。深圳经济特区的建立和发展,发挥了其对内地示范、辐射作用,为全国改革开放和现代化建设积累了宝贵经验,为探索中国特色社会主义道路做出了重要贡献。

1984年5月,邓伟志到深圳考察。一天,他们来到渔民村邓村长家访问。邓村长介绍说,这个村解放初很穷,不少渔民一家几代人长年累月挤住在一条小船上,到十一届三中全会前,村里连买一部手扶拖拉机的钱都没有。随着深圳特区的建立和改革开放的深入,村集体经济逐渐壮大起来。1983年人均收入达2 837元,1984年全村产值可达100万元(人均12 000元)。邓村长尽管还不是村里最富的,但一家七口住着一套四层的花园楼房,楼上楼下各有一间会客室,地上铺着地毯,家里冰箱、彩电一应俱全。碰巧的是村长的儿子叫"邓志伟",与邓伟志姓名中的三个字相同,只是顺序不同,给同行考察的人留下了深刻印象。回上海后,邓伟志写了一篇杂文《从邓志伟家走出以后》,刊于6月8日的《新民晚报》。他在文章中幽默地写道:"村里比邓村长富的人有的是。比方说,有的农民已装空调,而村长就没有……我的年龄为邓志伟的两倍,可生活水平不及邓志伟的一半。名字倒一倒,经济状况也倒了一倒。什么城乡差别、工农差别、脑体差别,从我邓伟志与邓志伟的对比来看,已消失了。难怪中央领导同志对他们说'内地不改革,一百年也赶不上深圳。'"在文章最后,邓伟志感慨地说:"我们不能单羡慕深圳的繁荣、深圳的速度,更要羡慕并起而学习特别风格、特别精神,在改革的道路上勇往直前。"

《刮目看敦煌人》是邓伟志到敦煌考察后写的一篇杂文。他在文章中热情地赞颂了敦煌人民在改革开放的大好形势下,以勇往直前的精神齐心协力开河通渠,把祁连山上的水引来灌溉农田,初步实现了治理沙漠的目标。因为是身临其境的考察,邓伟志看到了敦煌人改天换地的水利工程,感受到了敦煌人在工程施工中百折不挠的坚强意志。他写道:"一提敦煌,人们首先想到的是莫高窟;一到敦煌,人们首先要看的是莫高窟……对敦煌学,我作为中国大百科全书的一名编辑自然是有兴趣的,可是,今年八月,我到了敦煌以后,兴趣最浓的不在敦煌学,而在敦煌人,敦煌的当代人……敦煌人治理敦煌难度是比较大的,因为敦煌的天是不下雨的天,年降雨量只有29毫米,不及上海的一场雷阵雨。因为敦煌的地是不毛之地,绿洲面积只占5%,其余的不是沙漠,便是戈壁。可是敦煌人没有向大自然低头。他们把370多公里(相当于三条黄浦江长度之和)外的祁连山水引来灌溉农田。他们实现了人进沙退。"当邓伟志问当地干部怎么会想起这个方法时,他们告诉他:是受到了莫高窟里雕塑中"反弹琵琶"造型的启示。邓伟志恍然大悟:再大的困难,也吓不倒一群有理想的人,而能成功的人,一定是最重视寻找方法的人。他在文章中总结说:"敦煌人,乃至全甘肃人的口号是'反弹琵琶'。这是指推陈出新,是指不受旧模式束缚,另辟蹊径。现在敦煌的经济越搞越活,人越来越富,确实应该归功于'反弹琵琶'的改革精神。"

当今中国正处于建设社会主义现代化强国的关键历史时期,引导人们树立正确的思想观念、人文精神和道德规范,激励人们向上向善、孝老爱亲,强化社会责任意识、规则意识、奉献意识,促进社会的稳定和发展,显得十分重要。针对社会上对"善"的争议、曲解、疑惑,邓伟志在《文汇报》上发表了杂文《提倡一个"善"字》。他认为,人作为道德主体,有为善的能动性和自觉性,这是人的高尚的道德之心,也就是仁爱、互助、同情之心。从某种角度也可以说,人应当以"善"为本,这是中华民族优秀传统美德的重要内容之一。而继承、发扬中华民族优秀传统美德,可起到博史鉴今、资政育人的作用,正所谓为善不同,同归于治。他在文章中说:"古人对'善'字的价值判断有三点:一是把'善'看作'大'。《孟子》便说:'君子莫大乎与人为善。'二是把'善'看作'宝'。在《孟子》之前,孔子也说:'惟善以为宝。'三是把'善'看作'乐'。宋人罗大经说:'为善最乐。'"大'、'宝'、'乐'三个字是中国人对'善'的评价,够高的了……我还想再加一个字:急。提倡'善'既是长远之计,也是当务之急……善,一直是中国人的行为准则。'善人者,人亦善之。'你善,我善,大家善,人与人之间便能形成良性互动,整个社会容易向和谐、有序的方向发展。"谈到人为善之难时,邓伟志说道:"有人把行善比作爬山,说:'从善如登,'很有道理……说善事难做,还因为一个人做一件善事并不难,难的是坚持不断地做善事。'人之为善,百善而不足,''终身为善不足'。意思是,一个人做一百件、做一辈子善事还不能说已经做到了顶。"对如何为善,他说:"善事首先应当从小事做起,'勿以善小而不为'。行善不仅表现在重大的捐赠仪式上,更重要的是,还表现在日常生活当中,表现在田野上,表现在公共汽车里。无力做大善事的人应当多做小善事,做过大善事的人也应当多做小善事……做善事还包括善言。善言能给人以温暖,给人以慰藉和力量。"当然,人潜在的为善之念往往需要在引导中、在鼓励中、在肯定中才能激发出来。因此,"对善事要充分鼓励,广为宣传……听见了有人做善事,报纸应用大号字发表,电视应当在黄金时间播出。只有加强宣传,让全社会看到'善盈而后福',才能鼓励人们向善者看齐,在全社会形成人人做善事的风气"。

邓伟志曾在杂文《"老三届"的三大特色》中呼吁:"是时候了,是该对'老三届'这个类乎阶层的人作研究的时候了。"他在这里讲的情况虽然是以"老三届"冠名,其实就是"文革"这个特殊历史时期经历过上山下乡的全体知识青年。1968年,社会上积压了三届初、高中毕业生等待分配,而当时国民经济受到严重破坏,高校也停止招生。12月,毛泽东发出"知识青年到农村去,接受贫下中农的再教育,很有必要"的号召,全国迅速掀起了知识青年上山下乡的高潮并发展成为一场持续数年的政治运动。从某种意义上说,知识青年上山下乡是"红卫兵"运动的一种继续,也是所谓"教育革命"的一种表现形式,是历史为这代青年人所规定的一条必走的人生之路。上山下乡的知识青年在这条道路上,有过幻想和自豪,有过宝贵青春的荒废和生活自信心的动摇,而引以为荣耀的是他们那种为国分忧、艰苦奋斗的高尚精神。不管他们是否自觉,他们都是按照毛泽东思想的指导,按照时代的需要来塑造自己的。在党和国家处于最困难的岁月里,他们用自己羸弱的身躯同农村的父老乡亲一起,从事着艰苦的体力劳动。他们把自己最宝贵的青春和才智奉献给了祖国农村和边疆的建设事业。从北疆的黑土地到南疆的橡胶林,从茫茫戈壁滩到东海之滨,山山水水都留下了他们的业绩。

特殊的历史时代塑造了上山下乡知识青年这个特殊群体。他们从城市到农村,从学生到农民,是人生道路上的一大转折,经历了一场极为艰难的磨炼,从思想上、体能上、生活上、感情上都发生了很大的变化。正是在这种艰苦磨炼的过程中,他们才逐步地对中国的国情有了比较接近实际的认识,尤其是对占中国人口绝大多数的农民有了更为真切的了解。也正是由于经历了比较长期的艰苦磨炼,他们才真正懂得珍惜国家和个人今天来之不易的发展和变化。作为社会学家,邓伟志投以真挚的情感,认真考察和分析了知识青年这个群体,给他们以巨大的同情、充分的理解和热情的赞扬。他说:"按照孟子能担当大任的条件,他们是具备了的。'饿其体肤'的,也许不能说百分之百,但是,'劳其筋骨'的可就是百分之百了。至于'苦其心志'的,那可是百分之二百了。按理只能是百分之百,怎么有百分之二百?因为包括他们的家长,那就是百分之二三百了。这些人所吃的苦,虽无法跟'二万五千里长征'相比,但是,在新的历史时期,他们可以说经历过类似长征之艰辛。"因此,"对他们有个正确评价了,才能对他们使用得当,才能充分发挥他们的积极性。不要一味地指责他们,包括他们'看破红尘'的通病,只要引导得好,完全可以变成一个难能可贵的优点。看破红尘者的超脱总比'鬼迷心窍'者、不可自拔者要好得多,高超得多"。

四、诗书礼乐　不同凡响

文化是一个国家、一个民族的灵魂,是一个社会中物质财富和精神财富的积累,是创造性劳动的成果。文化不是杂乱无章而是有结构、有系统的。邓伟志杂文中有不少是写文化的,从读书、写作、音乐到历史、科技、文化交流,内容繁多,论述精到,展示了作者知识的广博和思想的深邃。

邓伟志的刻苦读书、勤奋写作早已名声在外。步入他家的客厅,映入视野最醒目的就是两排装满书的书橱,由此可以想象出他书房里书已堆放不下的状况。2000年1月,邓伟志写了篇《我把书斋比车间》,表达了他对工厂车间、对工人师傅的感情和对自己书房的定位。邓伟志年轻时曾从机关下到上海的一百多家工厂的近两百个车间,边劳动边调查,向工人师傅学习请教,与工人师傅结下了深厚的情谊。直到进入21世纪,原上钢三厂一群退休了的老工人在电视节目上看到邓伟志,仍激动不已,异口同声地说:小邓是个最关心我们的好人。在这篇杂文中,邓伟志写道:"对车间,我有感情。从车间回到书斋以后,我仍把书斋当车间。车间是生产物质产品的场所;书斋是生产精神产品的场所。两者具有同样的功能。"他认为书是先人智慧与现代知识的积累,一卷在手,既可分享先人的遗产,又可以面对当代的人物。书也是记载历史教训与传播进步观念的工具,读书少的人就会在历史的隧道中迷失,同时也会孤立于进步观念之外。善于读书者不仅充满了谦虚的气质,更放射出智慧的魅力。一个人倘若需要从思想中得到力量、智慧和快乐,那么他的第一个行动就应该是读书。

邓伟志笑侃自己的书斋,一是不如工厂的车间整洁,"正因其乱,我把书斋称'书洞'。赵朴初先生为我题写了'天纵书洞'四个大字";二是"冬天很冷。就以此时此刻写文章时的室内温度来说,只有8摄氏度。冷不是坏事。学术不是应景,需要冷静观察;理论家的头脑不能过热,需要冷静思考"。在他看来,"积财千万,无过读书",只要能读书、写作,哪怕天寒地冻或是酷暑难耐,都算不上苦。他常和书友们谈宋代诗人尤袤读书的名言以共勉:"饥读之以当肉,寒读之以当裘。孤寂而读之以当友朋,幽忧而读之以当金石琴瑟也。"邓伟志对自己的读书和写作要求很高,他说:"也许是我的书洞还不够冷静、不够寂寞的缘故吧,几十年只写了20

多本书,仅占我家藏书的1/800,我这'车间'的原材料利用率不高啊!投入产出比低得很哪!"

邓伟志在杂文《面向民歌》中说:"民歌是民众的心声,是民意的生动概括。"在文章中,他列举了人民音乐家冼星海把民歌作为创作源泉的案例,论证了面向民歌是音乐工作者成功之所在、是歌曲的生命力之所在的道理。在音乐中,有一些具有社会约定性的旋律,这些旋律所象征的对象几乎是公认的,例如民歌的旋律就具有这个特点。许多民歌的旋律相对比较单纯且具有浓郁的地方韵味,深受欢迎,易于传唱。像流行于甘肃、宁夏、青海的民歌花儿小调,浅吟低唱、委婉欢快,犹如西北辽阔田野上充满清香、随风摇曳的花丛,在西北的人民中广泛流传。可以说,音乐无孔不入,民歌无处不在,几乎渗透到人们日常生活的各个方面。在全球化的时代,中国的民歌已经越来越多地跨出了国门,走向世界。黑格尔在《美学》中反复强调音乐的内容是情感的表现,认为只有情感才是音乐所要据为己有的领域。所以,邓伟志说:"音乐鉴赏是同人的经历和情感紧密相连的。"在谈到冼星海的名作《黄河大合唱》时,他说:"当我出没于青纱帐的时候,唱青纱帐就特别带劲;当我看到高粱红的时候,唱'高粱熟了'就分外有力。"邓伟志有许多音乐家朋友,但他直言不讳地说自己最喜欢听曹燕珍的民歌。他不仅喜欢听民歌,而且还喜欢收集民歌。1961年春天,他被派到江苏省常熟县白茆公社参加整社工作,边工作边收集当地的民歌,到工作结束时,他已收集了几百首民歌。他经常在写作小憩之时听听民歌,对此他感慨地说:"听民歌是享受。也是回味。回味历史,回味生活。"

面向现代化、面向世界、面向未来,是坚持中国特色社会主义文化发展道路必须遵循的原则。他珍惜每一次出国交流考察的机会,觉得"进行国别比较研究,方有世界眼光。带着社会学出国才有收获"。《走近马克斯·韦伯以后》就记载了作为上海大学社会学教授的邓伟志,面向世界积极开展文化交流的过程和体会。2000年5月,邓伟志受在德国的中国留学生组织邀请,先后到德国的海德堡大学、洪堡大学、达姆施塔特工业大学、慕尼黑大学和汉堡大学进行讲学和访问交流。马克斯·韦伯是德国社会学家、历史学家、政治学家、经济学家、哲学家,也是现代西方一位极具影响力的思想家,与卡尔·马克思和埃米尔·杜尔凯姆并称为社会学的三大奠基人,他曾在海德堡大学求学,在慕尼黑大学任教。而卡尔·马克思、马克斯·韦伯和爱因斯坦被东西方称为"对世界历史产生巨大影响的三个德国人"。邓伟志写道:"5月5日,在海德堡大学,不论是徜徉在美丽的内卡河畔,还是漫步在迷人的哲学家小道上,我都注意把话题拉到马克斯·韦伯在海德堡大学求学的问题上……后来在汉堡大学遇见社会学系的卡斯莱尔教授。他是研究社会学史的,具体地说他是侧重于研究韦伯的。"接着,他们二人围绕有关韦伯的几个问题进行了热烈的讨论,最后一个是关于马克思与韦伯的高低比较问题,可谓"问学必有师,讲习必有友"。回忆这次中德两位社会学家的讨论,邓伟志写道:"我与卡斯莱尔教授的看法有的一致,有的不完全一致。尤其是对最后一点,尚有分歧。"在学术文化的交流中,不同国家、不同学术背景的学者,学术观点有分歧是正常的,邓伟志认为那就"择其善者而从之,其不善者而改之"。

5月15日,邓伟志到慕尼黑大学讲学。他走进社会学系大门,看见墙上挂着马克思和韦伯等人的画像,而马克思的画像挂在韦伯的画像之上。慕尼黑大学同行对马克思的评价与他对马克思的评价不约而同,他颇感欣慰。他说:"一直生活在德国西南部的慕尼黑大学社会学系的赫雷教授斩钉截铁地对我说:'马克思伟大!'在我讲完课以后,他又重申一句:德国的文化人不分东部、西部,大多认为马克斯·韦伯是次于卡尔·马克思的社会学家。"在文章最后,邓伟志写下了自己的思考:"不以马克思主义为指导的国家,如此尊重、推崇卡尔·马克思,以马克思主义为指导思想的国家该怎么样呢?我们该抽出多少时间读马克思的书?值得深思。"

考察研究邓伟志写作素材的来源,可以说大部分是通过"跑"取得的。这个"跑",就是脚踏实地、深入社会的调查。当然,这与他长期从事社会学研究和教学工作的职业习惯是密不可分的。他在《跑中写》中解

第八章 杂而有文 微而知著

2007年8月,在德国特里尔市卡尔·马克思诞生地

释:"杂文是社会学同文学的中介与结合。因此,多年来我一边研究社会学,一边写杂文……不过,有谁知道,我的杂文与其说是写出来的,不如说是跑出来的。我跑到哪里搞调查,就以那里的材料写杂文。"古人说:耳闻之不如目见之,目见之不如足践之。邓伟志在十多年研究自然科学的过程中深知,科学家的每一个发明发现,都需要无数次科学实验中的经验教训作为基础。同理,作为社会学家、杂文作家,邓伟志也必须经常走到社会实践和生活实际中去考察、学习、研究,才能获得社会学研究和杂文创作的原材料。他在另一篇文章《百国百姓序》中写道:"走向百姓,踏在草地上,比红地毯更富有弹性。走在泥土地上,能在鞋边扬起涟漪般的沙浪,那是难得的一景。走近百姓,没有礼炮,没有繁琐的礼仪,可以一步跨过门槛,直奔主题,节省大好光阴,交谈直截了当,开门见山。"这不就是我们这个社会、这个时代所需要的精神和作风吗?言知之易,行之难,但邓伟志持之以恒地跑下来了。他告诉人们:"跑,能跑出写的原材料。跑,能跑出写的热情……这些年来我就是这样抱着'不入虎穴,焉得虎子'的决心到底层去挖材料,找观点,学语言的。半个世纪前的今天,毛泽东同志《在延安文艺座谈会上的讲话》中一再号召我们'学习社会'。我深切地体会到深入社会、调查社会是学习社会的前提。深入的过程,调查的过程,也就是学习的过程,出产品的过程。跑,是为了写。跑,就有的写。跑出来的东西,真切,真实。"当然,跑是要付出代价的,离开舒适的大城市跑到深山老林、沙漠戈壁、穷乡僻壤,人很累很苦甚至还会遇到危险。邓伟志在我国除了新疆、西藏外,其余的省级行政地区都跑过了。虽然没有去过新疆、西藏,但却到过新疆在甘肃的飞地肃南裕固族自治县,去过位于四川、青海、云南的五个藏族自治州。他在考察过程中,把自己融入当地乡亲们之中,与他们同苦同乐。在这些艰苦甚至危险的行程中,他以满怀的勇气和自信作为坚强依托,闯过了一关又一关。他曾在白雪皑皑的季节,冒着严寒坐着拖拉机在长白山上调查朝鲜族的民俗文化;也曾在狂风巨浪的大海上,忍着晕船的痛苦乘坐渔船考察捕蟹人的生产生活;为了调查苦聪族,他和同事们在西南哀牢山的亚热带雨林里披荆斩棘艰

第八章　杂而有文　微而知著

2011年2月在越南,车行途中写作

难前行……几十年来，他就是以这样的顽强意志、乐观精神坚持着跑和写的。

当人类跨入了网络时代，人们多了一种密切联系的方式，对邓伟志来说则是多了一种"跑"的方式。他敏锐而认真地学习掌握、分析研究了互联网，不仅提出建立网络社会学这一社会学分支，而且在自己不能或不便出行到达目的地去考察时，可以灵活熟练地运用网络继续实现"跑"的愿望。2020年，新冠肺炎在世界范围流行，到国外考察暂无可能。尽管如此，仍没有阻挡住邓伟志的"跑"，他驾驭着网络"跑"到了北欧五国。2021年1月，邓伟志发表了《对北欧模式的云端调查和解析》一文。他就是这样始终充满活力地"跑"着，写着。"路在何方？路在脚下，也在心中"，他一直用这句话勉励自己。

第九章
与世有争 与人无争

社科金奖复何求,一代宗师万众讴。
耄耋之年开创醉,文章问世太平酬。
随贫随富且欢乐,任贵任穷自仰流。
学海浮沉逾六秩,建言真话不停休。
——蓝成东

邓伟志是位公认的知识广博、经历丰富的学者,他学术水平精深独到、社会活动丰富多样、朋友举袖为云,他的为人由此推度可知一二。

一、以诚相交　心心相印

可能是从小受到父亲征战四方、战友众多的影响,邓伟志自年轻时就养成了认真工作、诚信待人、广交朋友的习惯,所以不论在哪个地方哪个岗位,他都能得道多助、左右逢源。

1984年,在学术上十分顶真的邓伟志针对一位上层领导人文章中的知识性错误,写了一篇批评文章,刊登在5月28日的《人民日报》上。在文章中,虽然邓伟志口气委婉而客气,但仍然引起了这位领导人的不快。他一方面立即组织文章反击,另一方面在北京给中国大百科全书出版社领导施加压力。"文革"虽已结束,但其无限上纲的遗风还偶现于世,撕扯着善良的人们。中国大百科全书出版社派人来到邓伟志所在的上海分社,向分社提出撤销邓伟志编委和编辑室主任职务的处分建议。这是来自上级主管部门泰山压顶般的建议,事情的对与错都已在高压下走样变形,谁能顶得住?

当时,上海分社总编室主任是胡实声。胡实声是位老革命,出生于1913年。1934年夏,他作为北平税务专科学校第二十六班学生来到上海,担任由宋庆龄、何香凝发起的中国民族武装自卫委员会上海市大专院校分会主席。1936年7月,胡实声加入了中国共产党。9月,他牵头秘密成立了中共江海关(即后来的上海海关)地下支部,并任支部书记。这是党在海关建立的第一个地下组织,受中共北方局领导。1937年11月,江海关党支部成为中共江苏省委直属支部。胡实声的党龄比邓伟志批评的那位上层领导人还要长,在革命斗争的风雨中他出生入死,"惯看秋月春风",具有敏锐的政治判断力。他斩钉截铁地对中国大百科全书出版社的来人说:"邓伟志这些事算不上资产阶级自由化。如要撤他,就连我一起撤了吧!"就这样,一场人为风波平息了。在这样的领导手下工作,使邓伟志鼓起了倍加努力的干劲。2014年,年已过百的胡实声逝世,邓伟志十分悲痛。但因当时他出差在外,无法赶回上海参加追悼会,邓伟志便委托大百科全书出版社上海分社的老同事陈贤德代办了花圈,向这位亦师亦友的老前辈致哀。

古语云:"人不率,则不从;身不先,则不信。"邓伟志年轻时在中共中央华东局工作,曾与几位老领导直接共事,他们平易近人的修养、深入实际的作风、严于律己的品德给他留下了极深的印象,对他优秀品质的形成和定格产生了很大影响。

他在《韩哲一同志二三事》一文中写道:"韩哲一同志是我20世纪60年代在华东局工作时的老领导,而且也是我这一生中所崇敬的领导人。中共中央华东局有12位书记,韩哲一同志是主持机关工作的两位书记之一,因此,我们能够经常聆听他的报告,接受他的教育。"

被誉为回族骄子的韩哲一,山东禹城人。他从小就看到了太多因战乱而颠沛流离的人们,在他幼小的心灵里种下了救国救民的种子。1932年10月,年轻的韩哲一参加革命并被党组织派往苏联学习,1933年加入共青团,1938年8月加入中国共产党。解放后,他曾任国家计委副主任、中共中央华东局书记处书记、中共上海市委书记等职。20世纪50年代,韩哲一是国家计委副主任。在一次向毛泽东汇报时,他思路清晰,数据准确,毛泽东很满意,还给他起了个"韩材料"的雅号。2010年5月19日,"韩哲一教育扶贫基金会"在华东医院大礼堂举行揭牌仪式。当时已离休十年的韩哲一拿出积蓄51万元,上汽集团、江南造船厂、宝钢集团、上海石化等单位各出资50万元,联合发起成立韩哲一教育扶贫基金会。基金会资金主要用于奖励上海赴贫困地区、边疆和革命老区从教人员,资助上海教育扶贫公益项目,与有关机构开展合作交流。在揭牌仪式上,基金会首笔资助款一万元发放给了在安徽省砀山县义务支教的查文红老师。

基金会还与上海师范大学教育发展基金会合作推出了"曙明计划"。基金会成立十年间,"曙明计划"累计提供了305万元资金,资助了1500名大学生参与各类社会实践活动,300多名"曙明计划"研究生志愿者赴广西百色和甘肃玉门支教。前几年,韩哲一的长子、基金会秘书长韩烽火说:"中国有很多贫困百姓需要帮助,父亲常告诫我,教育是扶贫中最重要的一块拼图。"

韩哲一深入实际的品格作风和才华出众的领导艺术,给年轻的邓伟志树立了榜样。他在文章中说:"我调来华东局后,很想早一点见到这位领导。不久接到通知,去听韩哲一同志报告。果然名不虚传,他讲话绝不像播音员那样念稿,手里只有他事前写好的提纲,讲的时候,就根据他平时深入实际调查所掌握的材料,信手拈来,以故事动人,以数字服人,再加上他风度翩翩,讲话抑扬顿挫,我听上几个小时也不觉累……四十多年过去了,他的这些话我们至今记忆犹新,恍如昨日。"邓伟志回忆道,韩哲一在教育大家要掌握第一手资料时说:"话传几遍难免走样。"接着他讲了个故事:部队夜行军,三班的马鞯子掉了。连长说:"向后传,看见三班的马鞯子,捡起来。"结果传了没有几个人,就听后边说怪话:"司马懿的裤子掉了,关我们什么事?"走样就是失真,有时还会变成谣言。因此,他要求大家一定要接地气。韩书记的教导一直刻在邓伟志的心上。2007年,邓伟志与八位专家学者一起,在几位老前辈的热情支持下,收集了韩哲一的一部分照片,编写出版了《难忘的历程——韩哲一同志革命生涯图片集》,表达自己不忘韩老前辈的心情,同时也使之折射出一个能启示后人的时代风貌。

曾希圣,别名曾勉,湖南资兴市人。1922年,他加入中国社会主义青年团,1926年考入黄埔军校第四期学习,与郭沫若、谢晋元是同期同学。他参加过北伐战争,1927年转入中国共产党。1931年4月,曾希圣由周恩来安排,从中央特科来到江西中央苏区。初见曾希圣,毛泽东表现得很开心,开玩笑说:"我们的队伍里已经有了一个希贤,现在又来了一个希圣,共产党有'贤'有'圣',国民党可怜喽!"事后,曾希圣才知道,这

与华东局老书记韩哲一合影

位"希贤"就是大名鼎鼎的邓小平。在红军长征、抗日战争和解放战争中,他屡立战功。新中国成立后,他历任中共安徽省委第一书记、中共山东省委第一书记、中共中央华东局第二书记、中共中央西南局书记处书记等职。

曾希圣任中共中央华东局第二书记时,于1964年国庆节后率队到上海市奉贤县胡桥公社孙桥大队开展"四清"运动(清政治、清经济、清思想、清组织)。为了保密,曾希圣化名"余勉",公开身份是华东政法学院教授,农村基层干部和老乡都叫他"余勉教授"。为了培养年轻干部,曾希圣把一直跟他当秘书的孙继怀下派到生产队去工作。华东局机关工作队队长葛非和副队长陶家祥共同找邓伟志谈话,派他接替孙继怀帮曾希圣抄抄写写。邓伟志在曾希圣身边整整工作了一年,直到1965年深秋,他把曾希圣送上飞机赴中共中央西南局工作。为此,邓伟志发表过《想起了余勉教授》《跟随曾希圣搞"四清"》两篇文章,对曾希圣言犹在耳的教导和密切联系群众的作风予以高度赞扬。

邓伟志在文章中写道:"在孙桥,他和司机两人住在两间加起来不超过20平方米的茅屋里,可是,白天在屋里找不到他;晚上,屋里又常常坐满了人。不管刮风下雨,他都喜欢往外跑。孙桥大队共有15个生产队,男女老少都认识'余教授'。按照华东局办公厅的吩咐,余教授出去要有人陪同、照顾。不过,余教授很喜欢甩掉陪同人员单独走出去,看饲养场,看电灌站,看自留地,找干部、社员谈话。"在工作中,曾希圣思路敏捷,但对自己思考出来的每一个方法、目标,都用最快的速度到群众中去核对、求证、完善,连二十多岁的邓伟志跟着他跑都有点吃力。曾希圣通过深入群众调查研究,掌握了第一手资料,就有了发言权。工作队员们都认为他的话符合孙桥的实际,也知道他这符合实际的话都是从群众中调查得来的。

1965年初,中共中央政治局在北京开会,毛泽东主持制定了《农村社会主义教育运动中目前提出的一些问题》,简称"二十三条"。为了宣讲"二十三条",曾希圣不顾地冻天寒,亲自到群众中去开展座谈。邓伟志生动地记载了这件事:"当时正值寒冬腊月,他看到我脚上穿着从淮北带来的用芦花编的高底茅窝,暖和如棉鞋,可棉鞋在泥地里会进水,木制高底茅窝不会进水;防水似胶鞋(上海叫'套鞋'),可胶鞋冬天不御寒,茅窝御寒。我看他很喜欢这双茅窝,就让他穿了。他不顾道路泥泞、天黑路滑,脚踏茅窝,手拄竹竿,不听劝阻,亲自到一个又一个生产队宣讲'二十三条'。群众听不懂他的湖南话,把'三个矛盾'听成'三个木头',他笑了。他不厌其烦地说一遍,再说一遍,直到社员都听懂了才罢休。经过'二十三条'的宣讲,干部轻松了,社员也满意了。"

工作队员反映队里找不出类似"桃园经验"中的吴臣那样的"四不清"干部。曾希圣果断地说:"没有'吴臣'就不要硬找'吴臣'。"在当时"左"的气氛下敢这样讲,令工作队员和社队干部大吃一惊,他们认为有此胆量的人肯定不同一般。经多方打听,始知余教授是中共中央华东局第二书记,"余教授"变成了曾老。工作队里复旦大学中文系的学生恍然大悟,在他们的下乡小结中,用"目光如炬""卓尔不群""孤峰绝岸"来形容曾希圣的非凡气质。

在当时的高级干部中,曾希圣是为数不多的会写文章且经常亲自动笔的省委书记之一。1965年5月,"四清"工作队完成了任务,曾希圣准备以个人名义向党中央和毛主席写报告。他没有让孙继怀、邓伟志等秘书们代劳,而是自己起草后,请原工作队的正副队长、孙继怀和邓伟志一起讨论,给他的稿子提意见。这次他给党中央和毛主席的报告,共1 000余字,有理论,有实际,用词准确,观点鲜明,大家都很钦佩。邓伟志曾经为工作队起草了一个调查报告,曾希圣修改一稿后,由邓伟志进行誊写。正在这时,复旦大学的一位女队员来大队部送材料,听说誊写的是曾希圣修改过的文章,就提出想看一下。邓伟志对她说,你能看出哪些是曾老加上去的吗?没想到这位女队员不一会儿就指着其中一句说:"这一句很深刻,你写不出。"邓伟志在文章中回忆道:"我凑过去一看,果然是曾老写的。这是一句什么话呢?曾老写的是:'这是辩证法加给我们的困难。'我想:这般富有哲理的句子,确实不是我这号人所能写得出的。我在理解了这句话的分量以后,40年来,不知把曾老的这一警句引用过多少次。"

曾希圣是位很有战略眼光的领导人,他关心今天,更希望托起明天。在工作队期间,他认为要重视农村的教育工作,因此花了很多时间,反反复复同各方共商如何把农业中学办起来。在他的力推下,孙桥农业中学正式招生了,曾希圣还出席了开学典礼。曾希圣时刻把孙桥人的冷暖放在心上,关心水乡农民中常见的关节炎病,提出通过改善劳动条件和居住条件来预防。农民的住房改造是他一直关心的事,他让邓伟志把几个方案排列出来作参考。甚至在他到西南局工作以后,仍然要求邓伟志把孙桥农民房屋改善进展情况书面汇报给他。

曾希圣在任中共安徽省委第一书记的几年中,有魄力、善创新、敢担当,政绩突出。然而在胜利面前,他却产生了骄傲情绪,在1958年的"大跃进"中还提出了一些不切实际的口号。在曾希圣急于求成的思想指导下,安徽省很多地方出现了严重的强迫命令,造成了不应该出现的损失。但在周恩来告诉他"两弹一星"项目工作人员吃不饱,需要六亿斤粮食时,他连夜召集会议研究决定,从安徽省拿出三亿斤粮食支援"两弹一星"项目,加剧了安徽的困难。后来,他了解到安徽省各地严重缺粮的情况,深受触动,开始醒悟。邓伟志担任曾希圣的秘书不久,一天晚上讨论完工作,其他领导都回宿舍休息了。夜深人静,曾希圣对邓伟志说:"小邓,你是萧县人,萧县三年自然灾害时的情况你了解吗?"邓伟志回答:"了解一点,但知道的不多。"曾希圣沉默了一会儿,说:"过去只知道战争年代会死人,没想到和平时期也会死那么多人!脱离群众就会出事。"邓伟志回忆这件事时,充满深情地写道:"我抬头看他时,他眼圈都红了。他把头转过去。我心里一酸。这位在战场上叱咤风云的将军,在一个年轻人面前,还就几年前的失误表达这番忏悔。足够了……这番话,足够我消除对他的误解;这番话,足够我记一辈子的。'脱离群众就会出事。'"

对这个时期曾希圣密切联系群众、一切为了群众的作风,邓伟志耳闻目睹、亲身经历。他在文章的最后写道:"在逆境中要联系群众,在顺境中也不能忘记联系群众。顺境往往是联系群众的结果,而顺境到来之后又最容易忘记联系群众。忘记联系群众又往往容易导致出逆境。成败与联系群众之间有线性关系。"

1986年4月23日，邓伟志应邀在上海人民广播电台《学习节目》中开办了《邓伟志信箱》。这是新中国媒体中第一个用真名实姓命名的节目，每周录音一次，在990千赫每周播出1期。在首期节目《发展商品经济必然会带来社会风气下降吗？》中邓伟志说："我叫邓伟志，从今天起电台让我担任这个信箱的主持人。咱们这个信箱主要是针对大家学习上、工作上、生活上感兴趣的问题，来交换些意见。大家有什么好消息，有什么苦闷、忧愁啦或者有什么心里话愿意对我说的，欢迎大家写信告诉我。我呢，作为你们的一位知心朋友，一定尽我的力量在这个信箱里跟大家谈心作出回答。有些问题也许是我也回答不出来的，我还愿意向别人请教……"邓伟志一口方言，声音有别于播音员，有个性，易记忆，谈话主题贴近生活，内容接地气，如"女同志社会交往为什么这样难""怎样看待'中学生早恋'""怎样理解'政治可以讨论'""怎样理解青年的自主性和自控性"，等等。由于邓伟志以主持人身份对一些新旧价值观念和社会道德观念的冲撞点同听众进行交谈，议题来自听众的反馈，又在双向渠道中进行交流，因此一般都能切中时弊，言之有物，受到了广泛的欢迎。《人民日报（海外版）》《光明日报》和香港报刊都曾介绍过《邓伟志信箱》这个栏目。直到1987年初反对资产阶级自由化时，由邓伟志主动提出才停办。

苏轼曾自视"上可以陪玉皇大帝，下可以陪卑田院乞耳"，综观邓伟志的交友之道，与苏轼如出一辙。他曾说："唐代大诗人刘禹锡称自己是'谈笑有鸿儒，往来无白丁'。对照起来，我只做到了一半。'往来无白丁'我做不到。"一位哲人说过：智者尊重每一个人，因为他知道人各有所长。邓伟志不论住在哪个里弄或小区，都与邻居们和睦相处。有关领导本来安排他住在较高档的花园住宅。他不去，说："社会学是搞民意调查的，与普通市民住一起，与邻居一起排队买大饼闲聊，不拿调查表就了解到民意了。"在2022年春天上海突然暴发的疫情中，他们老夫妇俩会把小区发的

第九章　与世有争　与人无争

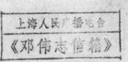

上海人民广播电台　　　　　　　　　　16
《邓伟志信箱》（广播稿）　　（1986年8月6日播出）

为什么观念改革的呼声越来越高？

凌云：
　　　邓伟志同志，您好！
邓伟志：您好！我很高兴，咱们又见面了。
凌云：邓伟志同志，您最近在市委宣传部、文汇报等单位举办的讲座上，连续讲了几次观念变革问题。听说讲得不错，可惜我没有听到。不知道是不是因为你在外边讲过的原因，这几天"邓伟志信箱"收到好多听众来信，希望你在广播里谈谈这个问题。你看好不好？
邓：好！咱们这个空中大信箱，容纳的听众之多，没有哪个礼堂能比得上。在这里讲了，就省得我再到各单位里"跑片子"了。
　　说到这里，凌云同志，顺便向你提个问题。我总觉得，现在有些领导同志还不大习惯用广播、电视开展政治活动。包括决策前的讨论会，也可以借助于广播、电视。如果能专门辟一个会议频率或频道，至少有四点好处：第一，领导与群众直接见面，会议精神不大会走样；第二，便于群众熟悉领导，监督领导；还有第三，有利于解决文山会海；第四还有个意外收获，可以缓解交通拥挤。
凌：还是请你言归正传，讲一讲观念变革。
邓：凌云同志，这也是观念，叫会议观念。

—1—

1986年在上海人民广播电台办《邓伟志信箱》节目的广播稿

食品省下一些送给饭量大的邻居,邻居不忍收下:"我们应当敬老才是。"邓伟志说:"老年人没你们饭量大,收下吧!"

邓伟志经常与邻居们热情地攀谈聊家常。客人如是第一次到小区里找他家,无论是大门的保安师傅还是小区的环卫工人,听说是找邓老师,都会热情接待。小区里的人们都由衷地尊重邓伟志这位平等待人的著名学者,也都为与其相邻而感到荣幸。对慕名前来家中的拜访者,不论是"鸿儒"还是"白丁",邓伟志夫妇都一视同仁,热情接待。2019年"五一"国际劳动节期间,有四位已退休了的安徽老乡来看望邓伟志。邓伟志暂停了写作,以"合意客来心不厌"的和颜悦色陪他们闲谈,夫人张耀新热情地为他们倒茶、拍照,还在附近的饭店订好了招待他们的午饭。这四位老乡充分体会到邓伟志"君子不以色亲人"的谦和,他们怕过多占用邓伟志的宝贵时间,在对邓伟志夫妇一再致谢后,午饭前就告辞了。

20世纪90年代初,邓伟志大学时期的一位老同学,在看了邓伟志发表的文章后,给他写了一封信。这时,邓伟志除了社会学研究工作外,还兼任了许多社会工作,上到全国政协常委、民进中央副主席等领导职位,下到社区活动顾问等具体工作,每天的活动和写作任务安排得满满当当。在自己风尘仆仆、案牍劳形的状况下,即使邓伟志暂时不给这位二十多年未曾谋面的老同学回信,相信人家也会体谅他,理解他,绝不会责怪他。但邓伟志在十分忙碌的情况下,挤出了午饭后的时间,认真地给这位病后残疾、身微力薄的老同学写了一封回信。邓伟志回忆这件事时写道:"今天有一封信,写起来比较流畅。那就是给一位半瘫痪的大学老同学写回信,我们大概快20年没见面了。她说,她是在看了我的三不养生之道后,含泪给我写的信。她说,她是用尚能动弹的被称作万能的那只手给我写的信。她在信中,回忆了她从学生时代起就背起家庭出身包袱的情况,讲起了她在病中再次递交入党申请书的愿望。我在回信中,赞扬她是'中国的保尔''女界的柯察金''是我学习的楷模'。"

邓伟志因研究贫困社会学而获得"穷人社会学家"的雅号,在日常生活中他的确一直十分关心社会的弱势群体,有不少杵臼之交。每年春节,他如给亲友拜年,主要是去穷亲友家,一般不去富亲友家。2006年深秋的一个晚上,邓伟志在友谊电影院开会后步行回家,走到一个路口时,看到一个农民工正对着一株小树小便。他本想过去制止这一不文明的行为,可转而一想,这个农民工如不在这里小便,又能去哪里小便呢?推己及人,邓伟志未惊动这个农民工。但是他对这件事始终难忘,于是,他写了《小便池,大问题》一文。他在文章中写道:"如果不叫他在这里小便,又能让他到哪里去小便呢?向东是梅陇镇广场,他能进去小便吗?向西是商城,他能进去小便吗?向南是展览馆,我敢断定:绝不会让他进去。向北,我至今也想不出哪里有公共厕所。他找不到公厕,'系不得已而为之',我怎能忍心干预他呢?尿憋久了,是要生病的……看来,小便池是个关系人民体质和社会风化的大问题。"最近十多年,上海市区新增了不少固定或移动公共厕所,甚至有了公共厕所电话、公共厕所地图,在手机"公厕指南"App上可查询全市8 000多座环卫公厕,不少沿街单位也向社会开放了厕所,给广大市民提供了方便,使他们体会到上海这座城市亲民的温度。这与《大众卫生报》上刊登邓伟志这篇文章,也许多少有些关系。

二、以文会友　知音识趣

邓伟志十分推崇孔子"友直、友谅、友多闻,益矣"这一交友之道。他几十年笔耕不辍、操翰成章,其文既有藏之名山的,也有流传坊间的,可谓雅俗共赏、有口皆碑。认真观察一下邓伟志的朋友圈,可以知道有不少挚友知音恰恰是他以文会友的结果。

曹聚仁是著名的记者、作家,早年在浙江省第一师范学习时曾师从陈望道。1922年到上海,他先后任教于务本女中(现上海市第二中学)、上海大学、暨南大学、复旦大学等校。抗日战争中,他担任战地记者,报道过淞沪战役、台儿庄大捷。1950年,曹聚仁赴香港任新加坡《南洋商报》驻港特派记者。他一到香港,就发表了《从光明中来》一文,赞扬共产党和解放后的上海。50年代后期,他主办《循环日报》《正午报》等报纸。在港期间,他利用自己在国共两党中的人脉,为促进祖国统一大业奔忙。他看见了新中国成立后几年北京的面貌就焕然一新,有感而发地说,六百年前的政治家创建了北京,"六百年后的政治家只用了五年的时间,扩展了比六百年来的建设还要多的新北京"。他纵情称赞毛泽东"是史无前例的伟大人物",歌颂周恩来"是旋转乾坤的人"。他在给女儿曹雷的信上说:"别人以为我到了海外,一定会远走高飞了。我一心向往北京,而且慢慢走上为祖国效力的路子,和别人的想法绝不相同。"1972年7月23日,曹聚仁在澳门逝世,毛泽东和周恩来都极为关注,周恩来亲自为其墓碑碑文定稿为"爱国人士曹聚仁先生"。曹聚仁生前出版报告文学、散文、论著70余种,4 000余万字。

在读书上兼容并包、钻坚仰高的邓伟志,从20世纪70年代末就开始阅读曹聚仁的书,不到十年,就读了五十多本,并写了好几篇文章。其中一篇是《赵一曼、曹聚仁及其他》,文中赞扬曹聚仁"基本倾向是爱国的、进步的"。此文在1979年8月2日《解放日报》刊出后,很快就遭到一位权威人士的责难。该人士写了篇内参,无中生有地说:"曹聚仁是革命,那我们是反革命了?这个邓伟志肯定是邓珂云的什么亲戚……"邓珂云原名邓织云,是曹聚仁的夫人,曾任上海市文史研究馆馆员。她出生在上海,曾经与曹聚仁同是在战火硝烟中出生入死的战地记者,与邓伟志未曾相识,更无亲戚关系。一天,中国大百科全书出版社上海分社社长陈虞孙约邓伟志谈话,他面带笑容地开门见山道:"你闯了个大祸……"邓伟志等他把事情叙述完,以为要挨一顿批评了,没想到,陈虞孙话锋一转:"你不要理他。我深知其人是个左派。希望你看完五十本曹聚仁的书以后,再写。如看得起我,写好后给我看看,让我学习学习。你回去看书吧!"

高尔基说过:"只有满怀自信的人,才能在任何地方都把自信沉浸在生活之中,并实现自己的意志。"邓伟志因为经过认真的阅读思考,所以他自信对曹聚仁的基本认识是不会错的。但他怕连累陈虞孙,觉得只有继续再多读细读曹聚仁的书,才能占领真理的制高点据理力争。图书馆

第九章　与世有争　与人无争

能借到和书店里能买到的十多本曹聚仁作品他都读了多遍，在哪里还能读到曹聚仁更多的作品？他想到，古人尚能做到"善学者志在乎圣人，而行无忽乎卑近"，自己为了多读些书，为什么不能上门向曹家借书呢？经过多方打听，他才知道了邓珂云的电话与住址。于是，邓伟志在电话中简单向邓珂云说明来意，邓珂云已看到了《解放日报》上的文章，所以她爽快地答应了。敲开邓珂云的家门，邓伟志向衣着俭朴的邓珂云问好，还对邓珂云说："按规矩，我应当称你'阿姨'，可我们五百年前是一家，我称你姑姑吧？"邓珂云笑着说："我收下你这个娘家侄子。"邓伟志的虔诚态度、好学精神和彬彬有礼打动了邓珂云，她欣然应允并让他到书架旁选书。有一次邓伟志又来借书，正巧邓珂云的女儿曹雷来开门，她对邓伟志说："你姑妈在等你。"邓伟志在很长一段时间频频进出于"姑姑"家借书还书，如饥似渴地研读曹聚仁的作品。这期间，他甚至连曹聚仁所编的篇幅达800多页的大型画册《现代中国戏曲影艺集成》都阅读过。就这样，邓伟志为读书与邓珂云不期而遇，成为"姑侄"和忘年交。

1981年初冬，时任国家科委副主任兼中国大百科全书总编委常务副主任的于光远，向上海分社借调邓伟志到国家科委担任《人体特异功能调查研究资料》的编辑。自古读书人"重神交而贵道合"，邓伟志在上中学时就知道于光远的名字，因为那时他们用的政治课本《政治常识读本》就是于光远参与编著的。通过这本书，他学习和掌握了科学社会主义ABC，对于光远也充满了敬意，没想到二十多年后自己居然在于光远身边工作了。邓伟志在《走近思想家于光远》一文中说："我没资格做于光远同志的学生，可是，我又是于老道地的学生。我没资格做于光远同志的秘书，可是，我又是于老出了名的'代秘书'。我在学术上无法同于老相比，可是，我在学术上同于老又有些相像之处。在我的学术生涯中，受于老的影响太大了。"当时，邓伟志住在北京东总布胡同41号。一天，于光远来看他，发现他吃住都不方便，就主动要邓伟志搬到他家去。于光远住史家胡同8号，就在东总布胡同41号斜对面。邓伟志去后，住宿和编写工作都在于光远三间书库的东端，吃饭与于光远在一起。于光远利用吃饭时间给邓伟志讲亲历亲闻的有趣故事,也常常向邓伟志了解编写情况。

在邓伟志眼里,于光远是一位勤奋的思想家。他虽然身居高位、日理万机,但仍保持着长期养成的手不释卷、日试万言的习惯。他从不让秘书代写文章,总是自己动手,不仅如此,他甚至还代人起草文章。有一次,于光远就一个问题,从几个角度写了好几篇文章。他叫来邓伟志,对他说:"这篇文章你拿去用你的名义发表吧!"不久,《文汇报》就刊登了这篇由邓伟志署名的一千多字的文章。

在邓伟志眼里,于光远又是一位深入工作实际、密切联系群众的好领导。他多次跟随于光远到西南、西北地区考察,亲眼看到于光远路过风景区而不去,却直奔贫苦老乡家。1984年的一天,他们来到了"苦甲天下"的甘肃省定西地区。在一个农民家,看到因长期天旱,他们喝的水很脏,健谈的于光远心情沉重,半天不语;在另几个农民家,他们看到家家都买不起衣橱衣柜,衣服就挂在一根三四尺长的绳子上,于光远眼圈顿时红了。邓伟志回忆道:"于老是走到哪里笑到哪里的人,这是我第一次见到他落泪。"

实践打动了思想家的感情,实践为理论家提出了课题,实践也为理论家提供了上升为理论的原材料。为了解决缺水的问题,于光远带着大家认真讨论水井的改造方案,研究种草以保持水土的方法,还向当地政府提出了引黄河水灌溉农作物的建议。他从社会科学和自然科学的角度,一口气给《甘肃日报》连续写了近十篇具有震撼力、穿透力的文章。在于光远身先士卒的榜样鞭策下,邓伟志也为《甘肃日报》写了几篇文章。甘肃省政府聘请于光远为顾问,邓伟志等人被聘为地区的顾问。邓伟志写道:"顾问有顾问费。于老分文不取。他只许我们接受定西赠送的梨,而且只许收一只梨。这使得定西很为难,他们只得挑选大个头的梨送给我们。别看定西穷,定西的梨不仅个头大,味道也特别甜。现在定西大变样,应当说,有于老的一份贡献。"

回忆跟随于光远联系实际、深入实践开展调查研究的过程,邓伟志深有体会地说:"理论课是'上求',实践课是'下索'。我开始懂得做学

第九章 与世有争 与人无争

与于光远合著《生长老病死》，并请于光远在书上签名

问要'上下求索'。写文章不是供评委评奖用,好文章要'飞进寻常百姓家',飞进人民群众的心坎上,由作为历史动力的人民群众转化为物质力量。从事理论工作的人不仅要读'有字之书',还要读'无字之书'。开始懂得既要有'书卷气',又要有'泥土气',有了这'两气'方能构成理论工作者的正气和才气。"正是在于光远等前辈的鞭策激励下,邓伟志一直勤于笔耕、勇于实践,赢得了社会广泛赞誉。2022年7月,在上海市第十五届哲学社会科学优秀成果评奖中,邓伟志因"聚焦中国社会发展重大问题的研究与解决,对当代中国社会学学科的建设与发展作出杰出贡献"荣获学术贡献奖,其代表作为《邓伟志全集》。

在邓伟志眼里,于光远是国内少有的理论家。十多年中,邓伟志耳闻目睹了于光远陆续发起的生产力问题、分配问题、初级阶段问题、生活方式问题、经济与社会关系问题、市场经济问题等诸多问题的讨论,在全国理论界起了引领、导向作用。其中生活方式和经济与社会关系这两个问题,与邓伟志研究的社会学关系密切,他一直关注至今。对于光远在理论上勇于创新的精神,邓伟志给予高度赞扬,说:"中国人的思想境界在不断提升。思想境界的提升要依靠思想者的带动,要依靠思想者的智慧和奉献。"

1988年11月,邓伟志在中国民主促进会第六次全国代表大会上,由出席大会的代表直选为第八届民进中央副主席。在之后的中国民主促进会第七次、第八次全国代表大会上,他仍然被选为第九届和第十届民进中央副主席。而在九位第八届民进中央副主席中,出生于安徽省的有两位,除了邓伟志,另一位就是赵朴初。在邓伟志担任副主席的第九届和第十届民进中央委员会中,赵朴初又连续两届担任名誉主席。邓伟志在1998年3月当选为第九届全国政协常委,而赵朴初仍然是这一届的全国政协副主席。君子与君子以同道为朋。正是在中国民主促进会领导班子和全国政协常委会连续十五年的共同工作中,邓伟志与赵朴初结下了白首同归的友谊。

赵朴初,祖籍安徽省太湖县,出生于安徽省安庆市。曾任全国政协副主席、中国民主促进会中央名誉主席、中国佛教协会会长,他是著名的社会活动家、杰出的爱国宗教领袖、中国共产党的亲密朋友,也是中国民主促进会的创始人之一。赵朴初是享誉海内外的著名作家、诗人和书法大师,在诗词曲和书法方面都有很高的造诣。他又是一位慈善家,长期从事社会救济救灾工作,直到晚年体弱多病时,还亲自为遭受地震和洪水灾害的地区筹集救灾资金。他率先垂范,为灾区和希望工程捐出个人省吃俭用结余下的大笔资金。他在遗嘱中表达了豁达的生死观:"生固欣然,死亦无憾。花落还开,水流不断。我今何有,谁欤安息。明月清风,不劳寻觅。"

邓伟志是中国社会学界第一个提出"学术生态"概念的人。20世纪80年代中期,他就学术生态问题发表了不少文章,提倡学术环境的宽容、宽厚、宽松,强调"自由的学术氛围能够促进更多的教授发挥他们自己的能力"。1989年,人民日报出版社向邓伟志约稿,请他写一本《学术生态问题》,并准备将这本书加入由《人民日报》原总编辑胡绩伟主编的"民主系列丛书"。接受这个令人鼓舞的约稿任务后,邓伟志焚膏继晷、寸阴是竞,按照胡绩伟的要求,写出了十多万字的书稿。书稿审定完毕,出版社向他发来了预告。赵朴初听说此事,在为老朋友高兴的同时,认真翻阅了书稿目录和部分章节后,提笔为书稿题写了两幅书名题字"学术生态问题"。

2000年5月21日,93岁高龄的赵朴初因病逝世。邓伟志在上海获悉噩耗后,强忍悲痛,写下了《充满魅力的领导者——缅怀赵朴初先生》一文。他在文章中说:"朴老是有深邃思想的思想型领导人。不过,我以为朴老主要还是一位魅力型领导人。他有文字魅力、谈吐魅力、道德魅力。"2004年10月5日,赵朴初的部分骨灰安葬到距太湖县城50公里的其祖籍地寺前镇,太湖县举行了隆重的赵朴初骨灰安葬仪式。数万名乡亲肃立道路两侧,挥泪为赵朴初送行。邓伟志和时任第十届全国政协副主席丁光训提前一天赶到太湖县,分别代表全国政协和民进中央参加仪式。看见太湖县乡亲对赵朴初的真情实意,邓伟志感慨道:"老百姓在我

赵朴初为邓伟志《学术生态问题》一书题写书名

第九章 与世有争 与人无争

2004年10月4日,与友人合影于赵朴初故居

们心中有百斤重,我们在老百姓心中就有千斤重。"太湖县在寺前镇修建了"赵朴初文化公园",赵朴初的骨灰被安葬在公园里一座小山上的一株树下。邓伟志神情肃穆,与丁光训及安庆市领导一道,用铁锹把土轻轻覆盖在墓穴上。他履行了自己"人生结交在终始"的交友诺言,一直把赵朴初送回了老家。

邓伟志到中共中央华东局工作时,柯庆施是华东局第一书记。

柯庆施是安徽省歙县人,出身书香世家。1920年,他在上海外国语学社学习时结识了陈独秀并加入中国社会主义青年团。1922年1月,柯庆施受中共中央指派,出席在莫斯科召开的远东各国共产党及民族革命团体第一次代表大会,受到了列宁接见。1922年夏,他加入中国共产党并在上海的团中央机关工作。1923年春,他被派到安庆,负责领导安庆、芜湖青年团组织的活动。

安庆作为长江北岸重要的港口城市,是安徽从建省直到1938年被日军侵占止安徽省省会所在地,长期以来是安徽省政治、经济、文化中心,也是中国较早接受近代文明的城市之一。1921年4月,安庆社会主义青年团成立。1923年冬,安庆的团员人数已发展到四五十人。于是,陈独秀指示柯庆施在安庆建党。柯庆施召集王步文、许继慎、杨溥泉、彭干臣、濮德治等十人在陈独秀表弟濮德治家所在的濮家老屋(位于今安庆市大观区孝子坊街)召开会议,正式成立了中国共产党安庆支部。这是安徽省境内最早建立的城市党组织。

1954年10月,柯庆施调任中共上海市委第一书记。从那时起直到病逝,他一直主持上海工作。在此期间,上海的政治、经济、文化、科技、教育等领域成果斐然。对此,邓伟志曾写道:"上海对'两弹一星'的研制做出了不可替代的巨大贡献,从无到有建立起相关产业。中国的第一枚探空火箭,是在聂荣臻、柯庆施领导下,首先在上海发射的。在上海刚开始研制地空导弹时,有人认为经济力量不够,提出要下马。柯老说:'就是穷得当掉裤子也要搞成导弹',顶住了来自各方的压力,终于研制成功,投入生产,及时装备军队。"1965年1月,柯庆施任国务院副总理,4月9日因病逝世。由于1965年11月10日《评新编历史剧〈海瑞罢官〉》首刊于《文汇报》,成为"文化大革命"的导火线,后来有人认为柯庆施是这篇文章的支持者,这使得柯庆施成为"盖棺未定"的重要党史人物。

针对许多以讹传讹的流言,邓伟志经过深入调查和认真研究,在2003年第9期《党史纵览》上发表了长篇文章《如何评价柯庆施》。他在文章中以大量的史实、具体的数据,客观地记述了柯庆施与反右派斗争和"评海瑞罢官"的关系。他在文章中指出:"据当时的卫生部长钱信忠说,自柯动手术后,他便遵照周恩来的指示,陪柯在北戴河等地疗养。柯'自1964年7月至1965年4月逝世,就没回过上海'","试问:柯怎能给姚文元以支持呢?"至于反右派,邓伟志认为,"不少文章讲到柯庆施'左',我认为这没有冤枉柯庆施同志。柯庆施确实'左'。不'左',1957年怎么会在上海打出一万五千多'右派分子'来?不'左',1959年以后怎么会反出那么一批'右倾机会主义分子'来?"但柯庆施也否定了不少下面送来报批的内定右派。如《劳动报》总编马达,《文汇报》党组书记钦本立、副总编辑唐海,《解放日报》副总编辑冯岗等,柯庆施说:"这几个同志是缺少经验的问题。他们是有错误,不能做现在的工作了,给他们一点处分也是应该的,但不要划右派。右派划多了不好。这些人还是可以用的。"对于上海市第二商业局、上海的外事系统、上海科委系统的科技人员没有划一名右派,显然与柯庆施的态度也不无关系。对于在大学生中抓右派的问题,柯庆施告诉复旦大学党委书记杨西光:"应该实事求是,不能套比例。"这些都足以说明,柯庆施在声势浩大的反右斗争中,是"左"中有不"左"。

其实,邓伟志并没有近距离地接触过柯庆施,更与他无任何交往瓜葛。他写这篇文章,主张在评价柯庆施时必须坚持实事求是的观点和全面分析的原则,完全是为了还历史以真相。文章的发表,澄清了社会上对柯庆施评价上的一些道听途说和不实之词,引起了不小的社会反响。

比邓伟志小四岁的陈贤德,是1980年初调到中国大百科全书出版社上海分社年鉴编辑部的,从那时起直到邓伟志调离,他们二人一直在一起工作。在陈贤德眼里,邓伟志不仅是位丝毫没有架子的好领导,也是一位关心人帮助人的好大哥。

1982年底,邓伟志在国内率先提出设立"妇女学"。陈贤德对社会学的这一分支也很有兴趣。在邓伟志指导下,两人共同完成了《家庭教育的地位与作用》一文。文章发表后,引起了不小的社会反响,上海市教育局、上海市妇联、全国妇联甚至联合国教科文组织都邀请他们作专题报告。接到邀请,邓伟志就推荐陈贤德前往,自己退在后面。

2015年5月29日下午,陈贤德拿着准备出版的《长路经行见履痕——陈贤德作品选》清样来到邓伟志家,请其为这本书作序。第二天一早,陈贤德就收到邓伟志托人送来的序言手稿《文如其人阿德哥》。不久,邓伟志打来电话说:"因我们明天就要飞德国了,所以连夜一气呵成,如有不妥,你尽管改,我都认的。"陈贤德闻听此温暖感人的一席话,感激之情油然而生。

人之相知,贵在知心。2021年3月,陈贤德发表了《思想界的真汉子》一文。他在文章中说:"我新年电话问候的第一人,是我相识相交40年的良师益友,也是我最敬重的邓大哥,他就是调研过我国40多个少数民族、走访过全球60余个国家、出版过1 600余万字著作的著名社会学家邓伟志教授……我心中的邓大哥是一位率真可爱的人。正是这份率真可爱,邓大哥才会在生活中'任人调侃',原则上'寸步不让'。也正是这份率真可爱,才赢得了张耀新大姐50余年来的相爱相伴,才诞生了《老夫老妻》这本邓大哥毕生发行量最小的出版物。时间从没有冲淡我们之间友谊的酒,距离也从没有拉开我们彼此思念的手。"

俗话说:秀才人情纸半张。邓伟志不仅以文会友,也以文论理、以文论史、以文论教,更以文责己。他对自己安度晚年的基本要求就是继续笔翰如流。他写道:"'以文为生',我有思想准备,死于笔尖下,葬在书本中。"

三、才高行洁　兰熏桂馥

援笔成章几十年的邓伟志虽然早已名扬天下,但他依然怀真抱素,时刻以"正其义不谋其利,明其道不计其功"作为自己的处世规范,顺着这个规范的脉络,人们可以清晰而全面地领略邓伟志的大家风范。

1986年秋天,中国大百科全书出版社上海分社机关党支部正准备召开支部大会,发展邓伟志入党,这是邓伟志梦寐以求、心向往之的目标。这时,中共上海市委组织部、统战部通知上海分社党委,暂停为邓伟志办理入党手续,因党的统战工作需要,市里建议他加入中国民主促进会。接下来的几天,市委统战部部长毛经权、副部长茅志琼和来上海开会的时任中共中央书记处书记、中央统战部部长阎明复,先后找邓伟志谈话。出版社书记罗洛对邓伟志说:"我们服从上级党委,希望你听党的话,加入民进。党支部大会不能开了。"此时邓伟志明白了,加入民进,是党交给自己的重要任务,必须不折不扣地完成。从那时起,几十年来,无论是在社会活动、杂文创作中,还是在学术研究、教学实践中,邓伟志都旗帜鲜明地亮出政治见解,坚持与党中央保持高度一致的政治立场。

仅浏览一下邓伟志众多文章的题目,对作者具有的政治情怀就可知一二。如《一个儿童眼中的淮海战役》《试论两岸十缘》《思想解放无止境》《救我是党,育我也是党》《为慈善事业写颂》《忠诚党的事业——记大舅纵翰民》《廉政十法》《学习抗大精神,提高抗腐能力》等文章,无不充满了作者敏锐的政治领悟力、政治判断力,篇篇都体现了作者要努力提高政治执行力的积极倡导。邓伟志对同事说:"党中央号召我们:'坚持以人民为中心的研究导向,树立为人民做学问的理想。''为人民做学问',才是崇高的动机,才是高远的价值追求,才有无穷的力量,也才能在学术上作出巨大贡献!"

每当党和国家有重大部署时,邓伟志总是在表示拥护的同时,认真学习理解其精神实质。2021年11月,中国共产党第十九届中央委员会第六次全体会议通过的《中共中央关于党的百年奋斗重大成就和历史经验的决议》发表后,邓伟志认真研读,撰写学习笔记。他在笔记中赞颂道:"《决议》对波澜壮阔的百年历史做了精辟的分析,科学的研判,清晰展示了中国人民从苦难走向辉煌的艰辛历程,是一篇贯通历史、现实和未来的

与许嘉璐(左)、严隽琪(中)在民进成立旧址合影

光辉文献。《决议》高屋建瓴,气势磅礴,内涵丰富,思想深邃,既有载入党史的伟大意义,又有载入中华文明史的历史价值。《决议》提出的'十个坚持'是系统完整、相互贯通的统一体。尤为可贵的是遵照毛主席'一分为二'哲学思想,《历史决议》大胆地对伟大领袖毛主席一分为二,指出了毛主席在反右、'文革'中的错误,这在公开文件中是第一次,比1981年的第二个《历史决议》前进了一大步。反右是化友为敌,'文革'是自毁长城,摧残人性。人无完人,伟人是人,也有错误。过去把毛主席的错误说成不是错误的做法是错误的。"

作为一位著名的民主党派人士,邓伟志是中国共产党领导的多党合作和政治协商制度的模范执行者,在工作中始终服从和尊重党的领导。在上海大学工作期间,对学校党委布置的工作,他都认真贯彻执行;对学校党委统战部召开的会议、安排的活动,他都积极参加;对学校党委宣传部布置的理论宣传、宣讲等活动,他都认真思考、精心准备。2022年是上海大学建校100周年。2月14日,邓伟志起草了《用上大校庆为两岸统一加温》,独辟蹊径地提出了"以校庆为契机,促进一下两岸关系"的五条建议,体现了他关心祖国统一大业的耿耿忠忱。邓伟志说:"对马列我是有感情的,我是佩服的,直到今天依然故我。"一位从民进中央机关退下来的老同志毛启邠写了一首赞扬邓伟志的诗:"岂唯翰府胜潘江,肩臂犹能负大梁。虽重千斤无怯色,笑容满面敢担当。"

在刚跨入新世纪的2001年春天,邓伟志在《上海滩》第3期上发表了《上海人应有创新精神》一文。他在文章中说:"老调奏不出21世纪的进行曲,老话说不到21世纪的点子上。"其实,邓伟志自从事理论研究工作之初到今天,年年念"创新经",创新的脚步一刻也没有停顿过。他说自己与人无争,但却与世有争。他在《与世有争,与人无争》中对此作了说明:"'与人无争'是为了创造一个宜人的小环境;'与世有争'是为了争出一个更加宜人的大环境。"从"邓氏三论"到妇女学,从《学术生态问题》到《以人为本,还是以社会为本?——一种人与社会"互本"的理论图景》,数以百计的文章、著作,无不饱含了邓伟志创新过程中的辛勤汗水,也引来了不少正反评论,甚至被扣上莫须有的大帽子。苏轼曾说:"天下有大勇者,猝然临之而不惊,无故加之而不怒,此其挟持者甚大,而其志甚远也。"邓伟志就是这样一位"有大勇者"。对与己不同的学术观点,他"内省不疚,何忧何惧",坦然笑对。尖锐猛烈的批评,不留情面的指责,失之偏颇的评议,甚至一些误会与偏见,邓伟志都能一一"笑纳",做到有则改之、无则加勉。

邓伟志不仅是位"根之茂者其实遂"的社会学家,而且还是位"当理不避其难"的铮铮铁汉。他深知,"创新之路不像上海的磁悬浮那样笔直,创出新以后也不会平静。'新'与'旧'天然地是一对矛盾"。他在另一篇产生过争议的文章《不创新毋宁死》中,批评了一些妨碍创新的行为:"不要在做书生时是有棱角的理论闯将,而一旦功成名就或当了'官'便成了圆滑的庸人……不要动不动把创新视为异端。"《探索与争鸣》的主编潘立明也是一位"有心雄泰华,无意巧玲珑"的才子,因他批准刊登了邓伟志这篇"与人无争,与世有争"的新论,被责成做检讨。他勇敢地挺身而出,默默地替邓伟志抵挡了一部分明枪暗箭,保护了邓伟志的创新行为、创新成果。

虽为一介书生,作为民主党派的代表,邓伟志积极参政议政,为国家经济社会发展、人民生活改善献计献策,赤子心怀跃然纸上。而且他的意见总是与时俱进,从来不发空言。有人说他"说了也白说",邓伟志说:"白说也要说,说到不白说。帮忙不添乱,到位不越位。"他还提出"廉政十法""监督十二条"等建议,以知识参政议政、以知识为中国共产党建言献策,以知识做党的诤友。

荀子认为,真正的君子应"贤而能容霸,智而能容愚,博而能容浅,粹而能容杂"。应该说,邓伟志在为人上、在学术上都做到了这四个"容"。他在《与世有争,与人无争》的最后写道:"'与人无争'是'绵',是宽容;'与世有争'是针,针砭时弊之'针'。这或许也算是'绵里藏针'之一种吧!"2020年,邓伟志虽已年逾八十,但仍然初衷不改、志在千里,坚持对科学不断求证,继续对真理不懈追寻。他在《笑谈笔下风雨——在理

第九章　与世有争　与人无争

做客新华网,参加"两会"访谈

2006年,参加全国政协会议

战线打拼60年的点点滴滴》一文中说:"得过一些奖,挨过更多的批,曲曲折折,起起伏伏,我无怨无悔,起不俏,伏不倒,拦不住,甩不掉,我懂得这正是在理论战线奋斗之必须,是匍匐前进不可须臾缺少的要诀。"他认为,自己在学术上"只不过是漂浮在知识海洋上的一叶小舟",只有开足不断创新的动力,才能到达成功的彼岸。

凡是接触过邓伟志的人,都能感觉到他的虚怀若谷、与人为善、宽厚敦和、豁达大度。1979年,邓伟志担任《中国大百科全书·天文学》卷编辑组长时,他在工作中以身作则,夙兴夜寐,负重致远,过度劳累使他病倒了,同事们都被他的工作精神感动了。年终,大家一致推选他为先进工作者,被评为局级先进个人,奖品是当时安装数量不多的煤气灶。邓伟志毫不犹豫地把这套煤气灶让给了同事,自己家仍然烧煤球炉。

谦和待人是一种博大而深邃的胸怀,是人类的最高美德之一。在上海大学,邓伟志是一位名教授,可他从不以名人自居。学校统战部、宣传部一些年轻的教职工开始与他会商工作时,因敬畏他的名人地位而放不开。时间一长,大家发现邓伟志是如此温文尔雅、敬人在先,他们不约而同地赞扬邓伟志,说他是最好相处的民主党派著名人士。

2003年,邓伟志接到英国剑桥名人中心的信函通知:"邓伟志已被载入《世界名人录》第22版,同时,亦被收入英国编写的《世界名人录》。"这是国际上最具公信力、最具影响力、最具品牌价值的名人榜。谈到这件事,邓伟志只是不以为然地淡淡一笑。他说:"这没啥了不起的。我只是一个普通的教育工作者和理论工作者,人们曾因我发表文章多、被各大报刊转载多、新观点多、引起争论多,称我为'四多'学者。其实,'我在知识的鸟群里只不过拣到一根羽毛',我更关注的是理论的社会效益。"他又说:"我的学术水平在平均线以下","理论工作者心中要有社会,以社会为胸怀,社会有多广,社会学者胸怀有多广……我愿一辈子做思想解放的啦啦队","我真的轻如鸿毛。"

胡锦华曾是中国健康教育协会副会长、上海市人民政府参事、《上海大众卫生报》社长,也是邓伟志的老朋友。他与邓伟志、李伦新三人曾在

《上海大众卫生报》合办过"三人谈"专栏,在近三年时间里,每期一篇,很有影响。邓伟志利用来报社审稿的机会,经常与胡锦华一起探讨医学社会学问题。对于邓伟志的谦虚,胡锦华写了一首题为《赠伟志兄》的诗笺:"君称轻于鸿毛,只却重于泰山。撇划天道为公,扶携社会致谐。——君之职耶,轻耶重耶。"邓伟志一直把这幅诗笺珍藏在身边,始终以老友勉励和社会需求为动力,踔厉奋发,笔耕不辍。

作为老革命的后代,邓伟志成名后不改本色,牢记父母教诲,深入基层,不畏劳苦,关心民瘼,扶困济贫,做到"先天下之忧而忧,后天下之乐而乐"。在他的社会实践中,"非道不言,非义不行"始终体现在坚定前行的步伐上。胡申生在《可以像他那样做学问》中写道:"作为社会学家,邓伟志从上世纪八十年代开始,就深入祖国西南、西北贫瘠地区考察,调查当地民生疾苦。我曾有幸跟随他到云南西双版纳调查,当时他在党派中的职务是中国民主促进会中央副主席,但从昆明到西双版纳坐的却是长途公交车,受尽颠簸之苦,但他毫无怨言。在西双版纳的穷寨子里,他访贫问苦,与民族兄弟同坐同吃,回来即写文章,给有关领导建言献策。"

邓伟志在编撰科普书籍《天体的来龙去脉》时,就极为推崇康德的这句话:"世界上有两件东西最能震撼心灵:一件是我们心中崇高的道德法则,一件是我们头顶上灿烂的星空。"但邓伟志更加注重将"心中崇高的道德法则"身体力行,以"一肩担尽古今愁"的情怀,达则兼济天下,穷则独善其身,倾尽自己所能为社会、为他人服务。2019年春天,邓伟志拿出自己省吃俭用的积蓄28万元,与朋友们共同出资的23万元合并后,一起捐赠给上海大学教育发展基金会。上海大学用这笔资金设立了"邓伟志教育基金",专门用于鼓励上海大学社会学院的莘莘学子传承社会学人的治学精神,倡导他们胸怀祖国、心系社会。邓伟志的这笔捐款,从设立专项基金角度看,数额不算很大,但从退休教授养老金的收入看,却是一笔巨大的数额。这都是他们夫妇在日常生活中省吃俭用节余下来的,其乐善好施、关心教育的高风亮节,得到了上海大学师生们的交口称赞。

作为长期从事教育工作的大学教授,邓伟志常用龚自珍"落红不是无情物,化作春泥更护花"这句诗来鞭策自己。他特别重视对青年一代的教育,和对中青年教师和理论工作者的帮助、扶持。他曾语重心长地勉励青年知识分子:"应当心系家园,甘于奉献,把论文写在祖国大地上,把创新的理想融入国家和民族的事业中,让自己闪耀的青春和国家发展同频共振,让自己的人生同民族的命运紧密相连。"退休后,上海大学领导聘请邓伟志担任社会学院的育才导师,他欣然应允。在担任育才导师的几年中,邓伟志与师生们交朋友,帮社会学院领导出主意,为上海大学赓续红色基因、实施人才强校战略和国际化战略提出了不少真知灼见,很多活动他也事必躬亲。

2021年9月中旬,在北京休养的邓伟志听说李宏塔要来上海开会,他觉得正在抓学校董事会换届和推进校史工程的上海大学,应该抓住这个机会联系李宏塔,请他到校指导和参与。李宏塔是中国共产党的主要创始人之一李大钊之孙,其父是曾任安徽省委第一书记、贵州省委书记、中国人民银行行长的李葆华。李宏塔曾任共青团安徽省委副书记、安徽省民政厅厅长、安徽省政协副主席。出生在这样一个家庭,自己又是领导干部的李宏塔,始终艰苦朴素、清正廉洁、以严治家,密切联系群众,秉持了革命传统代代传的宝贵本色,成为党员领导干部忠诚、干净、担当的典范。2021年6月29日,中共中央首次颁授"七一勋章",李宏塔是29名"七一勋章"获得者之一。邓伟志早年在中共中央华东局工作时,李宏塔的母亲田映萱曾是他的领导,他了解这个令人肃然起敬的家庭,所以他极力推荐这个家庭的成员之一李宏塔。具有强烈政治敏感的上海大学领导们十分重视邓伟志的建议,他们派出由陈然、杨静、张乃琴、洪丹丹等组成的得力的工作班子,想方设法面见了李宏塔,向他汇报了上海大学的情况,得到了他的赞同和支持。

2021年11月15日上午,李宏塔应邀来到祖父百年前曾经多次发表演讲的上海大学。邓伟志陪同他参观了社会学院后,又共同参加了社会学院学生共话初心主题沙龙"与信仰对话"活动。他们向学生们发表了热情洋溢的演讲,回答了学生们提出的问题。在活动中,李宏塔还被聘为社

第九章　与世有争　与人无争

2021年11月15日,邓伟志与李宏塔在上海大学社会学院座谈会上

会学院"秋白党支部"和马克思主义学院"守常党支部"的校外指导员。下午，李宏塔为上海大学全体领导干部作了题为"李大钊清廉家风代代传"的专题报告。邓伟志和李宏塔还相互约定，在2022年上海大学即将开展的百年校庆系列活动中，再次来上海大学，与师生们共同开启"百年传承再出发"的宏大誓愿。

桂泽发是在中国交通银行工作的经济学博士，曾在甘肃省庆阳市挂职工作三年。长期以来，他利用业余时间读书、思考、写作，已出版著作五部，公开发表文章五十余篇，是一位孜孜不倦钻研理论的中年知识分子。2020年冬天，桂泽发准备出版新书《富贵论》。这本近四十万字的书，是作者二十多年金融工作、生活经历的体会结晶，旨在"开探富贵学，发掘幸福源"，倡导人们"端正富贵态度，开启幸福人生"。桂泽发很希望请一位学问大家给作品一些有力的指导，如能为作品作序，那更是锦上添花了。

桂泽发听说过邓伟志的大名，很希望他对自己耳提面命，但因从未谋面，不知能否如愿。2021年1月的一天，经朋友引荐，桂泽发带着《富贵论》提纲和内容梗概，怀着忐忑不安的心情如约来到邓伟志家。邓伟志热情地接待了他，夫人张耀新为他端来了热腾腾的咖啡，桂泽发紧张的心情放松了。在听了情况介绍后，邓伟志给予桂泽发高度评价，表示将尽快把序文写好。一周后，桂泽发在电子邮箱里收到了邓伟志发来的序文。邓伟志在序文中说："桂泽发博士的新作就要出版了。翻阅着他送来的书稿，我感到沉甸甸的分量和沁人心脾的温度。一个成天忙碌于银行财富管理一线的年轻干部，能在并不富裕的业余时间坚持学习和创作，这精神可喜可贺呀！"在邓伟志的鼓励下，桂泽发对《富贵论》书稿再次加以修改，终于在2021年8月由上海三联书店正式出版发行。桂泽发还在邓伟志的推荐下，加入了上海市作家协会。每当提到邓伟志，桂泽发总是充满感激。他说："邓老师不仅对我的写作予以指导，还在百忙中为拙作撰写序言。这对我是莫大的鼓舞和鞭策！如果说'古之学者必有师'，今天的邓老师就是我的良师益友。"

四、淡泊明志　清风明月

孔子曰："饭疏食,饮水,曲肱而枕之,乐亦在其中矣。不义而富且贵,于我如浮云。"邓伟志在物质生活上就是以这个境界为标准的,他有句名言："吃穿简单点,大脑复杂点。"可能是小时候吃过苦的缘故,他深知"一粥一饭,当思来处不易",因此他把物质生活水平的参照标准定得很低。几十年来,他从不与人攀比物质享受程度,不求过得好,只求过得去。

最忙的时候,若夫人张耀新不在家,邓伟志吃一个冷馒头就算一顿中饭。1984年,几家报纸披露,邓伟志家有两个"不超过三"：一是闲谈不超过三分钟,二是吃饭不超过三个菜。对此,邓伟志充分认可。他说："我们都不吸烟、不喝酒、不贪食。我们在食堂吃饭,不大买贵的菜。我们有句话：'价格高的不等于营养好,营养好的不等于对我身体好。'我们在吃上花的钱、花的时间很少。"对邓伟志来说,精神生活的地位高于物质生活,也超乎富贵、贫贱之上。只要有书读,一箪食、一瓢饮足以养其浩然正气。

邓伟志不愿让美味佳肴形成自己口腹之累的原因有三：一是他惜时如金,时刻想到"岁月如流水,须臾作老翁",应当把宝贵的时间用在读书和写作上,正所谓圣人惜时,粗茶淡饭足矣。二是在他学富五车的朋友圈中,饭粝茹蔬者为数不少,如赵朴初、于光远、韩哲一,他年轻时就与他们为伍,节俭观念早已潜移默化地形成了。他在《"雷氏微笑"到永远——怀念雷洁琼同志》中回忆道："雷老的工资是很高的（当然同大款不能比）,可她是'取之有度,用之有节'。她平常很节省,衣着简单,吃饭也很简单。有一次她留我在她家里吃饭,虽然比她平常吃得好一些,多了两道菜,但是仍然很朴素,以素为主。"三是科学饮食保健康对邓伟志的启示。他总结出雷洁琼的长寿之道是三个字：善、俭、乐。她的俭,就是家常茶饭、食不二味。邓伟志多次说过,自己吃饭只讲量,不求质,"所谓的质,就是杂食",只有这样,才能使营养全面,身体健康。这正应验了古语：失之东隅,收之桑榆。

在雷洁琼家中求教

第九章　与世有争　与人无争

邓伟志还有一个习惯：每次洗脸，他都把水流开得很小，尽快洗好即关上龙头。夫人张耀新看到了，就要说一句玩笑话："洗脸像用眼药水。"邓伟志回答道："一用自来水，就想到甘肃定西因缺水而一年只洗三五次脸的老乡们，我们应该把水节约给他们！"每次谈到甘肃定西缺水地区老乡们原来的生活状况，他总会热泪盈眶。

1989年时的邓伟志已经是一位在全国颇有名气的中年知识分子了，收入也不低，但此时他家里除了外甥送的一台彩电外，没有一件进口家用电器。显然，他认为一个人如果在物质上的欲望太多，就会丧失自我，而失去自我的人，其实一无所有。邓伟志说：那时，他的"家中没洗衣机，没四喇叭，更没有录像机。可是有打字机，有多得成灾的书籍。我们抱定一个宗旨：在书籍中找乐趣"。

2003年底的一天，作为上海市闸北区科学顾问的邓伟志，应邀准备参加下午在区政府召开的座谈会。区里工作人员电话告知他，请他乘出租车到区政府，乘车发票由区科委报销。下午一点十分，工作人员在区政府大门口接到了步行来的邓伟志。当问他为何不乘出租车时，邓伟志笑道："我家到这里只有三公里多，步行过来可以活动活动，又给区里节约点费用，一举两得。"这番话使闸北区的工作人员深受教育，他们从这件小事中看到了邓伟志俭以养德的高尚情操。

邓伟志是一个"随富随贫且欢乐"的乐天派。他认为快乐与一个人的财富、地位、名气无关。快乐不需要大量的金钱去支撑，也不需要以名气为后盾，更不需要乌纱来提携。一个普通人所能享受的快乐并不一定比一个阔人名人少。1987年，邓伟志写了一篇《漏室铭》，从这篇文章中，可以看到他仅有的一间住房条件是很差的。但他在文章中却笑对一室三用、几家合用一个厨房和一个卫生间甚至雨天漏水的窘况。把这么差的住房与一千多年前刘禹锡的"陋室"相比，比的结果是"我的房子至少有三点优于刘"。会享受人生的人，就能像邓伟志这样，不会在意拥有多少财富，不会在意住房大小、薪水多少、职位高低，正所谓君子忧道不忧贫。

后来，邓伟志的住房条件改善了一些，他十分满足，在文章中写道：

"我家比过去富多了。我家比中国内地的农民兄弟来讲,也不能说是贫穷。可是,在上海,我至多是下中农。不用说比不上民营企业家,比不上国有企业的领导,比同龄的党政干部来讲,也是贫下中农。谁搬家不是要花上万元以上,装修一番;五年前,我家装修只花了三四千块钱。钱都到哪里去了,可以说大部分都被我买书了。家藏万卷书,不也值多少万元吗?可是,按一般人的说法,这不是物质财富。这部分不计,我只好是贫农了。我住的不是花园,更不是豪宅,是上海静安区最普通的里弄。名曰'里',实际也是里,里里还有六个坊。在我们这普通里弄的普通楼房里,住的都是普通百姓,有工人,还有所谓农民工,有新闻记者,还有街道干部,这里没有领导干部,却有市领导的司机,这里没有大明星,却有老导游。这里的普通百姓从体形上看,瘦的多,胖的少。一张在别处只能坐三个人的凳子,在我们里里坐五个人还不算挤。从长相上看,里弄里十分漂亮的少,七分漂亮的多。从谈吐上看,没人讲套话,没人讲官话,好像也讲不来套话、官话,只会讲生活语言,讲实实在在的话。从邻里关系上看,里弄里奉行'穷帮穷',在东南亚海啸那阵子,里弄里不少吃低保的还捐出一元来。大家和谐相处。你买来毛豆,我帮你剥豆壳。你从外边进来拎的东西多,他帮助送进屋里。也许是因为家里没藏万贯吧,不少人出远门把钥匙丢给邻居保管。大家齐心,安心,也放心。"

因为有十多年从事科学普及工作的经历,邓伟志十分熟悉科学家。他很赞同爱因斯坦对一味追求享受的"物欲主义"所作的批评,爱因斯坦说:"我从来不把安逸和享乐看作生活目的本身。"邓伟志认为,一个人会以俭得之,也会以奢失之,精神上的自由比物质上的享受重要得多、高尚得多。正像丰子恺说的:"人生好比爬楼,第一层是物质生活,第二层是精神生活,第三层才是灵魂生活。"凡是了解邓伟志的人,都一致称其是位"生活上低标准,学术上高标准"的学者,一致认为他才是"最富有的人"。

第十章
浓浓亲情　百福具臻

赤胆娥眉孝且忠，凤心高志感苍穹。
疏财仗义扬先烈，厚德惊天振古风。
荣辱从容含笑化，利名淡泊不言功。
相夫教子报家国，自有传人代代红。
　　　　　　　　——蓝成东

世界上的事有时就这样奇妙。以主张"淡化家庭"闻名的邓伟志,他的大家庭也好,小家庭也好,似乎不仅不"淡",反而很"浓"。

邓伟志的父母均出生在萧县当地的名门望族,家族的规矩是很多的。到了他父母这一代,对邓伟志姐弟的管教也很严。即使是邓伟志自己的小家庭,家庭成员的关系实际上也一点都不"淡"。

原因其实也很简单。世界上的事情是复杂的,是多侧面、多角度的。表面上看起来是"浓"与"淡"的差别,其实却是"情"与"法"的差别,说的已不是一回事了。邓伟志"淡化家庭"主张"淡化"的对象,指的是封建的宗法制度,是落后的血统论,是"一人得道鸡犬升天",是不分青红皂白的连坐、株连。这在邓伟志的祖父、外祖父当家的时代,或许是如此。但到邓果白、纵舒民成立家庭后,他们为了革命,抛家别子,不谋私利,不怕牺牲。他们"淡"的是"家","浓"的是情,"浓"的是爱,"浓"的是平等、包容、民主的氛围,是同甘共苦、相濡以沫的依恋。对邓伟志的小家庭来说,就更是如此了。因此,"这种浓"并非"那种浓",不仅不应该淡化,倒是越浓越好,是值得我们借鉴和学习的。

一、母慈子孝　寸草春晖

邓伟志的父亲邓果白逝世后,年过六旬的母亲纵舒民在邓伟志姐弟、子侄眼里就是绝对权威了。虽然她大部分时间住在郑州的大女儿邓天佑家里,但心中一刻也没忘记邓伟志、邓天生兄弟,一刻也没有忘记英年早逝的邓天觉。她幽默地把邓天佑在郑州的家、邓伟志在上海的家和邓天生在北京的家分别称为"郑州支部""上海支部"和"北京支部"。三个"支部"虽相距千里之遥,但因一脉相连、血缘承续,大家犹如近在咫尺,兄弟姊妹及姒娌间的关系极为融洽。邓伟志评价说:"多年来,我们没有

1983年的合家欢

辜负父母对我们的教育培养,不论母亲健在时说的'郑州支部''上海支部''北京支部',还是由三个支部组成的'总支',即整个大家庭之间,都十分和睦,十二分的和睦。"

纵舒民虽未加入党组织,但她毕生都对共产党十分热爱,对党所领导的革命事业也付出了许多心血。她曾为革命烈士树立墓碑,给全家和村里的乡亲们留下了深刻的印象。20世纪30年代初,有位与纵舒民的大哥一起闹革命的年轻人,被敌人抓住时只有二十多岁,但他表现十分英勇,牺牲前在刑场上还高呼革命口号。这位烈士牺牲后,他弟弟把他的遗体埋在山坡上一条偏僻的小路旁。到90年代初,纵舒民快九十岁时,她见几个孩子的家庭收入刚刚有所好转,就提出要为这位烈士树个墓碑,以实现她大哥和邓果白的遗愿,让后辈能永远铭记革命烈士的英勇事迹。在全家人的支持下,她拿出自己微薄的积蓄,和她的二哥一起为这位烈士立了墓碑。家乡的《拂晓报》特地刊文对这件事给予了报道。

纵舒民是人们心目中仗义疏财、明辨是非、正直善良、包容他人的榜样。她能够承受常人难以承受的磨难和打击,"宁人负我,毋我负人"是她的座右铭。为了让孩子们能生活得轻松些,她把一切痛苦、屈辱都深深埋藏在自己的心中。她的一生只讲奉献,没有索求,严于律己,宽以待人,胸襟开阔,甚至能包容他人的误解和偏见。

20世纪50年代因燃料不足,萧县城里家家都是花钱到茶馆用保温瓶把开水买回来喝。茶馆烧开水卖开水的阿姨因烧煤炉把脸熏得漆黑,人们戏称其为"卫生部长",她性情开朗,也乐于接受。一次,纵舒民去买开水,"卫生部长"不小心将开水浇到她的脚上,脚面上顿时起了个近十厘米长、三四厘米宽的特大水泡。纵舒民既不叫一声痛,也没有埋怨一句。看到茶馆里的人们在批评"卫生部长",她连连说:"她不是有意的!她不是有意的!""卫生部长"要搀扶她回家,她说:"炉子离不开人,不用送。"她便扶着墙壁一步一步地往家挪,正巧在路上遇到了龙城镇的许镇长等人。许镇长关心地了解了情况,让随同者搀扶纵舒民回家,自己往茶馆走去。纵舒民回到家刚躺下休息,"卫生部长"就上门道歉来了,还送来了一大把零钱,说作为烫伤治疗费。纵舒民坚决不收,"卫生部长"放下钱就走,边走边说:"这点钱太少了,许镇长吩咐先送这些过来。"烫伤了脚的纵舒民未能追上"卫生部长"。三儿子邓天觉放学回来,看到母亲被烫伤,心疼得哭了。但母亲却对他说:"你'卫生部长'大娘这点钱,不晓得是多少壶开水换来的,你去送还给她。"邓天觉擦干眼泪,原封不动地把这些零钱送还到茶馆去了。一进茶馆大门,他喊"卫生部长"一声大娘,并向她深深地鞠了一躬,把钱交给她又深深一鞠躬后才离开。茶馆里的人都夸邓天觉懂事,夸"卫生部长"有福气,碰到了好人。"卫生部长"感动得泪眼婆娑,说不出话来。几天后,镇政府办的黑板报上报道了这件事,报道中还记载了纵舒民以前帮人解困的几个小故事,把她家称为"模范家庭"。

多年后,儿女们在一次为纵舒民庆祝生日时赞颂她的健康长寿,她对子女们说了三个字:容者寿。她的包容,源于她对中国共产党的坚信不疑,也源于她对他人的理解,尤其是对同志、对朋友、对乡亲、对家人。知母莫如子,对母亲的包容大度,邓伟志是这样解读的:"母亲把她的'容'分作三类:一是忍,人家做了对不起你的事,你要忍住,就是容得下。二是让,人家没有做对不起你的事,但是摆在面前有大好事和小好事,要把大好事让给人家,让就是容。三是善,与人为善,胸襟开阔,要把易容的、难容的都容了,就是'有容乃大',有容乃'寿'。"

纵舒民也是一位勤劳朴实、饱受磨难、开朗乐观、相夫教子的好妻子、好母亲。战争年代,她为战斗在枪林弹雨中的丈夫的安危担惊受怕、坐卧不安;和平年代,她对受到诬陷的丈夫含泪相劝、好言安慰。夫妻二人相互扶持,闯过了人生中的一个个大小难关。

纵舒民十分疼爱孩子。她知道,母爱能赐予孩子们神奇的力量,人世间因为有了母爱才能变得更加丰富多彩。在解放前那些动荡不安的岁月里,纵舒民以自己的机敏和刚毅,"察乎安危,宁于祸福",全家人虽然经常东躲西藏、居无定所,饥一顿、饱一顿,但儿女们只要和她在一起,就有了温暖,就有了安全,就有了幸福。几十年后,在跟孩子们回忆吃糠咽菜的

第十章 浓浓亲情 百福具臻

邓伟志的母亲纵舒民

日子时,她眼含热泪轻声说:"穷者寿!"

艰难困苦,玉汝于成。经过苦难生活的磨炼,纵舒民的儿女们迅速地成长起来。新中国成立后,她不断教育儿女们要坚定不移地跟着共产党,"做一个党的接班人……望你们兄弟姐妹们在家庭团结上,革命贡献上,工作成绩上,要做出个好样子"。对儿女们来说,她是慈母,也是严师。她时刻关心着儿女们在思想和学习上的每一点进步,对他们在工作上取得的成绩给予充分的肯定和热情的鼓励。人生难得老来安。当她看到第三代、第四代健康快乐地成长起来,纵舒民的眼神里透出一种最大满足的光,她感到自己是最幸福的人。

1997年,九十多岁的纵舒民大病了一场,饮食不进,病情危急。医院通知她的儿女们:做好准备。但从艰难困苦生活中闯过来的纵舒民,竟以坚强的意志力和顽强的生命力战胜了病魔,痊愈出院,回到了天伦之乐的幸福家庭。邓伟志回忆这件事时写道:"做好什么准备呢?全家都很伤心。唉!我就要没有母亲了吗?我就要成为没有娘的孩子了吗?越想越难过……后来,娘的病渐渐好了。于是,奇迹出来了。戴了几十年的老花镜,现在不戴也能看书了;白了几十年的白发开始变黑了;更可贵的是,娘的思路依然敏捷,声音依然如钟声一般洪亮。我们常向'耳聪、目明、思捷'的老娘请教唐诗,她对答如流。我们请娘唱歌,她有求必应……不知怎么,我们姐弟几个都已这把年纪,又都是严肃惯了的人,见了老娘却变得充满孩子气。尤其是在老娘讲我们儿时趣事的时候,更令我们'都来'偷闲学少年。这几年,娘在返老还童以后,主要做了一件事,那就是写回忆录。不是写她自己的回忆录,是回忆我们姐弟四人的童年时代。"有了作为家庭核心的老母亲,家中秋月春风,充满了欢笑。

邓伟志和张耀新夫妻对母亲十分孝顺。身在上海的他们几乎每周都要打电话给在郑州的母亲,只要抽得开身,就去郑州看望母亲。2000年12月2日,他们从上海乘了一夜的火车来到郑州,为96岁的母亲庆贺生日。他们整整一天都没出门,守在母亲身边,津津有味地听她讲"前三皇,后五帝"的故事和邓伟志小时候闹出来的笑话,一家人在轻松的谈笑中享受着幸福。第二天,亲朋好友都来为纵舒民祝寿,邓伟志代表全家感谢亲友的盛情,他动情地说:"感谢大家对我们全家几十年如一日的关心、关怀、关爱。几十年来,各位亲朋风里来雨里去,一请就到,不请也到,说到就到。你们一到,老娘就笑;你们一到老娘就能多吃几口饭。你们的到来给娘带来欣慰和欢乐,欢乐恰是老娘的长寿之道。各位亲朋不是老娘的子女,胜似老娘的子女。我小弟远在燕山脚下习武练兵;我远在东海之滨习文,吃粉笔末。忠孝难两全。远亲不如近邻,近邻胜过远亲。"

2003年11月28日,99岁高龄的纵舒民在郑州溘然长逝,永远离开了她热爱的祖国,告别了她始终牵挂的亲人们。噩耗传来,她视为掌上明珠的孩子们从四面八方赶过来,为他们最敬重的母亲、祖母送行。但在送行的人群中,唯独缺少了邓伟志。

此时,邓伟志正在北京开会。大姐邓天佑考虑到他前两年刚做了心脏搭桥手术,如果突然告诉他母亲逝世的消息,工作奔忙加上过度悲伤,可能会对他的健康造成巨大影响。张耀新、邓天生一致同意大姐的意见,决定暂时不把老母亲逝世的消息告诉邓伟志。就这样,张耀新代表邓伟志,向老母亲作了最后的告别。

几天后,邓伟志从北京回到了上海。"一夜思亲泪,天明又复收",张耀新强忍悲痛,在跟邓伟志讲了别人家几位老人突然离世的事之后,才轻声对他说:"老母亲已逝世了。"邓伟志顿时呆了,"空床卧听南窗雨,谁复挑灯夜补衣"。良久,他泪如泉涌,接着,才放声大哭起来。这时,大姐和四弟先后从郑州、北京打来电话,对邓伟志进行劝慰。邓伟志又怎么能责怪他们呢?

谁言寸草心,报得三春晖。想到母亲对他们姐弟的养育之恩,想到自己为国尽忠、为民尽责而未能为母尽孝,邓伟志真是痛不欲生。母亲的一生,可歌可泣,而母亲留下的长篇遗嘱,更是情深意厚、世间难得、足以传世。这里,将纵舒民的遗嘱转录如下:

生老病死是自然规律，世上没有长生不老的人，就是彭祖他老人家，虽然是活到了八百多岁，可是最终他还是死去了。一个人生了疾病能够立即死掉，免受病痛之苦的，又能有几何呢？今后假若我重病缠身，不死不活的受折磨的话，我希望我的儿女们赶快给我服用安眠药物，让我速战速决，安乐死去，免受重病缠身之苦！这样做不是不孝顺我，更不是残害我。这是给我排除病痛之苦，这是疼爱我，搭救我，这才是真正地孝顺我。给我下安眠药，是我下的圣旨，望儿女们一定遵命。

我死后一定火化。骨灰送回萧县。一切从简，不要向任何人报丧！只要你们哥嫂兄弟姐妹、叔兄弟姐妹、表兄弟姐妹、姨兄弟姐妹、姑表兄黄振坡等，酌情来一部分人参加安葬，把我葬在你爸的墓墙之内的左侧（即西侧），让我与你爸合葬，有你爸的一座碑志作记号就好啦！不用再作其他的麻烦和浪费啦！这是我的命令，望儿女们从命！

在坟土上种上一种俗名叫羊马马菜的小花（其他好花都保存不住）。这种花种上后，两三年之间，它就会长得盖掩坟土。这一则可以保护坟土不流失，再则是，它开的五颜六色的花朵，很是美观。让你爸与我长眠于花丛之中。这是我的愿望，望儿女们办到！

望你们对你们的同胞兄弟天觉留下的孤儿邓壮，他母子多加关怀和照顾。邓壮他早岁丧父，失去了父爱，这就够他悲伤和痛心的啦！今后他如果能够得到他的姑父姑母、伯父伯母、叔父婶母这些亲人的疼爱和帮助的话，还可以减轻一点他心灵上的悲哀和痛苦。我希望你们共同来培养邓壮上学读书，长进成才！我希望你们共同来安排邓壮定婚结婚成家立业！我希望你们共同尽到你们这些当亲人的心意和责任及道理！这是我的安排，望你们作为邓壮的亲人的要尽到这份心和力！

希望你们待邓壮稍长之后，到他能够独自出门的时候，你们多指点他，让他在每年的扫墓节都要到萧县给他的生身的爸爸扫祭！以

第十章　浓浓亲情　百福具臻

证明他的爸爸后继有人！以安慰他的爸爸九泉之下的英灵！这是我的指教,望你们照办(编者注,原文为"指点")！

萧县的老战友及亲邻们一向都是赞扬咱们一家人'团结的好,老少几代人总是和睦相处,相亲、相近、相敬、相爱、相依为命的模范家庭'。望你们把咱们家的模范家庭的这一光荣雅号,一代代的相传下去！这一美好评语一代代的保持(编者注,原文为"守")下去！

望你们对你们的儿女子孙后代人,要加强培养,叫他们攻读诗书,学到本领,争取成名成家！要多多的给邓家争光抓面子！要多多的为祖国为党为人民作出贡献！这是我的要求,望你们从命！

你们对我都是非常孝顺的,尤其是耀新和然玲及建华你们妯娌三人对我更孝,处处关怀我。热怕我热着,冷怕我冷着。好吃的东西,总是让我吃得到撑了肚子的程度。对我照顾的总是周周到到,无微不至。红章、天佑两人对这个家是出了大力立了大功的人。1957年你们的爸爸倒霉的那段日子里,22岁的天佑就接收了这个六口之家的烂摊子。全家人要吃饭,要生活(编者注,原文为"活生"),天纵、天觉、天生要读书要吃饭。这样一副重如泰山的担子,压在一个豆蔻年华的女孩子身上,确实不是一件轻松的事呀！天佑你因为吃的苦太大啦,把你折磨得落了一身病呀！我写到这里已声泪俱下。天佑！当时要不是你这个能吃苦耐劳的、任劳任怨的妥善安排,精心操持的话,那咱这一家早已成了小国(一位穷亲戚的名字)第二啦！天佑你18岁入党,20岁执教,22岁就领着这个烂摊子过穷日子,你吃尽了人间之苦,你受尽了世上之难！而今呀,你已经是个合格的共产党员和出色的人民教师,拔尖的兴家立业的第一大功臣啦！

现在天纵、天觉、天生你们也都长大啦,懂事啦,你们应该铭记你们是你们的姐姐拉扯大的,培养成人的,你们的今天都是由你们的姐姐费尽心血给创造了条件才得来的呀！今天你们的姐姐也已经到不惑之年的人啦,你们这些当弟弟的,今后应该多多的尊敬她,安慰她,让她过个幸福的晚年。我不否认,你们三兄弟自从长大了在各尽其能之后,你们对你们的姐姐也确实已有所贡献啦。不过我认为这还不够,我所指的不够不是单指的在经济方面的照顾,你们的姐姐又不是穷姐,要你们接济,到现在她还一大把一大把给你们呢!而最主要的是叫你们在精神方面多多的给以安慰,她是老大,我死了她就是家长。望你们都要听她的,要承认你们的姐姐是个会当家作(做)主的姐姐。

  我无遗产,无田园,无房舍,无一草一木留给儿女们,留给儿女们的只有几句出自肺腑之言,就是嘱咐儿女后代人要热爱我们的祖国,热爱我们的中国共产党,热爱我们的社会主义制度!嘱咐儿女后代人,现在身居新社会时代,手里端着细白瓷金边碗吃着鸡鱼肉蛋的今天,可不要忘了解放前咱们家被敌伪顽封门抄家而外逃查门鼻子时期手里拿(编者注,原文为"拉")的那根白柳条要饭棍呀!要忆苦思甜,不要忘本。劝全家人共勉之。

  我临终时该用的衣物和零碎东西,均早已都已由你们共同准备的一概俱全啦!到时一样也无需添补啦!我手里也早已存放了全国粮票100整斤,人民币500整元。这是留作到安葬我时的路费、住宿费及吃饭之用的。要记住这次到萧县不能像过去一样,一下子都拥到你舅家啦,因为这办的是白事是丧事,不是什么令人喜闻乐见的好事。这是我的迷信思想,望你们都记住!

  我死了你们不要哭哭啼啼的,别影响了身体健康!你们对该做的事都做到啦,应当认为这是完成了一桩当儿做女的心事啦,要把悲痛化为力量,要打起精神为党工作,做一个党的接班人,以慰你们的九霄之上九泉之下的父母双亲的英灵。望你们兄弟姐妹们在家庭团结上、革命贡献上,工作成绩上,要做出个好样子,让家乡人和亲友们每一提到咱这一家人就会频频点头和伸出大拇指头,那你爸和我也算值得啦。

  这是你们的母亲给你们留下的遗言!

  1984年10月1日深夜写于灯下

今天于无意中发现了我5年前写的这一串尽命话。看后我身心为之一震！若用啼笑皆非这成语来形容此时此刻我的心情是再恰当再合适的也没有啦！好有意思！我真没想到我还能活到今天呀！我于1984年所写出的计划，看来是为时太早啦！此时此刻我嘴角上挂着苦笑，眼角闪着泪花。不用解释，便可得出答案：这苦笑是自己笑自己当初作这种计划时是神经过敏。这泪花是自己哭自己一旦到了驾鹤西归时的悲惨景象！

伤魂最是家千里，泪看高堂少一人。纵舒民一生平凡、清贫，但她为后辈留下了丰厚的精神遗产，她用自己的一生写下了一部人生的教科书，为后辈树立了做人、做事的榜样。邓伟志为自己有这样的母亲倍感骄傲。

二、手足情深　我就是我

姐姐邓天佑比邓伟志大两岁。他们小时候，因为父亲邓果白是在外革命的共产党员，国民党当局就把邓家视为"共匪家属"，抄家封门。母亲带着未成年的儿女们在苏鲁豫皖四省交界处躲藏，过着居无定所、食不果腹、终日惊恐的日子。邓天佑作为姐姐，对弟弟们疼爱有加，母亲不在家时，她就更加认真地看护弟弟们。在最艰难的日子里，一家人缺粮断炊是常态，只能靠吃野菜度日。有时连野菜都不够吃，懂事的邓天佑就和母亲一起饿着肚子，把野菜让给弟弟们吃。这一带的贫苦百姓都是心向共产党、拥护解放军的，他们知道了邓家的真实情况后，不管认识不认识，对邓家人都热情相助。有的乡亲冒着生命危险把他们接到家里避风躲雨，有的乡亲腾出房子给他们栖身，有的乡亲送来红芋、南瓜给他们充饥。每到一处，如能联系上当地的中共地下组织，党组织就帮他们改名换姓隐藏起来。穷人的孩子早当家。邓天佑长期在这样艰苦的环境中生活，逐渐养成了明辨是非、爱憎分明、知恩图报、心存善念的人生观，变得更加坚强和达观。尤其当看到一桩桩一件件共产党心向人民、人民心向共产党的动人事迹,她体会到了共产党的正确、伟大。从那时起,邓天佑就暗下决心,长大后一定要加入中国共产党。

萧县解放后,邓家结束了颠沛流离的生活,邓天佑也能上学了。她十分珍惜这来之不易的学习机会,上课时聚精会神,复习时精益求精,积极参加学校组织的各类活动,是个品学兼优的好学生、有政治觉悟的儿童团员。在学校党组织的培养教育下,她政治上进步也很快。1949年10月,她加入中国新民主主义青年团,1954年12月26日,刚满18岁的邓天佑光荣地加入了中国共产党,成为学校里最年轻的共产党员,实现了她自己的夙愿。

1957年,父亲邓果白被错划为右派,工资被降到每月三十多元。这时,三个弟弟都还在上学,全家人要吃饭,要生活,家庭收入的骤减,使全家的生活难以为继。21岁的邓天佑把父母亲的为难看在眼里,记在心中,她毅然放弃了上大学的选择,到郑州四十三中当了中学教师。邓天佑坚信父亲是位正直忠诚的共产党员,也坚信人的坚强意志最终是会战胜一切困难的。她一方面不断地开导安慰父亲母亲,另一方面用柔软的肩膀和微薄的收入挑起全家生活的重担。母亲在回忆这段艰难岁月时写道:"天佑你18岁入党,20岁执教,22岁就领着这个烂摊子过穷日子,你吃尽了人间之苦,你受尽了世上之难!"这段话代表了父母亲的共同心声,他们这种对儿女们的不舍和对世事的无奈,充分体现出他们的舐犊之情和委屈服从。邓天佑把这一切看在眼里、融入心中,化为一往无前的动力和勇气。她穷且益坚,在学校更加努力地工作,回到家与母亲共同操持着各种家务,给父母亲带来了极大的安慰,给三个弟弟树立了很好的榜样,也为他们创造了基本的学习和生活环境。这时的邓伟志在上海上大学,在暮史朝经、勤奋努力的同时,不忘远在千里之外共为唇齿的父母姐弟,他懂得"单则易折,众则难摧"的道理。邓伟志节衣缩食,把学校每月发给的12.5元伙食费省下2元,加上自己每月0.5到1元的稿费,按时寄给姐姐,以绵薄之力与她共同担起家庭的重担。

邓天佑对党的教育事业兢兢业业,无论是当普通教师,还是担任教导主任,她都十分敬业。邓天佑深知"育才造士,为国之本"这句话的含义。她视学校为家庭,努力履职,促其安常处顺;她视学生为子女,关怀备至,培育芝兰玉树。在教师岗位上几十年的辛勤耕耘,使她广受师生们的赞扬和热爱,曾多次被评为先进。2021年,在庆祝中国共产党成立100周年的活动中,邓天佑被授予郑州市教育系统优秀共产党员称号。直到现在,一些年已四五十岁、六七十岁的学生,还常来看望早已退休在家多年的邓天佑老师。学生们围坐在邓老师的身边,仿佛又回到了自己的青少年时期,聆听着邓老师苦口婆心的教诲。学生们称赞邓老师是"拼却老红一万点,换将新绿百千重",衷心祝愿她江山不老,永续乔松之寿。

退休了的邓天佑,虽然身居郑州市,但对养育自己的家乡魂牵梦萦、没齿难忘,对恩泽全家的乡亲们常常思念、牵挂于心。20世纪90年代,她曾陪母亲回到家乡,为解放前在"永堌暴动"中牺牲的革命烈士萧雅忱捐款修墓。她看到家乡仍然相对落后,乡亲们仍然十分贫困,心中非常难过。知恩图报、为善最乐,是深深植入邓天佑内心的价值观。得知乡亲们饮水困难,邓天佑想到应"滴水之恩当涌泉相报",毫不犹豫地从自己微薄的生活费中拿出一万元,资助村里打井。看到村里的小学校舍破旧不堪,她想到"再苦也不能苦了孩子"。在与两个弟弟商量后,三人带头,倾囊捐赠,同时动员亲朋好友,让大家节衣缩食、省吃俭用,共捐助校舍修缮费用七十多万元,再加上地方政府另一半的配套费,两所破旧的小学校舍很快修缮得焕然一新。看到孩子们的学习环境得到改善,邓天佑心里有说不出的喜悦。

2021年,在隆重纪念中国共产党成立100周年的热烈气氛中,邓天佑听说中共萧县县委、县政府要开发建设一批红色教育基地,其中便有坐落于萧县的邓家老宅。在中国共产党领导下,1930年萧县成立了第一个苏维埃政权,而邓家老宅就是这个苏维埃政权的诞生地。邓天佑认为,作为一名老共产党员,无偿捐出邓家老宅,她以及邓家人责无旁贷。她立即与两个弟弟沟通协商,得到他们的大力支持。两个弟弟委托她全权办理无偿捐赠邓家老宅的有关手续。2021年6月,萧县第一个苏维埃政权诞生地纪念馆正式落成开放了。

邓天佑在《发挥余热,报答家乡》一文中写道:"喝水不忘挖井人。今天的幸福生活来自党的好领导。共产党员要时刻牢记入党誓词,报答党的恩情。人退休了,思想不能退,党性不能退……能为家乡做点力所能及的事,发挥点余热,算是对乡亲们的报答。"

邓伟志有两个弟弟:三弟邓天觉和四弟邓天生。

邓天觉出生于1943年。解放战争前期,萧县一度被国民党占据,国民党曾多次以"通匪""匪属"罪的名义训诫关押邓伟志的母亲。为了安全,每次母亲总是把大一些的邓天佑、邓伟志送到可靠的乡亲家躲一阵。而邓天觉太小,无法交给别人抚养,只能跟着母亲,在垂髫之年就和母亲一起体会到了牢狱之苦,使他的身体受到摧残,一直衰弱多病。邓天觉在牢狱中看到敌人残忍地拷打革命者和穷苦乡亲,对敌人的仇恨、对自由的向往、对亲人的思念深深地埋藏在他幼小的心里,使他逐渐形成了爱打抱不平、执拗倔强的性格。

邓天觉高中毕业后曾下放河南省息县务农。他在农村繁重的劳动之余,总是手不释卷,有时甚至边放猪边读书。对具有文学才华的三弟的性格特点,邓伟志既同情又惋惜,他在文章中这样描述道:"'文革'前,《人民文学》编辑向他约稿,说了句'稿酬高'。三弟认为是侮辱,把编辑赶走了。事后我回家,娘叫我说他。他不服,并反过来说我'尽写违心之文'。分手时,他又不声不响地在我的簿子上写道:'我就是我——赠二哥'。"

邓天觉在"文革"后成为河南省政协的秘书,他文字功底扎实,是位"曾有惊天动地文"的才子,深受领导和同事们的信任。但由于他幼年时艰苦生活的影响,人到中年后身体每况愈下,医生已无力回天。1982年,邓天觉因为两位老干部要他赶写回忆材料而过于劳累,在郑州与世长辞,告别了他一直侍奉左右的老母亲,告别了与他情同手足的姐姐和兄弟,告别了他的妻子儿女。邓伟志在邓天觉逝世十周年的1992年出版了一本杂文集,为了纪念三弟,他用邓天觉给他的赠言命名了这本书:《我就是我》。

第十章 浓浓亲情 百福具臻

邓天生是一名军人,小时候就聪明过人、卓尔不群,小学时写的作文曾被选编入河南省小学生作文选。1962年,父亲邓果白划为右派的冤案被作为典型案例平反,平反材料印发到有关单位并报省委,全家人的政治处境和生活状况好转了。1968年,曾经立过弘誓大愿保家卫国的邓天生,终于实现了自己的愿望,参军入伍了。在解放军这所大学校里,邓天生牢记父母亲的谆谆教诲,继承革命传统,传承良好家风,时刻不忘从军为国。无论在基层连队,还是在军委机关;无论是身为普通一兵,还是身处高位要职,邓天生都像父亲那样对党绝对忠诚、勇往直前,像母亲那样对战友关怀备至、亲如手足,像父母亲期望的那样把自己的军政素质不断提高、迅速提高,做到听党指挥、政治合格,受到同志们信任和首长们好评。

1968年,邓天生所在的解放军工程兵某部驻扎在内蒙古,当时部队的工作生活条件都很艰苦,他以苦为乐、敢于担当,受到战友们的交口称赞。被提拔为连副指导员后,他身先士卒,在政治学习、军事训练、思想工作方面不断创新,多次受到上级的表彰。

邓天生在部队领导职务虽然不断提升,但他一直注重把人民军队的政治品格着力贯彻到部队建设的方方面面。他要求部队听党指挥,苦练军事技术,做到"功名只向马上取",确保部队"召之即来,来之能战,战之必胜"。退休前,邓天生已是解放军第二炮兵副政委、第二炮兵党委常委兼纪律检查委员会书记,中将军衔,第十二届全国政协委员。他每次回老家为父母亲扫墓,与哥哥姐姐及亲朋好友相聚,依然保持普通一兵的本色,平易近人,朴实无华,也从不谈论国家和军队的机密。2018年6月退休后,他依然处事低调,严格自律,曾有不少军史社团邀请他任职,他一律婉拒。但是,他却积极参加为新四军四师牺牲烈士的扫墓活动,也参加过一些地方红色资源的挖掘、论证、建设工作。他对这些地方的同志们说:要充分挖掘和利用好红色资源这个"富矿",教育引导广大党员干部铭记我们党走过的光辉历程,传承红色基因,汲取奋斗力量,使之转变为干事创业的强大精神动力,为实现中华民族伟大复兴的中国梦贡献力量。

邓伟志与邓天佑(中)、邓天生(右)

三、如师如友　心若瞳瞳

1969年8月8日,邓伟志和张耀新的女儿出世了。他们为爱女起名为"邓瞳瞳"。

邓瞳瞳小时候,邓伟志经常抱着她逗她玩。作为学者,邓伟志还喜欢在怀抱中给女儿上课,怀抱课的学科内容还挺丰富,有怀抱里的政治课、怀抱里的文学课、怀抱里的生物课、怀抱里的天文课……回忆女儿小时候接受启蒙教育的情况,邓伟志写道:"我已记不清怎么训练的啦,每天总要对女儿说一句:'过来,让爸爸教育教育'。我把孩子抱在膝盖上,讲她一天的优点、缺点。她静静地听着。她听的神态,完全不同于为别的事情抱她时的表情。她听完以后,特别听完批评后,常常问道:'爸爸妈妈喜欢我不?'我总是说:'喜欢女儿的优点。'她有时还要追问一句:'到底喜欢我不?'我说:'女儿的优点越多,爸爸妈妈越喜欢。'她有时还不放心,一定要我说喜欢她,我就说:'女儿优点像大象,缺点像蚂蚁……女儿克服了蚂蚁一样的缺点,爸爸就更喜欢了。'她妈妈在一旁听不下去了,可我还是坚持说:'爸爸喜欢女儿大象般的优点。'对孩子不能宠,要一分为二,从小就应该这样。"

邓伟志所说的"怀抱里的生物课",就是在抱着女儿去外婆家的路上上课。外婆住天山新村,他们乘43路公交下车后,要经过一片菜地(现在虹桥宾馆附近)和饲养场。每次经过这些地方时,邓伟志都要教女儿辨认各种蔬菜、野草,并根据她回答的对错给她打分。当知道自然博物馆里蛇蛙同在一个缸里时,邓伟志就专门带女儿去参观,让她知道"凡事都有例外"。邓伟志所说的"怀抱里的文学课",也是邓瞳瞳最喜欢的课。因为这时爸爸不仅抱着她,而且还给她讲动听的文学故事。有时一个长故事要讲好几天,邓伟志在讲一段以后,喜欢让她猜测故事下一步的发展,培养她的想象力。她不"续",邓伟志就不讲下去。不管女儿"续"得怎样,邓伟志总要对她"续"的内容来个评价。当然这个评价是以肯定为主,否则下次她就没积极性了。

对于女儿小时候的天真和好学,邓伟志这样描述:"孩子总爱知道自己是从哪里来的。我曾花了很多时间跟她讲猴子变人的故事,达尔文、赫胥黎等研究猴子变人的故事。说来好笑,她听了这些故事,到10岁时还不知道自己是爹娘生的,还认为自己是动物园里的猴子变的,有时还要我们给她的猴弟、猴妹送好吃的去哪……夜晚,我喜欢抱着孩子赏月、识天。我教女儿认识金星、北斗星。女儿对月亮有兴趣,我就讲有关月亮的神话传说,讲月亮上的'山'与'海',讲阿波罗登月,教她根据月亮的圆缺判断农历的日期。她在入学前,就能按月相判断日期,误差也不大。"

邓伟志夫妇比较注重训练培养女儿独立生活的能力。女儿七岁时,邓伟志认为她已具备了独自乘公共汽车去外婆家的能力,就让女儿在妈妈还没下班前快去快回。张耀新回到家知道后,生怕女儿迷路,准备立刻去外婆家。正在这时,女儿回来了,并拿出外婆给的礼物让他们看。张耀新激动地抱着女儿笑了。1980年春节,远在郑州的祖母想让孙女到她身边过年。可是邓伟志、张耀新都因工作忙、假期短而不能送女儿。于是,邓伟志提出了让女儿一人乘机前往的主意。这样,11岁的孩子只要买一张25元的半价票就行了。张耀新虽然知道父母意见不一致不利于对孩子的教育,但还是不赞成邓伟志的这个主意,因为她认为女儿太小,一个人跑这么远的路实在令人放心不下。看到父母亲的意见不统一,邓瞳瞳就提出自己抓阄来确定的主意,三个人一致同意。大家静静地等着,邓瞳瞳乐不可支地抓了一个,打开一看,是"飞"。女儿登机前,张耀新千叮咛万嘱咐。邓瞳瞳在飞机上备受照护,尝到了人间的温暖。几个小时后,大姐给邓伟志打来电报,告知女儿平安抵达郑州。

从小培养女儿的民主意识,是邓伟志张耀新夫妇十分用心设计和运作的一件事。朋友们都称赞他们是幸福美满、温馨和睦的一家,作为研究家庭社会学的专家,邓伟志在对此充分认可的同时,又加以更为理性的解释:"不过,'民主之家'才是我们家的主要特点,家庭民主是家庭和睦的动因和保证。家庭民主的方面很多,其中一点是表现在对待孩子的态度上,就是家长要给孩子以自主权。"

他们夫妇对唯一的女儿既疼爱又严格,而张耀新对女儿的教育更为严格一些,但是他们对女儿又是十分尊重的。全家人商定,不定期召开家庭民主生活会,在这个会上大家充分享受民主,每个人都可以对另外两人进行批评。但是,这批评只能是一个字,即用一个字概括别人的主要缺点,写好后放在被批评者的面前。有一次,会议刚开一会儿,每人面前就摆上了两片纸。批评的内容写在上面,大家同时打开。令人信服的是,每人面前的两个字是一样的,说明看法一致。在邓伟志面前的两个字是:懒。在大家会心的笑声中,邓伟志检讨了自己家务活干得少。而张耀新面前的两个字是:凶。于是她也对自己有时说话态度生硬作了检讨。在女儿面前的两个字是:娇。邓瞳瞳也检讨了自己的娇气。每次别开生面的民主生活会后,各人都有一定的改进。

邓伟志夫妇还特别强调,在家庭生活中要给孩子以监督权。邓伟志在文章中说:"我家用硬纸板做了好几块'黄牌警告',当三人中有谁说话、办事不当时,别人可以口头制止,也可以举黄牌警告。记得有次我在家同客人讲话时走火,女儿就站在只有我能看见而客人看不到的位置,向我举起'学会控制自己'那张黄牌,我马上有所收敛。我们家就是这样寓教于乐的。教也民主,乐也民主。乐哉民主!"

人们常说"小孩子要摔一百个跤才能长大"。邓伟志作为一位著名的社会学家,深谙人生之路充满坎坷、曲折的规律。所以,他认为在孩子成长的过程中,家长要注意对其进行挫折教育,使孩子具有强大的抗失败抗挫折能力,所谓"士不可以不弘毅,任重而道远"。邓伟志为女儿设计了四种挫折教育方式,根据女儿的年龄和社会活动特点进行适当安排。四种挫折教育方式的第二种是长期性挫折,主要用在女儿的中学时期。例如,他鼓励女儿积极参加学校组织的下乡一周活动,对女儿在农村吃苦耐劳的表现,邓伟志在老师表扬的基础上再加以强化表扬,使女儿对自己产生积极的肯定。

邓瞳瞳在这样的家庭中健康地成长,使她形成了自信、坚强、乐观、严谨、好学、节俭的良好品质,她也继承了祖辈、父辈们宽容正直、善待他人和孝顺长辈的传统美德。20世纪70年代，外国首脑到访上海，邓瞳瞳就学的高安路小学要组织学生执行外事工作任务，到机场列队举行欢迎仪式。邓瞳瞳曾多次参加这样的欢迎仪式，见过多位外国领导人。有时因外国首脑专机延误，学校发给每个学生一个面包，她一口都不舍得吃，带回家让妈妈吃。当眼含泪花的张耀新把面包再次递给女儿时，邓瞳瞳把面包送到妈妈嘴边，一定要看到妈妈咬第一口，她才心满意足。1987年夏天，还是高中生的邓瞳瞳写的一篇文章登报了，她拿到了25元的稿费。在跟妈妈商量后，她寄给祖母、姑姑和上小学的堂弟各5元，给外婆5元，留下5元交给妈妈用于补贴家用。

1987年高考时，邓瞳瞳可以有多所大学选择，她准备报考哲学专业。邓伟志顺其自然，不加干预。有一天，邓伟志的一位朋友来看望他，顺便与邓瞳瞳聊起报考之事。当他听邓瞳瞳说要报考哲学专业时，就对她说："你看你们家这么多社会学的书，你也学社会学条件多好。"三言两语，邓瞳瞳就改变了主意，报考了上海大学社会学系。她在上海大学学习的四年很用功。有时学校图书馆晚上只有两三个人，她对爸爸说有点儿怕，邓伟志就加以鼓励并依然要求女儿坚持刻苦读书。在上海大学学习的四年，邓瞳瞳表现优异，读书研讨不囿陈见，颇富创新之论，很有乃父之风。

1991年邓瞳瞳大学毕业后，来到文汇报社担任记者，采写发表了不少有分量的通讯和新闻报道，其中也包括寄托了她一家三代人深厚情怀的上海大学的报道。2000年，为纪念上海大学社会学系成立20周年，社会学系编辑出版《春风桃李二十年》一书，邓瞳瞳写了专稿《染上社会学的色彩》，又联合同学合力为书的出版慷慨解囊，足见她对上海大学的一份感情。胡申生在文章中赞扬道："近百年来，一家三代四人都和上海大学结缘，又都对上海大学充满着眷恋，这并不多见，称得上是上海大学办学历史上的一段佳话。上海大学问世以来，办学虽有中断，但邓伟志一家三代却像珍珠项链一样，将不同时期的上海大学串在一根红线上。'百年上大，三代情缘'，此言不虚也！"

第十章　浓浓亲情　百福具臻

邓伟志与妻子张耀新、女儿邓曈曈

邓伟志在教育自己女儿时，坚持不让女儿在外提起他的名字，不让女儿有优越感。为了给女儿加深这一印象，邓伟志还搬出了许多唯物主义的理论，教导女儿说："爸爸见过很多人，前天神气，昨天晦气，今天又神气，这是辩证法的肯定否定律。爸爸虽然现在有名，可是倒霉的概率也很高，这是治学的必经之道。平时不沾爸爸的光，爸爸倒霉时，才会少受牵连。"有一次邓瞳瞳出差到武汉，工作任务完成后，她没有去风景点游览，而是来到武汉中央农民运动讲习所纪念馆。在这里，她按照祖母的吩咐，花了很长时间参观瞻仰，尤其认真地向爷爷邓果白及他的老师和同学的事迹专栏、办公桌一一敬礼。当她赶到机场时，差一点误了飞机。

2000年3月，张耀新陪邓伟志到德国讲学。3月下旬，邓瞳瞳安排父母亲在讲学的空档到意大利考察。3月29日，在参观了比萨斜塔后，女儿和女婿不顾疲劳，决定陪父母亲到其他人因路途太远而不去的圣马力诺，这样可让他们多考察一个国家。邓瞳瞳和丈夫李劲宏二人轮流开车，从比萨城向东行进350公里，来到了圣马力诺。这是个没有红绿灯的国家，也是世界上最袖珍的国家之一。它位于欧洲南部、意大利半岛东部，整个国家被意大利包围，是个国中之国。这次圣马力诺之行，给邓伟志夫妇留下了深刻的印象。邓伟志在这天的日记中写道："两万人也是一个国家，小有小的特色。首都在山顶上……圣马力诺的酒瓶是我所到之处花样最多的。"这个国家造型奇特、花色繁多的酒瓶，启发了邓伟志的丰富联想。他在日记中诚恳地希望，我们的物质生活、学术生活、精神生活都能够像圣马力诺的酒瓶那样多样化。

达姆施塔特是德国中西部的一个城市。历史上，这个城市曾是黑森—达姆施塔特大公爵驻地，是黑森州著名的科技文化城市。2000年5月12日，邓伟志在达姆施塔特工业大学的讲学结束后，邓瞳瞳陪父母亲来到著名景点婚礼塔参观。婚礼塔坐落在城东的玛蒂尔德高山上。塔建于1908年，高48米，塔顶造型好像一排朝上伸展的五指，象征着大公为爱情发誓的手，构思巧妙，属青春艺术风格的杰出建筑。在婚礼塔下，邓瞳瞳和德国的克拉斯教授力劝邓伟志夫妇留个影，他们二人便在塔下合影留念。克拉斯教授高兴地告诉邓伟志,不少国家的游客夫妻来此旅游时都要在婚礼塔下留影,这象征着夫妻婚姻美满、国家友好。

爱人者,人恒爱之。2000年8月8日是邓瞳瞳的生日,父母亲没有忘记。张耀新在上海的家中烧了几个好菜,遥祝在国外的女儿生日快乐。瞳瞳的姑姑、叔叔也没有忘记,他们打电话给邓伟志夫妇表示祝贺。邓瞳瞳在这一天给在郑州的奶奶打了电话。祖孙二人在电话里说起她们上世纪70年代在武康大楼买蛋糕的故事,说到高兴处,二人放声大笑。这是只有自家人才能听懂才能理解的动人故事。

四、琴瑟和谐　相敬如宾

1966年,24岁的张耀新从华东医院本部被派到康平路门诊部工作。这个门诊部是为中共中央华东局机关和中共上海市委机关职工服务的。在华东局机关工作的邓伟志就这样与张耀新相识并建立了恋爱关系,一年多之后,他们步入了婚姻的殿堂。

回忆起他们的婚礼,邓伟志是这样回忆的:"结婚是在1968年1月,当时我临近'而立'之年。我所在的单位是中共中央华东局宣传部直接管的一个刊物。既然是中央局就不许夺权。张春桥挑动人夺权,后来还是这个张春桥又说不能夺,把权还了回来。还了也没用,机关处于半瘫痪状态。本来没分派,日子都还好过;可正当我快结婚时,忽然分了派。分派时我在山东,不在机关,因此回来后我坚持不入派。现在知道不入派是好事,可我不是先知先觉,没想那么深。我想的是:我得结婚,入了派就得死斗,洞房岂不要成战场!再说他们是斗红眼以后分的,我没斗,没伤和气,为什么一边倒?我学中立国瑞士,搞'等距离外交',对两派若即若离,两派对我不冷不热。咳!就是这个不冷不热决定了我婚礼的隆重。说隆重,也就是杂志社的二十几个人都来了。两派人到齐,当时很难得。都来了,并非面子大,我们杂志社的两派对立情绪本来也不太大。这是内因。两派不仅都来,还带了礼物:两朵很大的大红花。'听话要听党的话,戴花要戴大红花.'大红花是两方面的朋友共同凑钱买的,我和新娘都很感激。当时一个季度发给集体一张棉絮票,谁困难给谁。这次我没申请,却一致同意给我。送来了温暖。"新房就是单位分配的位于康平路100弄的一间房子,家具全是向单位租用的。邓伟志借了一辆黄鱼车来到高安路19号的单身宿舍,把自己不多的物品装上,然后踏着黄鱼车送到了新房。华东医院送来了一帧高档材料制作的毛主席像,华东局机要局葛非副局长送给他们一幅毛泽东打乒乓球的卷轴丝绣像,而在新房里最显眼的是邓伟志那套40卷的《列宁全集》。

当花前月下的恋爱让位给柴米油盐的婚姻时,当日夜相思的甜蜜让位给每日相守的平淡时,邓伟志和张耀新依然是琴瑟相谐、松萝共倚。两人偶尔有几句口角,也会在三分钟以后烟消云散。当朋友们问起他们的感情是如何做到长期"保鲜"时,邓伟志说:"我的座右铭是'生气不超过三分钟',她也愿意恪守这一规则。因此,我的家庭生活十分平静,平静得需要故意用假装生气的办法来增加些涟漪。世上的夫妻矛盾常常来自经济,可我们在经济上从来没矛盾……我们抱定一个宗旨:在书籍中找乐趣。"歌德曾说"人无国王、庶民之分,只要家有和平,便是最幸福的人",幸福的生活,必然是安静的生活。因为只有在安静的气氛中,才能产生真正的人生乐趣。邓伟志的家,就是一个充满人生乐趣的家。

不仅在家庭生活中举案齐眉、互谅互让,邓伟志夫妇之间还存在着一个在专业上的远缘。"文革"后,张耀新调到图书馆工作,对于爱书如命的邓伟志来说,这就更有利于实现"异质互补",强化夫妻感情了。张耀新是邓伟志文章的第一读者,她对邓伟志的研究课题很关心,有时会主动借来有关图书资料供他参考。对邓伟志的作品,她往往都能提出独具匠心的意见。邓伟志曾说:"张耀新对我业务上的最大帮助,是最大限度地为我提供写作时间和宁静环境。她在做家务时,我常问一句:'要不要我帮忙?'她总是回答:'你去写吧!'因此,我几乎每天一爬起来就写,一回家就写,一吃好饭就写。有次一位朋友讲起费孝通中青年时代的成就,说:'谁有费老当年的条件?一点家务不干,全由夫人包了。'我立即爽快地回答：'我有费老的条件，可是我没有费老的成就。'"邓伟志把自己研究和写作的时间来源列了一个公式：贤内助给的时间+贤外助（同事）给的时间=充裕时间。从这个公式可以看出他对贤内助的感激之情。

当然，在日常生活中矛盾不可避免。可是，邓伟志和张耀新都清醒地知道，要真正享受美好的爱情婚姻生活，彼此的宽容和忍让是家庭成员性格中必需的组成部分，可以从中相互关照、取长补短。张耀新曾是医务工作者，十分注意家庭环境的整洁和个人卫生。她对于出身于淮北干旱地区，没有养成经常洗脚洗澡习惯的邓伟志晓之以理、催之以言。有时，邓伟志敷衍她说"洗过了"，她不相信，去检查毛巾，发现毛巾是干的，就再次不厌其烦地劝说。经过反复多次磨合，邓伟志渐渐从不自觉地洗脚变成自觉洗脚、洗澡了。出差在外，张耀新不在身边，他也天天洗澡。

拥有快乐心态才能感受到婚姻和家庭中的温馨。邓伟志和张耀新不仅拥有快乐的心态，还善于用这快乐的心态来营造家庭氛围。结婚后初期，他们把两个人的生日当作节日，用有仪式感的安排互相给以美好的祝愿，以此增进友谊、加深感情。女儿出生后，他们仍然坚持把全家三口人的生日当作节日来过。按理每年应当过三次家庭节日，可是，他们却每年过六次：每人过一次阴历、一次阳历生日，三口人自然就有六次生日活动了。作为研究家庭社会学的专家，邓伟志在自己家人的生日活动安排上也是独树一帜，他把每个人过生日的活动时间定为三天，有时甚至是一周。因为他认为，国庆节是一天，活动却是好几天；春节也是一天，可是活动近半个月。在一个人过生日的时候全家人来祝贺，邓伟志的姐姐弟弟也都电话祝贺，气氛活跃，家庭温暖。既然如此，为什么不可以来个生日活动周把这个气氛加以延长呢？邓伟志说："这又不必报上级批准，只要三口人同意就行了。再说，有时生日那天，万一不在家，岂不是更应该延长几天吗……在一周内，家里都对我倍加尊重，倍加照顾，投入比平时更多的爱。实际上，我们一家三口的生日节不止六次。因为，我们还有大家庭。以我来说吧，我还有年近90的老母亲，还有姐姐、弟弟，还有侄子，还有岳父、岳母，等等。大家虽然不住在一处，但是在他们生日的时候，我们都要'遥庆',增加欢乐的气氛。由于这样一种生日活动的方式,我们一年到头都处于温馨的节日之中。我们不论是小家庭,还是大家庭,都是很和谐、很融洽、很幸福的。这里的因素很多,把生日当节日,不消说是其中之一。"

家庭成员之间的互相信任和尊重,是家庭和睦的重要基础。邓伟志在大学是学经济学的,但他却认为自己在管理家庭财务方面偏偏是外行,对银行的ATM机操作无能为力,干脆把每月收入全部交给妻子,眼不见心不烦。事实证明,张耀新量入而出,每个月都把支出安排得合理妥当。2000年3月24日,他们夫妇在女儿女婿的陪同下,乘车从奥地利去意大利。当车路过萨尔茨堡时,邓伟志提议在此下车走走,争取瞻仰一下莫扎特弹过的管风琴,女儿女婿一致赞成。可张耀新怕耽误行程,不同意这个方案。邓伟志和女儿女婿觉得张耀新这样考虑,是在时间和体力上的科学安排,合情合理。于是,他们三人尊重张耀新的决定,全家人继续愉快地往意大利前行。邓伟志谈到家庭生活时深有体会地说:"治国治家的道理是一样的,如果没有做好,就是没有协调好前后方的事情。在夫妻关系中提倡共同进步,踏实前进,用包容和接纳处理问题,少点埋怨,多点理解。"

随着年龄的增长,邓伟志和张耀新的身体健康水平也有所下降。对待疾病,他们一方面相互扶持、认真治疗,另一方面始终乐观地泰然处之。2000年10月,张耀新突发腰痛,不能弯腰,邓伟志为她穿衣、穿袜,扶她起身。10月25日晚饭后,邓伟志扶妻子躺下休息,自己到卢湾区政府参加一个座谈会。散会后回到家,听张耀新说家里有几个蚊子从前一天晚上就飞来飞去,影响睡眠,于是他挺身而出,来了场灭蚊之战。邓伟志后来在文章中道:"为了她的休息和健康,我决心消灭这三只蚊子。怎么消灭?没有工具,我东找西找,找出了放画的纸筒,又粗又长,一举全歼。这是我这书呆子第一次学'西藏同胞穿衣服——露一手',逗得耀新笑个不停。我开始时,为自己能逗她病中一笑而高兴,当她笑痛了时,我又为她心疼。"邓伟志和张耀新就是这样以令人动容的乐观状态抗击着病痛。

第十章 浓浓亲情 百福具臻

风雨同舟的邓伟志夫妇

在遭遇病痛时,仍不放弃对快乐和幸福的追求,因为他们认为这样才有利于战胜疾病,人生才会柳暗花明、风景无限。

2018年初夏,邓伟志因腿部疼痛住进华东医院治疗。在长达半年多的时间里,张耀新基本是全天在院陪同。邓伟志出院后,每天还要口服一些药物进行治疗。到了吃药的时间,张耀新把温开水和药端到邓伟志的书桌上,看着他吃下才离开,这个动作已持续了几年。提到妻子,邓伟志深情地说:"我的老妻是我的'五保',为我保时、保健、保洁、保安、保面子。"了解邓伟志家庭状况的于光远曾称赞张耀新是"邓伟志的保护神"。

邓伟志的家仿佛是一个宁静的港湾,春风和煦,波澜不惊,充满了幸福的亲情、会心的欢笑、透彻的理解和由衷的鼓励。邓伟志深深地爱着自己的家,他将满载着这个港湾给予的温暖和力量,继续驶向人生更广阔的海洋。

"日既暮而犹烟霞绚烂,岁将晚而更橙橘芳馨。"如今,84岁的邓伟志仍不觉老,更不言老,依然还是诲人不倦、笔耕不辍,热心公益,有求必应。他以自己所拥有的才华,散发出迷人的芬芳,像蜡烛那样燃烧自己,照亮别人。夕阳无限好,为霞尚满天,这是人生真正的辉煌。正是"何止于米,相期以茶;论高白马,道超青牛",我们衷心祝愿他身体健康、家庭幸福。

附录　邓伟志学术年表

1938年

11月10日,生于江苏省萧县(现为安徽省萧县)。

1956年

考入上海财经学院经济系。

秋冬,参加上海市作协、市总工会、团市委联合举办的"青年文学知识讲座"。

1958年

夏,在上海青年宫(江西路)向全市宣传干部介绍上海财经学院开展鲁迅奖章读书运动经验。

1959年

1月1日,在《中国粮食报》发表诗作《可爱的粮仓》。

秋,上海号召大写电影剧本。时任上海社科院学生会宣传部副部长兼学生写作小组组长,由校党委宣传部唐文章指定执笔撰写反映教育革命的电影剧本《高歌猛进》。

1960年

毕业于上海社科院经济系。

3月30日,被分配到上海社科院学习室(后改名"研究室")任研究实习员。

3月至9月,参与编写供内部使用的《毛泽东同志在解放战争时期的著作》,和《列宁主义万岁》宣传提纲。

6月,大学毕业论文《提高共产主义觉悟,改善人与人的关系——纪念"关于正确处理人民内部矛盾的问题"发表三周年》在《学术月刊》第6期发表。

9月中下旬,学习《毛选》第四卷(绝密件),为有关领导撰写学习体会文章搜集资料。

1961年

2月3日,在《解放日报》发表《学会解剖"麻雀"》。

1962年

上半年,在哲学家冯契指导下,创作《界限篇》《论"活"》《"不变"说》等哲学短文。

6月,调中共中央华东局政研室,被分在学习组,具体任务是学习《列宁全集》。

1964年

夏,随华东局第二书记曾希圣到宝山、奉贤蹲点调查,至1965年秋。

1965年

11月,调华东《农村青年》编辑组。到太仓、邗江采访。

1966年

11月,到山东采访6011部队在江西抢救落水红卫兵牺牲的英雄李文忠的家乡。

1967年

年初,到浙江杭州郊区采访老劳模。

冬,到安徽合肥、岳西采访。回沪后,因继续办刊的做法被批判为"抓生产,压革命",《农村青年》停刊。

1968年

春,参与编写《农村文化大革命讲话》小册子。

1969年

春,被"五七干校"派到解放日报社撰写歌颂干校的文章。

7月底,被干校派到解放日报社搞经济大批判。

夏,至1971年春,先后到百余家"两技"(技术革新、技术革命)、"四新"(新技术、新材料、新工艺、新产品)方面比较先进的企业边劳动边调查。撰写了纺织、电子等方面的文章。

1971年

4月,回干校。随即被抽调到设在上海文汇报社的上海市委写作组自然科学组。

夏,在上海两次听杨振宁的学术讲座。

1971—1976年,先后请教过复旦大学、华东师大、中科院上海分院的著名专家苏步青、谷超豪、卢鹤绂、谈家祯、张香桐、冯德培、王应睐、汪猷、李珩、袁运开、张瑞琨、金祖孟等。为编写《天体的来龙去脉》和《人类的继往开来》作准备。

1972年

遵照毛泽东指示,按自然科学组分工,组织复旦大学(主要是原同济大学教师)德语教师翻译海克尔的《宇宙之谜》,并在集体讨论基础上执笔起草前言。

1973年

初夏,在上海陪同复旦大学原子核物理学家卢鹤绂教授,会见来中国访问的北欧理论原子物理研究所所长、原子核物理学家阿格·玻尔教授,双方进行了学术交流。

1974年

3月,《天体的来龙去脉》由上海人民出版社出版,担任主笔。

1976年

春,到柳州巨猿洞、黔西南猿人洞、元谋猿人遗址考察。

9月,《人类的继往开来》由上海人民出版社出版,担任主笔。

年底至1977年5月,被派到北京《红旗》杂志社,撰写批判"四人帮"的文章。

1977年

年底至1978年夏,在北京参与筹备《自然辩证法通讯》。

1978年

3月,在北京参加对全国科学大会的采访。

4月,被《自然辩证法通讯》派到三门峡调查黄河治理问题。

6月26日,配合真理标准问题讨论,在《解放日报》发表《越鸿沟记》,强调"科学无禁区,征途无鸿沟"。

7月,被《自然辩证法通讯》派到庐山参加全国第四纪冰川研讨会和全国针灸研讨会。会后为配合真理标准问题讨论,撰写《初识庐山真面目》,强调实践。

11月底,正式从中共中央华东局机关调到中国大百科全书出版社上海分社。

1979年

年初,作为工作人员,随姜椿芳到南京大学,听姜椿芳向南京各领域学者讲解大百科全书编撰。

4月,在苏州东山雕花楼参加《中国大百科全书·天文学》卷框架、条目、样稿讨论会。

8月,在姜椿芳、阎明复领导下,在北京市委党校参加《中国大百科全书·天文学》卷统稿、改稿、定稿。

1980年

8月,与朱长超合著《科学入口处》,由江苏科学技术出版社出版。

9月28日,在《文汇报》发表《家庭的淡化问题》。

1981年

2月,在复旦大学分校社会学系开设家庭社会学课程。

7月,与李文范、朱长超合著《庐山》,由科学出版社出版。

8月6—15日,在北京参加全国科普报刊广播电视学术年会,负责简报组,共编简报23期,执笔起草会议纪要。

11月3日,在北京参加全国科普创作思想座谈会,作题为"人体特异功能的研究与鬼魂的宣传"的发言,发言主要内容被写入《科普创作思想座谈会纪要》。

1982年

5月,在武汉参加中国社会学研究会年会,并参加由雷洁琼召集的五城市家庭调查策划会。

11月26日,在《解放日报》发表《妇女问题杂议》,在国内第一次提出"妇女学"概念。

1983年

1月，《家庭问题种种》由天津人民出版社出版。

1984年

春，参加广东《家庭》杂志举办的第一届家庭研讨会，为大会起草《家庭宣言》。

3月，在北京亚洲学生疗养院参加全国性的观念变革研讨会，讨论编写"观念变革"丛书。

3月14日，在《人民日报》发表《马克思主义研究中的"突破"》。该文被收入1989年出版的《共和国风云四十年》一书。

4月，随有关领导到核试验基地视察。

5月，在武汉参加全国"社会改革"研讨会。

9月，在全国妇联主办的《妇女工作》第9期发表《完善和发展妇女学问题》，提出了妇女学的框架。

10月24日，在《文汇报》发表《中国的学派为什么这么少》。

1985年

6月27日，在《文汇报》发表《淡化"当官心理"——谈当官与做学问的函数关系》。

6月，在《社会科学》发表《马克思主义发展中的多样化问题》，引发讨论一年余。

8月，《生活的觉醒》由上海人民出版社出版。

秋，创办《社会报》。

11月11日，在南昌参加全国地区发展战略研究工作经验交流会。

1986年

1月，与陆萼、孔智华合著的《婚姻史趣话》由江苏人民出版社出版。

6月,在《港澳特区》第6期发表《经济特区也应是社会特区》。

7月,在上海人民广播电台开办每周一次的《邓伟志信箱》节目。

10月,主持由《中国社会科学》《社会报》等联合主办的"改革中的社会问题"研讨会。

12月,《家庭的明天》由贵州人民出版社出版。

12月30日,与巴金、谢晋等一起被评选为上海市文化新闻人物。

1987年

1月初,应武汉市委宣传部、武汉团市委邀请,与赵忠祥、范曾等一起担任中国第一次大学生辩论赛评委。此后,曾十多次担任上海、全国以及各类辩论赛的评委。

3月,与张岱玉合著的《中国家庭的演变》由上海人民出版社出版。

1988年

3月,《社会调查的方法》一文收入由科普出版社出版的《方法集》。

8月,《唐前婚姻》由上海文艺出版社出版。

9月10日,在北京参加中国科协"科学与文化"论坛第二次会议。

1989年

1月24日,参加上海市民进理论研讨会。

2月24日,在上海社科院讨论新闻立法。

5月4日,参加中共上海市委宣传部召开的"五四精神学术座谈会"。

6月,与林明崖合著的《学派初探》由重庆出版社出版。

秋,在北京青年干部学院参加全国社会学会议。与陆学艺等中年学者共同向费孝通、雷洁琼建议社会学本科不能停招。

12月20日,《社会学的历史任务》在《社会学探索》第6期发表。

1990年

4月,《从改善学术生态环境入手》在《方法》第4期发表。

1991年

8月,《社会稳定的辩证法》在《民主》第8期发表。

1992年

赴美,在芝加哥大学和伊里诺伊大学讲老年问题。

1993年

7月,《我就是我》由上海三联书店出版。

1994年

1月,《妇女学呐喊》由澳门出版社出版。

4月,《中国长治久安需要处理好十个关系》在《探索与争鸣》第4期发表。

12月,《近代中国家庭的变革》由上海人民出版社出版。

1995年

10月,《妇女问题杂议》由云南科技出版社出版。

11月,《市场经济的若干社会功能》由黑龙江人民出版社出版。

1996年

3月,在《解放日报》发文提倡"和为贵"。

5月,在英国参加伦敦大学亚洲学院研讨会。

同月,在荷兰莱顿大学汉学院和阿姆斯特丹大学亚洲研究院讲学。

8月23日,《如何抓道德建设》在《联合时报》发表,提出建设适应于、服务于、有利于社会转型期的道德意识、道德规范和道德评价。

1997年

1月,主编的《变革社会中的政治稳定》由上海人民出版社出版。

1998年

1月,《我的家庭观》由天津教育出版社出版。

11月,《人比雀儿累》由汉语大词典出版社出版。

1999年

6月,应全国人大常委会法制工作委员会邀请,以专家身份赴京参加《中华人民共和国婚姻法》的修订。

9月,在俄罗斯莫斯科大学社会学系讲学。

10月中旬,在杭州参加全国杂文研讨会。

11月,《伪科学批判记》由天津教育出版社出版。

2000年

1月,《十大预测》在《未来与发展》4月号发表。

4月10日,在瑞典隆德大学讲学。

4月至6月,与荷兰海牙社科院交流,并随海牙社科院去比利时、法国、英国、卢森堡访问。在巴黎参加青年社会学研讨会。

5月,在柏林洪堡大学社会学系、慕尼黑大学社会学系、达姆施塔特工业大学社会学系讲学。在瑞典马尔默大学汉学系讲学。

9月上旬,被上海大学派往香港中文大学、澳门大学讲学。

10月中旬,在爱尔兰都柏林大学讲学。

2001年

2月,《新千年日记:思想之旅》由华东师范大学出版社出版。

3月,《"德治"的重心在哪里》在《世纪》第3期发表。

4月,在美国怀俄明大学讲学。

6月,《社会呼唤"德治"》在《四川民进》第6期发表。

7月,在俄罗斯莫斯科大学社会学系讲学。

2002年

3月14日,与谢晋等文艺界人士研讨文艺工作。

5月,《保障"弱势群体"的生存权利》在《社科信息交流》第5期发表。

7月上旬,在澳大利亚布里斯班国际会议中心参加第15届世界社会学大会,在分组会上发言。

7月,《邓伟志杂文集》由文汇出版社出版。

2003年

1月,在日本东京专修大学讲学,讲稿在《专修大学学报》发表。

3月,《我的社会观》由人民出版社出版。

5月,在澳大利亚布里斯班昆士兰大学讲学。

7月,带领博士生编写的《当代城市病》由中国青年出版社出版。

同月,与徐新合著的《爱的困惑》由上海人民出版社出版。

10月27日,在上海参加中法论坛并作关于"人力资本"的发言。

12月,参加由《中国社会科学》杂志社和上海财经大学主办的货币哲学高级研讨会。

2004年

1月,《新三家村札记·邓伟志卷》由书海出版社出版。

11月1日,在上海参加"邓伟志杂文座谈会"。

12月29日,在全国民政工作会议上就构建和谐社会问题作专题讲座。

2005年

3月,《和谐社会笔记》由上海三联书店出版。

5月14日,在上海国际科普论坛作题为"科普与构建和谐社会"的学术报告。

6月25日,在海口参加"政府转型和建设和谐社会国际论坛"。

6月,《论和谐社会》在《新华文摘》第6期发表。

9月12日,与芬兰廉政公署副署长交流廉政之道。

2006年

1月,《在浙江省委党校的讲演》收入《思想的声音》一书。

2月,《不创新,毋宁死》由上海大学出版社出版。

11月上旬,赴匈牙利社科院社会学研究所访问。

11月中旬,在布拉格大学社会学系交流。

12月,与徐新合著的《家庭社会学导论》由上海大学出版社出版。

以专家身份参与上海市"十一五"规划制定。

《介绍一个九星村》,收入《国是建议》第十期。

2007年

1月,与陈志宏共同主编的《修身明德,纳荣拒耻——献给大学生的八堂荣辱课》由上海三联书店出版。

春,参加女性问题南京高峰论坛。

5月,主编的《和谐社会与公共政策》由同济大学出版社出版。

8月,与胡申生合著的《上海婚俗》由文汇出版社出版。

同月,《和谐社会散议》由上海人民出版社出版。

10月,《留下长篇遗嘱的母亲》一文被收入《著名作家忆母亲》一书,由上海远东出版社出版。

《试论邓小平的共同富裕思想》收入由上海社会科学院出版社出版

的《社会学新视野》。

《社会管理与社会政策》由上海人民出版社出版。

12月20日,在上海"终身教育与和谐社会建设专家论坛"宣讲市民素质。

12月,与于光远合著的《生长老病死》由华东师范大学出版社出版。

2008年

4月,参加上海律师协会研讨会。

主编的《创新社会管理体制》由上海社会科学院出版社出版。

11月,《邓伟志文集》(6卷)由上海人民出版社出版。

2009年

4月,《论社会矛盾》在《上海大学学报(社会科学版)》第4期发表。

夏,在上海参加"社会性别与女性人才发展"国际论坛并发言。

9月,主编的《社会学辞典》由上海辞书出版社出版。

与李一共同主编的《中国社区建设的实践与探索》由浙江教育出版社出版。

10月14日,在上海财经大学讲社会矛盾。

11月,参加上海市社会学学会年会。

《谈谈社会建设》由东方出版中心出版。

2010年

3月20日,在上海参加"艾思奇与马克思主义哲学中国化、现代化和大众化学术研讨会"。

7月,参加在瑞典首都斯德哥尔摩举行的第17届世界社会学大会,并在分组会上发言。

8月23日,参加全国女性论坛。

9月,在杭州参加中国世博会第五次分论坛,并作主旨发言。

10月28日至30日,在广东云安参加第六届中国农村发展论坛。

10月,在浙江省德清县参加社会与新农村建设论坛。

11月25日,在"文汇讲堂"讲农民市民化。

11月,被聘为上海市文史研究馆馆员,曾先后为《世纪》杂志撰写20余篇文章。

12月,与王邦佐共同主编的《大辞海·政治学社会学卷》由上海辞书出版社出版。

2011年

6月上旬,参加上海市统一战线理论与实践研讨会。

8月17日,《让民生幸福,促共同富裕》在《重庆日报》发表。

11月,参加由中国当代史研究会在重庆召开的中国当代史研讨会。

2012年

年初,参加由上海市委宣传部组织编写、潘世伟主编的《公正、包容、责任、诚信——上海价值取向解读》一书,撰写其中第二章《包容》。7月由上海人民出版社出版。

夏,参加上海大学与浦东新区联合主办的社会建设研讨会,作主旨发言。

7月10日,《提倡富有生气的学术自由》在《团结报》发表。

7月下旬,在汕头参加由《中国社会科学》杂志社主办的社会形态理论与历史价值观高级研讨会。

8月21日,参加在上海举行的全国出版规范化论坛。

8月,参加上海大学与宝山区联合主办的道德建设研讨会。

9月9日,在柏林中德文化交流中心,参加中国驻德大使馆举办的庆祝中德建交40周年座谈会。

9月至11月,起草《邓伟志全集》的前言、后记和各卷的卷首语,以及图片说明文字。

12月下旬,在北京参加中国社会建设与社会管理学术研讨会。

2013年

4月15日,在《解放日报》发表:《"你骑马来我牵牛":怀念胡耀邦同志》。

8月,《展望民主的第三境界》在《上海大学学报(社会科学版)》第4期刊出。

《邓伟志全集》(22卷)由上海大学出版社出版。

9月,与胡锦华、李伦新合著的《健康三人谈》由上海科学技术出版社出版。

12月23日,参加在上海举行的"新传播格局下新闻道德建设理论研讨会"并发言,强调新闻监督。

2014年

1月,参加《上海思想界》主办的"七老谈'邓小平与上海改革'座谈会"。

《以人为本,还是以社会为本？——人与社会"互本"的理论图景》在《人民论坛学术前沿》(1月上)发表。

2月,《土地资本化与经营市场化是农民的致富之道——以上海市九星村为例》在《探索与争鸣》第2期发表。

6月,《社会学视野中的宗教》在《行政管理改革》第8期发表。

2015年

8月,与徐新合著的《论民生》由上海人民出版社出版。

10月,《邓伟志口述历史》由上海书店出版社出版。

2016年

1月,《落叶》由上海书店出版社出版。

2017年

9月19日,参加复旦大学政治学研讨会。

11月,《邓伟志全集》第23卷、第24卷由上海大学出版社出版。

12月,在台湾向高山族支系布农族同胞讲授贵州布依族的演化,促成布农族来贵州认亲、联欢。

《论社会平衡》在《探索与争鸣》第12期发表。

2018年

9月,《"改革学"刍议》在《探索与争鸣》第9期发表,提出改革的八条规律。

2019年

5月16日,出席在复旦大学召开的"史志文化的传播与推广"研讨会,并作了题为"要多做对得起历史的事"的演讲。

9月24日,在上海海洋大学演讲《求学十部曲》。

10月,《"邓氏三论"的来龙去脉》被收入上海三联书店出版的《一个人的四十年》。

2020年

12月,《邓伟志全集》第25卷由上海大学出版社出版。

2021年

5月11日,《创建中国社会学不能满足于"看到"》在《解放日报》发表。

5月,《宋庆龄在新中国社会建设中的特殊贡献》在《孙中山宋庆龄文献与研究》发表。

9月,《对"软实力"的新解、评估和提升》在《国外社会科学前沿》第9期发表。

2022年

3月,《"二大"提出"民主联合战线"的伟大意义》在《晨刊》第3期发表。

7月25日,出席全国经济哲学研究会和中国社会科学院哲学研究所在上海财经大学共同举办的第二届中国马克思主义经济哲学论坛,发表演讲:《元宇宙的社会学之问》。

7月,《我在统一战线这所大学校里》在《世纪》第4期发表。

后 记

多年来,我们一直想为邓伟志先生写点什么。

首先,我们认为值得写。邓伟志先生是位博览群书、学富五车的著名学者,他在社会学研究领域、杂文创作领域、高等教育领域均造诣高深,影响广泛而深远,犹如峻峰巍峨,引人入胜。我们遍读有关邓伟志先生的著作,发现尚无一本向世人传扬邓先生的传记文学作品,深感遗憾。特别是在编撰《邓伟志学术年表》的过程中,更加体悟到邓伟志先生在著书立说的漫长征程中艰难前行的敏锐和顽强。从1974年3月执笔编著出版的第一本书《天体的来龙去脉》到现在的48年中,邓伟志先生已出版多学科著作51部共80卷(本)(其中,他个人完成29部、58本,合著、主编22部),平均每年出版近两本书。他从1956年考入上海财经学院贸易经济系后,就边学习边发表文章,六十多年中手不停挥、笔下生花,有涉及多个领域的洋洋洒洒1 200余万字的著作出版发表。其中,有引发学术界热议的"邓氏三论",有获全国杂文界"新三家村"美誉的《邓伟志杂文集》,有刊于今年4月16日《新民晚报》、引导广大上海居民正确面对新冠肺炎疫情的《焦虑不发火,我们更敬佩》,还有发表在今年第七期《世纪》杂志的《我在统一战线这所大学校里》。在习读邓伟志先生著作时,我们被他"鬓发厉志,白首不衰"的执着精神深深地感动着,也被他"操千曲而后晓声,观千剑而后识器"的不断实践深深地感动着。这些都是值得年轻一代学习和借鉴的。

其次,我们认为应该写。邓伟志先生从幼年开始,亲身历经并以满腔热忱投身于解放战争、社会主义革命和建设、改革开放和社会主义现代化建设的各个时期。特别是在建设中国特色社会主义新时代,他"不愧于人,不畏于天",用自己的智慧和才华,为实现中华民族伟大复兴的中国梦做出了不懈的努力和贡献。邓伟志先生是位忧国忧民、雅人深致的社会活动家,不论登庙堂还是涉江湖,虽经纬万端却始终不忘初心、爱党爱国、至诚高节,为人们树立了严于律己的榜样。

再次,我们认为可以写。邓伟志先生作为我们结识二十多年的老师、老乡兼老友,他的著作、故事我们早已耳熟能详。但真正促使我们动笔的还是看到他荣休后撰写的自述《我轻如鸿毛》,让我们读之不能自已。我们希望能在此基础上,力求通过他平凡而不乏传奇的经历和独特的精气神,尽可能地将一个真实的邓伟志介绍给读者,使大家不仅可垂手恭行地走近他,更能在了解他的基础上持之以恒地学习他。

对于我们来说,写作的过程其实也是一个学习的过程,是系统学习、研究邓伟志先生的思想、学术、作品的过程。"情者,文之经;辞者,理之纬。经正而后纬成,理定而后辞畅。"我们越是深入研读邓伟志先生衔华佩实的著作,越是感到自己的学识见解瞠乎其后、望尘莫及,好在许多史实和理论可以随时向邓伟志先生请教。在此,首先要感谢邓伟志先生对我们写作发自内心的鼓励、支持和毫无保留的帮助,也要感谢邓先生的夫人张耀新老师给予我们的有力支持!

在写作过程中,我们坚持"信,达,雅"的原则,所使用的资料除我们访谈获取的以外,都出自已经正式出版发行的书籍、报刊,并经许多热心的专家学者审定。在此,我们特别要向在写作过程中给予我们支持和帮助的张雄、董宏业、胡申生、桂泽发、陈新光、罗玉迎、陆绯云、陈然、程禹、余世磊等老师表示衷心感谢!

书稿草就后,又得到段若鹏、张仲年、杨静、张乃琴、王祥胜、李柔刚、康明安、程群、熊成久、严志兰、罗敏、罗召光、张广治、白冠军、杨黎光、石楠、毕家祯、金建国、蔡六零、王毅等老师的认真审阅、指导帮助。严隽琪、李宏塔先生在百忙中援笔成章,给本书作意新语工之序;中共上海大学党委成旦红书记和上海大学刘昌胜校长对书稿的出版发行始终关怀备至,上海大学校友会和上海大学教育发展基金会对本书的出版提供了多方面的大力支持;蓝成东先生别出心裁,针对本书各章内容专门创作了诗词,与作品实现了天衣无缝的衔接,为本书锦上添花;上海大学出版社对书稿的出版高度重视,调遣精兵强将申旦达夕,在很短的时间内就使本书面世。在此一并向他们表示衷心感谢!

愿读者们开卷有益!

愿邓伟志先生晚霞灿烂辉映期颐之寿!

胡开建　叶　庆

2022年8月1日